Alexandra Dionisio

pinkbride's HANDBUCH für unsere perfekte Hochzeit

FALLS SIE DIESES BUCH GEFUNDEN HABEN ...

Lieber Finder,
da Sie dieses Buch gerade in der Hand halten, heißt das, dass ich wahrscheinlich schon wie verrückt danach suche. Ich stecke mitten in meinen Hochzeitsvorbereitungen und wäre ohne dieses Buch, mit all meinen Kontakten und Notizen, total aufgeschmissen.

Bitte setzen Sie sich ganz schnell mit mir in Verbindung, damit es wieder in die richtigen Hände kommt.

Vielen Dank!
Mit freundlichen Grüßen

Tel. 1 ______________________

____
Die Braut

Tel. 2 ______________________

UNSERE HOCHZEIT

und

heiraten am

in

Einleitung 6
Planung 9
Budget 37
Gäste 47
Zeremonie 75
Feier 91
Hochzeitstorte 117
Drucksachen 123
Fashion 137
Fotografie 150
Musik 161
Blumen 175
Geschenke 181
Bräutigam 191
Wissenswertes 209
Inhaltsverzeichnis 230

Liebes Paar,

herzlichen Glückwunsch zur Verlobung! Sicher sind Sie voller Vorfreude auf ein gemeinsames Leben und fangen schon an, sich Ihren Hochzeitstag in den schönsten Farben auszumalen. Eine Hochzeit zu planen macht wahnsinnig viel Spaß, ist aber auch etwas anstrengend. Aus diesem Grund helfe ich Ihnen gerne dabei, den schönsten Tag Ihres Lebens so zu gestalten, wie Sie es sich wünschen.

Die Monate bis zu Ihrem großem Tag vergehen wie im Fluge. Bis dahin ist noch viel zu erledigen. Aber keine Angst, Pink Bride's Handbuch für unsere perfekte Hochzeit begleitet Sie Schritt für Schritt, damit dieser Tag Ihre persönliche Traumhochzeit wird, an die Sie sich ein ganzes Leben lang erinnern.

Für mich sind Hochzeiten das Schönste und Aufregendste, das es gibt. Jedes Mal, wenn ich eine strahlende Braut treffe – was dank meines Berufs öfter passiert –, entführt mich ihre Freude in ein Reich, das ich selbst kennengelernt habe. In das Reich der Vorfreude, der Sehnsucht, der Hoffnung. Glück macht süchtig und ich bin jeden Tag froh und dankbar, in dieser Branche zu arbeiten.

Deshalb hoffe ich dass Ihre Hochzeit genauso schön wird, wie Sie es sich vorstellen. Viel Spaß bei der Vorbereitung und lassen Sie mich wissen, ob alles geklappt hat. Ich freue mich immer über Ihre Geschichten, Tipps und Fotos

Alles Liebe

Alexandra Dionisio

Dieses Buch ist in 14 überschaubare Kapitel eingeteilt. Sie behandeln jeweils einen Schritt auf dem Weg zu Ihrer perfekten Hochzeit und geben Ihnen viele praktische Tipps und Hinweise. So macht das Planen Spaß.

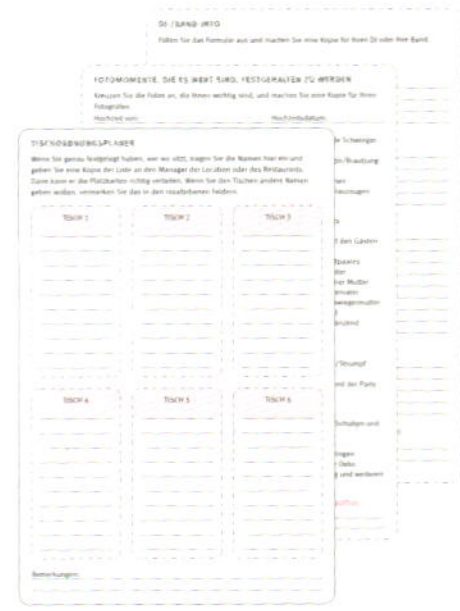

Damit Sie stets gut organisiert sind, enthält dieses Buch über 50 Listen und Arbeitsblätter. So behalten Sie immer den Überblick.

Machen Sie Kopien für Ihre Zulieferer oder zuständigen Helfer, damit jeder darüber im Bilde ist, wie Sie sich den schönsten Tag Ihres Lebens genau vorstellen.

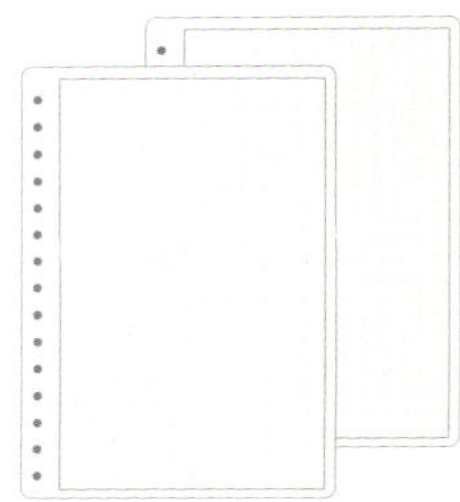

Nutzen Sie die praktischen Sicht- und Sammelhüllen zum Aufbewahren wichtiger Verträge, Visitenkarten, Bilder, Papier- oder Stoffproben. So haben Sie immer alles zusammen, um optimal zu planen.

Kein Geistesblitz und keine gute Idee geht Ihnen verloren, wenn Sie sie auf den Notizseiten am Ende des Handbuches schriftlich festhalten.

ZEICHENERKLÄRUNG

Es sind die kleinen Details, die eine Hochzeit zu einem vollen Erfolg machen. Dieses Symbol zeigt Ihnen kleine, aber feine Ideen, die von Herzen kommen.

Wenn Sie dieses Symbol sehen, erfahren Sie, wo sich das dazu passende Arbeitsblatt in diesem Hochzeitsplaner befindet.

Wenn Sie Ihre Hochzeit planen, achten Sie bitte auf Ihr Geld. Halten Sie es, so gut es geht, zusammen. Denn alles wird meistens teurer als gedacht. Das pinkfarbene Schweinchen zeigt Ihnen, wie's geht. Achtung: Spartipp.

Gewusst wie! Dieses Symbol hält nützliche Tipps fürs Planen bereit.

pinkbride SPEZIAL – Typisch Pink Bride! Hier lesen Sie Themen, die Pink Bride ganz besonders am Herzen liegen.

WICHTIGE HOCHZEITSKONTAKTE IM ÜBERBLICK

Tragen Sie in dieser Liste Ihre wichtigsten Kontaktdaten für die Hochzeitsplanung ein, damit Sie alles übersichtlich und schnell zur Hand haben.

ZULIEFERER	NAME	TELEFON	E-MAIL
Hochzeitsplaner			
Standesamt			
Lokalität für Zeremonie			
Pfarrer/Freier Redner			
Lokalität für Feier			
Catering-Service			
Bäcker/Konditor			
Brautladen			
Herrenausstatter			
Schneider			
Fotograf			
Videograf			
Florist			
Band			
DJ			
Musik für Zeremonie			
Transportunternehmen			
Drucker			
Dekorationen			

WICHTIGE HOCHZEITSKONTAKTE IM ÜBERBLICK (Fortsetzung)

ZULIEFERER	NAME	TELEFON	E-MAIL
Gastgeschenke			
Friseur			
Kosmetikstudio			
Reisebüro			
Geschenktisch 1			
Geschenktisch 2			
Geschenktisch 3			

HOCHZEITS-GESELLSCHAFT	NAME	TELEFON	E-MAIL
Eltern der Braut			
Eltern des Bräutigams			
Trauzeuge 1			
Trauzeuge 2			
Brautjungfer 1			
Brautjungfer 2			
Ringträger			
Blumenmädchen			

Planung

COLOR GUIDE – FARBKOMBINATIONEN FÜR IHR HOCHZEITSDESIGN

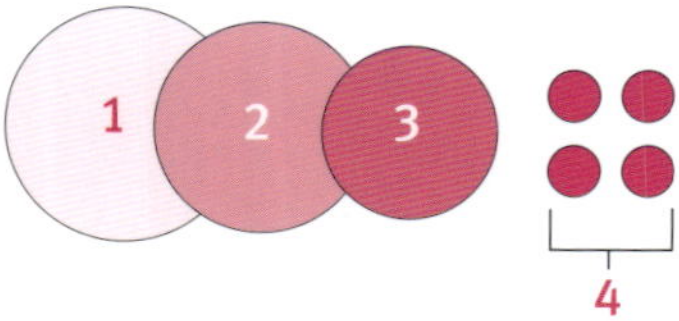

1 | NEUTRALE HINTERGRUNDFARBE
Ideal für große Hintergrundflächen: Tischdecken, Stoffbahnen, Papier ...

2 | ERSTE KONTRASTFARBE
Als Hauptfarbe stimmungsgebend und ideal für Einladungen, Tischläufer, Blumen ...

3 | AKZENTFARBE
Sie bereichert die Hauptfarbe und ist ideal für Schleifen, Servietten, Akzente ...

4 | DETAILFARBEN
Ideal für kleine vereinzelte Akzente, die das Gesamtbild abrunden und zum Leben erwecken

---

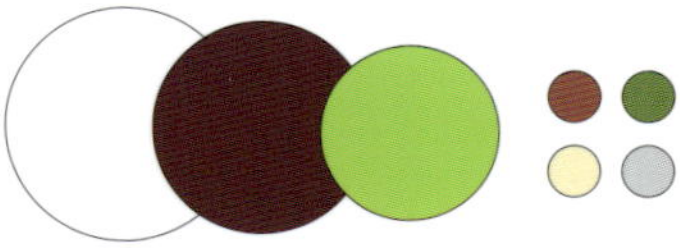

WEISS, DUNKELBRAUN, APFELGRÜN
Schokolade, Apfel, Holz, Gras, Moos, Leder

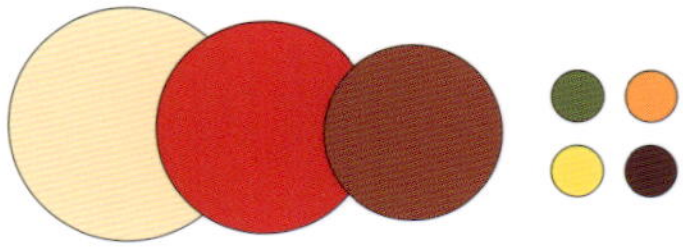

WARMES CREME, ROT, BRAUN
Herbstlaub, Holz, Kürbis, Kastanien

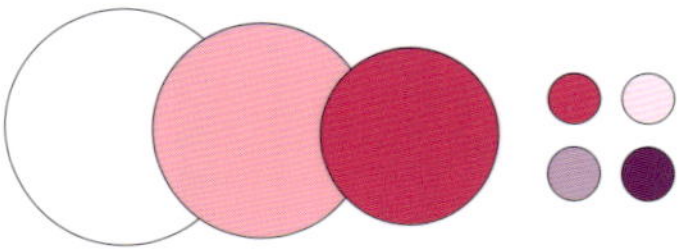

WEISS, HELLES ROSA, PINK
Himbeeren, Bonbons, Gerbera, Rosenquarz

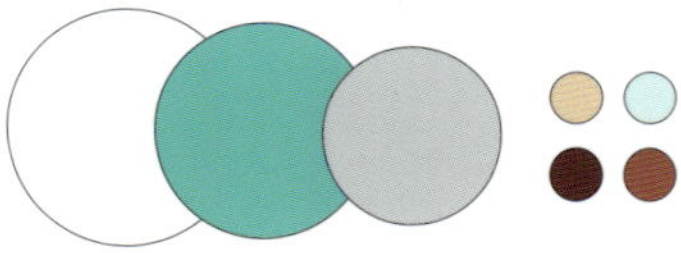

WEISS, TIFFANY-BLAU, SILBER
Ozean, Muscheln, Sand, Holz, Glas

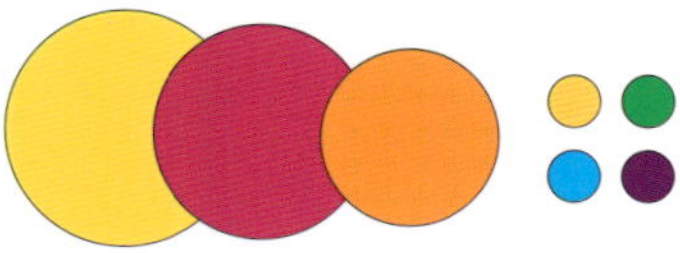

KNALL-GELB, PINK UND ORANGE
Indien, Gewürze, Lampions, Gold

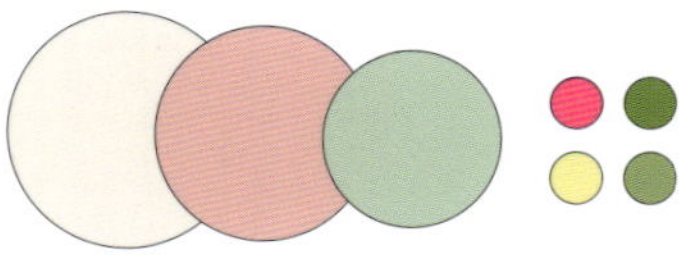

CREME, PASTELL-ROSA, PASTELL-GRÜN
Federn, Kirschblüte, Zuckerwatte, Pfefferminz

PLANUNG

Die Phase der Hochzeitsplanung ist eine ungemein aufregende Zeit, denn Sie treffen jetzt so viele Entscheidungen wie noch nie zuvor: traditionell oder modern, Band oder DJ, Cocktailempfang oder doch lieber das Vier-Gänge-Menü?
Oft betreten hochzeitsfreudige Paare hier absolutes Neuland und staunen nicht schlecht, wenn sie den nötigen Aufwand bemerken. Aber mithilfe dieses Buches werden Sie es stressfrei schaffen, Ihre Wünsche und Träume in die Tat umzusetzen. Und nicht nur das – Sie haben auch noch Spaß dabei!

Wo fangen Sie an?

Wie bei jedem anderen Projekt ist es auch bei der Planung einer Hochzeit erst mal ganz wichtig, mit den grundlegenden Punkten zu beginnen und sich dann um die Details zu kümmern. In diesem Fall heißt das: Zeit, Datum, Ort und Budget. Wenn Sie wissen, wann und wo Sie heiraten und wie viel Sie ausgeben, haben Sie schon

DIE WICHTIGSTEN PUNKTE

9–12 MONATE VORHER

- ○ Hochzeitsdatum festlegen
- ○ Wie und wo heiraten wir? Standesamtlich? Mit/ohne religiöser Bindung?
- ○ Stil der Hochzeitsfeier festlegen
- ○ Ungefähre Gästeliste erstellen

6–9 MONATE VORHER

- ○ Beim Standesamt anmelden
- ○ Kirche buchen
- ○ Gästeliste vervollständigen
- ○ Lokalität für die Feier reservieren
- ○ Band/DJ/Musikanten reservieren
- ○ Fotografen buchen
- ○ Floristen auswählen
- ○ Hochzeitsreise planen

4–6 MONATE VORHER

- ○ Hochzeitstorte bestellen
- ○ Hochzeitstisch zusammenstellen
- ○ Übernachtungsmöglichkeiten für das Paar und die Gäste von außerhalb erkunden
- ○ Einladungen drucken lassen

2–4 MONATE VORHER

- ○ Transportmittel buchen
- ○ Einladungen verschicken

4–8 WOCHEN VORHER

- ○ Sitzordnung planen

das Wichtigste gemeistert. Auf Sie wartet nur noch der schönste Teil der Planung: die wunderbaren Kleinigkeiten und Details, die zusammengenommen Ihr ganz persönliches Fest ausmachen.

Genießen Sie diese Zeit der Vorbereitungen, denn nichts gleicht dem glücklichen Strahlen einer Braut, die voller Vorfreude den schönsten Tag ihres Lebens plant!

Endlich: das Datum

Schließen Sie sich mit Ihren wichtigsten Gästen kurz, bevor Sie sich für einen Termin entscheiden. Damit vermeiden Sie Konflikte rund um geplante Reisen, Geburtstage oder Schwangerschaften. Feiertage bieten sich oft an, gerade wenn Sie eine Wochenend-Hochzeit planen und viele Gäste von außerhalb erwarten, die diese Gelegenheit gerne mit einem kleinen Wochenend-Urlaub verbinden. Leider sind gerade aber diese Termine oft schon lange im Voraus verplant oder die Locations bereits ausgebucht. Kümmern Sie sich deshalb mindestens ein Jahr im Voraus um Ihren perfekten Heiratstermin.

Morgens, mittags, abends – die richtige Tageszeit

Wann Sie sich das Jawort geben, hat großen Einfluss auf den Stil der Hochzeitsfeier. Möchten Sie draußen bei sommerlichen Temperaturen feiern? Dann ist eine Vormittags- oder Mittagshochzeit ideal, nach der Sie das Wetter im Freien genießen können. Möglicherweise kommt in dieser Atmosphäre allerdings nicht die richtige Tanzstimmung auf. Dazu wäre eine Zeremonie am Nachmittag passender. Wenn die anschließende Feier am frühen Abend beginnt, schwingen Sie nach dem Essen das Tanzbein. Bei einer Nachmittagshochzeit mit anschließendem Festessen lässt es sich auch bis weit in die frühen Morgenstunden ausgiebig und rauschend feiern.

Preislich heißt das: Je früher am Tag Sie feiern, desto besser für den Geldbeutel. Eine lange Feier bis spät in die Nacht kostet meist mehr, da das Service-Personal Überstunden machen muss und Sie ein komplettes Abendessen mit Wein oder Cocktails bezahlen. Bei einer Feier am Nachmittag hingegen sind ein Sektempfang, Kaffee und Kuchen vollkommend ausreichend. Das Arbeitsblatt »Unser Hochzeitsstil« verleiht Ihnen und der Fantasie Ihres Partners Flügel. Träumen Sie damit von Ihrer Hochzeit in den allerschönsten Farben und finden Sie Ihren ganz persönlichen Hochzeitsstil.
MEHR DAZU AUF DEN SEITEN 12 UND 13

Traumhafte Location gesucht

Die Frage nach dem passenden Ort für Ihre Hochzeitsfeier ist relativ schnell beantwortet, wenn Sie beide aus derselben Stadt stammen und auch die meisten Mitglieder Ihrer Familie und Ihre Freunde dort wohnen. Sie kennen sich in der Gegend aus und finden bestimmt schnell die perfekte Location.

Schwieriger wird es da schon, wenn Sie in eine andere Stadt gezogen sind und Ihre Familie und viele Ihrer Freunde noch in der Heimatstadt wohnen. Im Allgemeinen ist es immer einfacher, eine Hochzeit vor Ort zu organisieren als über eine größere Distanz hinweg. Ein Großteil Ihrer Gäste nimmt eine weite Anreise in Kauf? Oder kommt vielleicht deshalb gar nicht erst? In diesem Fall lohnt es sich für Sie eventuell doch in der alten Heimatstadt zu heiraten.

Oder haben Sie schon immer von einer Hochzeit ganz woanders geträumt? Vielleicht am Strand einer einsamen Insel, in einem Schloss, auf dem Land oder in den Bergen? Setzen Sie sich in diesem Fall unbedingt mit einem Hochzeitsplaner vor Ort zusammen. Er kennt die Gegebenheiten und die Zulieferer der Region und erspart Ihnen viel Arbeit. MEHR DAZU AB SEITE 91

Und das liebe Geld?

Bevor Sie sich nicht mit dem Budget Ihrer Feier auseinandergesetzt haben, brauchen Sie im Grunde gar nicht anfangen zu planen, da das Budget der allerwichtigste Grundstein der Hochzeitsplanung ist. Deshalb habe ich dafür ein extra Kapitel für Sie zusammengestellt, das sich um alle Geldfragen dreht. Natürlich finden Sie dort auch tolle Spartipps. Denn je mehr Sie sich in einem Planungsschritt zurückhalten, umso mehr haben Sie für andere. MEHR DAZU AB SEITE 37

Drei, zwei, eins: der Hochzeitscountdown

Damit Sie Ihre gesamten Aktivitäten zu jeder Zeit unter Kontrolle haben und immer genau wissen, was Sie wann zu erledigen haben, nutzen Sie Pink Bride's Hochzeitscountdown. Er begleitet Sie bis zu Ihrer Trauung und auch noch darüber hinaus. Und Sie werden sehen, wie viel Spaß es macht, immer mehr erledigte Aufgaben abzuhaken, während Sie sich näher und näher an Ihren Hochzeitstag heranplanen. Arbeiten Sie sich einfach nach und nach durch alle Punkte durch, dann kann an Ihrem großen Tag nichts mehr schiefgehen.

MEHR DAZU AB SEITE 14

UNSER HOCHZEITSSTIL

Bevor Sie mit den Einzelheiten der Planung beginnen, machen Sie sich am besten klar, was Sie sich überhaupt genau vorstellen. Setzen Sie sich zusammen hin und versuchen Sie Ihre Vorstellungen und Träume in Worte zu fassen. Sie werden sehen: Wenn Sie diese Seite ausgefüllt haben, werden Sie Ihren Hochzeitstag schon bildlich in allen Farben vor sich sehen. Viel Spaß beim gemeinsamen Träumen!

JAHRESZEIT/MONAT

- ○ Frühling
- ○ Sommer
- ○ Herbst
- ○ Winter

- ○ Januar
- ○ Februar
- ○ März
- ○ April
- ○ Mai
- ○ Juni
- ○ Juli
- ○ August
- ○ September
- ○ Oktober
- ○ November
- ○ Dezember

Bestimmte Daten: ______________________________

____

TAGESZEIT

- ○ Vormittag
- ○ Mittag
- ○ Nachmittag
- ○ Abend

ZEREMONIE

- ○ freie Trauung
- ○ religiös
- ○ standesamtlich
- ○ nur standesamtlich

HOCHZEITSSTIL

- ○ sehr elegant
- ○ elegant
- ○ semi-elegant
- ○ informell

SO WIRD UNSERE HOCHZEIT

- ○ besinnlich
- ○ chic
- ○ detailorientiert
- ○ dramatisch
- ○ draußen
- ○ drinnen
- ○ durchdacht
- ○ einfach
- ○ einzigartig
- ○ elegant
- ○ entspannt
- ○ exotisch
- ○ familiär
- ○ fantasievoll
- ○ farbig
- ○ festlich
- ○ gemütlich
- ○ groß
- ○ individuell
- ○ intim
- ○ klassisch
- ○ klein
- ○ kreativ
- ○ künstlerisch
- ○ lebenslustig
- ○ locker
- ○ lustig
- ○ luxuriös
- ○ märchenhaft
- ○ modern
- ○ modisch
- ○ multikulturell
- ○ musikalisch
- ○ persönlich
- ○ privat
- ○ prunkvoll
- ○ religiös
- ○ romantisch
- ○ sentimental
- ○ spontan
- ○ stilvoll
- ○ theatralisch
- ○ traditionell
- ○ überschaulich
- ○ zwanglos

UNSER HOCHZEITSSTIL (Fortsetzung)

ZEREMONIE LOKALITÄTEN (ERSTE IDEEN)

1. ______
2. ______
3. ______

PERSÖNLICHE ELEMENTE FÜR DIE ZEREMONIE

Lesungen ______

Musik ______

Eheversprechen ______

Wer (Freunde/Familie) kann musikalisch/durch Lesungen zur Zeremonie beitragen?

______

HOCHZEITSGESELLSCHAFT

Trauzeugen ______

Brautjungfern ______

Blumenmädchen ______

Ringträger ______

ANZAHL DER GÄSTE (GROBE SCHÄTZUNG)

______

STIL DER HOCHZEITSFEIER

- ○ Cocktail-Empfang
- ○ Grillfest
- ○ Brunch
- ○ Vier-Gänge-Menü
- ○ Kaffee und Kuchen
- ○ Sektempfang
- ○ Büfett
- ○ ______
- ○ ______

LOKALITÄTEN FÜR DIE FEIER (ERSTE IDEEN)

1. ______
2. ______
3. ______

UNTERHALTUNG

- ○ Band
- ○ DJ
- ○ Musiker
- ○ Zauberer
- ○ Kinderunterhaltung
- ○ ______

HOCHZEITSCOUNTDOWN

Die folgende Liste bietet Ihnen einen Überblick über alle wichtigen Details, die Sie bei der Hochzeitsplanung berücksichtigen sollten.

9–12 MONATE VORHER

- ◯ Verlobung bekannt geben
- ◯ Ein Treffen mit Schwiegereltern arrangieren, damit sich die »neue« Familie kennenlernt
- ◯ Hochzeitsdatum festlegen 10
- ◯ Finanzen kalkulieren und Budget festlegen 37
- ◯ Ort und Zeremonie festlegen: Wie und wo heiraten Sie? Nur standesamtlich? In einer Kirche? Ganz frei? 11, 75
- ◯ Ungefähre Gästeliste erstellen, damit Sie wissen, wie groß die Hochzeit wird 47
- ◯ Brautzeitschriften und Webseiten anschauen, um sich für die Auswahl des Hochzeitskleids und den Stil der Hochzeit inspirieren zu lassen
- ◯ Nach dem perfekten Hochzeitskleid und den dazugehörigen Accessoires suchen 137
- ◯ Locations für die Hochzeitsfeier ansehen und reservieren 91
- ◯ Angebote einholen von: Floristen, Foto- und Videografen, Bäckern, Bands, DJs und Catering-Unternehmen

6–9 MONATE VORHER

- ◯ Hochzeit beim Standesamt anmelden 75
- ◯ Kirche (o. ä. Location) für Trauung buchen 78
- ◯ Gästeliste vervollständigen
- ◯ Bei nicht-kirchlicher Trauung: freien Redner/Theologen suchen 84
- ◯ Hochzeitskleid bestellen, Accessoires kaufen (Schleier, Handschuhe, Dessous, Schuhe) 137
- ◯ Groben Ablauf des Hochzeitstags festlegen
- ◯ Eventuell Catering-/Partyservice buchen 102
- ◯ Fotografen/Videografen buchen 151
- ◯ Band/DJ bestellen 166
- ◯ Musikanten für die Kirche buchen 162
- ◯ Floristen auswählen und Ideen besprechen 175
- ◯ Save-the-date-Karten verschicken: Jeder Gast plant jetzt rund um Ihren großen Tag! 129
- ◯ Möglichkeiten für die Hochzeitsreise erkunden 220
- ◯ Urlaub beim Arbeitgeber beantragen

4–6 MONATE VORHER

- ◯ Urkunden und Dokumente für die standesamtliche Trauung zusammen stellen 77
- ◯ Mit freiem Redner/Theologen zum ersten Mal treffen, um mit ihm die Zeremonie zu besprechen 84

HOCHZEITSCOUNTDOWN (Fortsetzung)

- ○ Hochzeitsreise buchen 220
- ○ Menü für die Feier aussuchen 101
- ○ Hochzeitstorte bestellen 117
- ○ Trauzeugen/Brautjungfern wählen 80
- ○ Blumenkinder, Ringträger wählen (und deren Eltern informieren)
- ○ Einladungen, Antwortkarten, Umschläge, Danksagungskarten drucken lassen 123
- ○ Sich eventuell bei einem Notar wegen eines Ehevertrags beraten lassen 212
- ○ Geschenktisch zusammenstellen/Wunschliste für Geschenke erstellen 181
- ○ Hotelzimmer für Brautpaar und Gäste aussuchen, Preisnachlass verhandeln 60
- ○ Sich zum Tanzkurs anmelden

2–4 MONATE VORHER

- ○ Brautkleid-Anprobe, um letzte Änderungen vornehmen zu lassen
- ○ Ihrem Friseur ein Foto Ihres Kleides bringen, die dazu passende Frisur mit ihm besprechen
- ○ Transportmittel buchen 194
- ○ Bei einer Massage relaxen 209
- ○ Anzug für Bräutigam aussuchen 196
- ○ Ringe kaufen und gravieren 147, 216
- ○ Die Kosmetikerin treffen, Hochzeits-Make-up mit ihr proben
- ○ Flitterwochen vorbereiten: Pässe, Medikamente, Reiseführer
- ○ Zweites Treffen mit freiem Redner/Theologen arrangieren, die Zeremonie im Detail durchgehen (Lieder/Lesungen auswählen, Ablauf besprechen) 30
- ○ Einladungen/Hotelinformationen verschicken
- ○ Zweite und letzte Brautkleid-Anprobe: Kleid mitnehmen und an einem trockenen, gut durchlüfteten Ort aufhängen
- ○ Gesichtspflege bei der Kosmetikerin
- ○ Gastgeschenke kaufen und hübsch verpacken 72
- ○ Geschenke für Trauzeugen, Blumenkinder, Ringträger und andere unentbehrliche Helfer kaufen und hübsch verpacken 72
- ○ Eheringe abholen
- ○ Platz-, Tisch- und Menükarten drucken lassen
- ○ Ihren Polterabend planen

2–4 WOCHEN VORHER

- ○ Genaue Gästezahl an Lokalität/Caterer übermitteln
- ○ Ihre perfekte Hochzeitsfrisur beim Friseur proben
- ○ Sitzordnung planen 62
- ○ Hochzeitsanzeige drucken lassen
- ○ Brautschuhe einlaufen

HOCHZEITSCOUNTDOWN (Fortsetzung)

- ○ Outfit des Bräutigams vervollständigen (Anzug, Krawatte usw.) 196
- ○ Hochzeitstagesablauf genau festlegen und Kopien bereitlegen 31–33
- ○ Kirchenprogramm erstellen und drucken 130
- ○ Liste der Fotos für den Hochzeitstag erstellen 155
- ○ Musikwünsche sammeln 173
- ○ Ihren Junggesellen- und Junggesellinnenabschied gebührend feiern
- ○ Willkommensgrüße für die Hotelzimmer der Gäste von außerhalb zusammenstellen 60

1 WOCHE VORHER

- ○ Detaillierten Tagesablaufplan an alle verteilen, die maßgeblich an der Hochzeit beteiligt sind (Trauzeugen, Eltern, Location/Caterer, Band/DJ, Florist, Fotograf/Videograf)
- ○ Sitzordnung an Restaurant/Caterer geben
- ○ Alle Reservierungen noch mal kontrollieren und Zulieferer zur Bestätigung der Termine anrufen (Band, DJ, Florist, Bäcker, Caterer, Fotograf, Hochzeitsauto, Kirche usw.)
- ○ Beträge und Trinkgeld in separaten Umschlägen bereitlegen für Zulieferer, die Sie am Hochzeitstag bar bezahlen
- ○ Kosmetikerin zum letzten Mal besuchen: Gesichtspflege, Maniküre, Pediküre usw.
- ○ Hochzeitskleid mit passenden Dessous, Schuhen und Accessoires anprobieren, damit auch wirklich alles stimmt
- ○ Ihre Hochzeitsrede schreiben, falls Sie eine halten 205
- ○ Hochzeitsanzeigen verschicken
- ○ Koffer für die Flitterwochen packen
- ○ Willkommensgrüße für die Gäste von außerhalb im Hotel abgeben

AM HOCHZEITSTAG

- ○ Friseur und Make-up
- ○ Tief durchatmen
- ○ Spaß haben

NACH DER HOCHZEIT

- ○ Sich schriftlich bedanken 133
- ○ Arbeitgeber und andere wichtige Institutionen und Ämter über Namensänderung informieren 211
- ○ Neuen Ausweis, Reisepass, Bankkarte, Führerschein usw. beantragen
- ○ Neue Steuerklasse beim Steuerberater oder direkt beim Finanzamt anmelden

NOTIZEN

- ○ ______________________
- ○ ______________________
- ○ ______________________
- ○ ______________________
- ○ ______________________

HOCHZEITSKALENDER

Tragen Sie auf den folgenden Seiten Ihre wichtigen Termine für die Hochzeitsplanung ein, damit Sie alles übersichtlich vor Augen haben.

MONAT/JAHR ______________________ MONATE BIS ZUR HOCHZEIT ______________________

MONTAG	DIENSTAG	MITTWOCH	DONNERSTAG	FREITAG	SAMSTAG	SONNTAG
MONTAG	DIENSTAG	MITTWOCH	DONNERSTAG	FREITAG	SAMSTAG	SONNTAG
MONTAG	DIENSTAG	MITTWOCH	DONNERSTAG	FREITAG	SAMSTAG	SONNTAG
MONTAG	DIENSTAG	MITTWOCH	DONNERSTAG	FREITAG	SAMSTAG	SONNTAG
MONTAG	DIENSTAG	MITTWOCH	DONNERSTAG	FREITAG	SAMSTAG	SONNTAG

HOCHZEITSKALENDER

MONAT/JAHR

MONATE BIS ZUR HOCHZEIT

MONTAG	DIENSTAG	MITTWOCH	DONNERSTAG	FREITAG	SAMSTAG	SONNTAG
MONTAG	DIENSTAG	MITTWOCH	DONNERSTAG	FREITAG	SAMSTAG	SONNTAG
MONTAG	DIENSTAG	MITTWOCH	DONNERSTAG	FREITAG	SAMSTAG	SONNTAG
MONTAG	DIENSTAG	MITTWOCH	DONNERSTAG	FREITAG	SAMSTAG	SONNTAG
MONTAG	DIENSTAG	MITTWOCH	DONNERSTAG	FREITAG	SAMSTAG	SONNTAG

HOCHZEITSKALENDER

MONAT/JAHR

MONATE BIS ZUR HOCHZEIT

MONTAG	DIENSTAG	MITTWOCH	DONNERSTAG	FREITAG	SAMSTAG	SONNTAG
MONTAG	DIENSTAG	MITTWOCH	DONNERSTAG	FREITAG	SAMSTAG	SONNTAG
MONTAG	DIENSTAG	MITTWOCH	DONNERSTAG	FREITAG	SAMSTAG	SONNTAG
MONTAG	DIENSTAG	MITTWOCH	DONNERSTAG	FREITAG	SAMSTAG	SONNTAG
MONTAG	DIENSTAG	MITTWOCH	DONNERSTAG	FREITAG	SAMSTAG	SONNTAG

HOCHZEITSKALENDER

MONAT/JAHR ____________________

MONATE BIS ZUR HOCHZEIT ____________________

MONTAG	DIENSTAG	MITTWOCH	DONNERSTAG	FREITAG	SAMSTAG	SONNTAG
MONTAG	DIENSTAG	MITTWOCH	DONNERSTAG	FREITAG	SAMSTAG	SONNTAG
MONTAG	DIENSTAG	MITTWOCH	DONNERSTAG	FREITAG	SAMSTAG	SONNTAG
MONTAG	DIENSTAG	MITTWOCH	DONNERSTAG	FREITAG	SAMSTAG	SONNTAG
MONTAG	DIENSTAG	MITTWOCH	DONNERSTAG	FREITAG	SAMSTAG	SONNTAG

HOCHZEITSKALENDER

MONAT/JAHR

MONATE BIS ZUR HOCHZEIT

MONTAG	DIENSTAG	MITTWOCH	DONNERSTAG	FREITAG	SAMSTAG	SONNTAG
MONTAG	DIENSTAG	MITTWOCH	DONNERSTAG	FREITAG	SAMSTAG	SONNTAG
MONTAG	DIENSTAG	MITTWOCH	DONNERSTAG	FREITAG	SAMSTAG	SONNTAG
MONTAG	DIENSTAG	MITTWOCH	DONNERSTAG	FREITAG	SAMSTAG	SONNTAG
MONTAG	DIENSTAG	MITTWOCH	DONNERSTAG	FREITAG	SAMSTAG	SONNTAG

HOCHZEITSKALENDER

MONAT/JAHR

MONATE BIS ZUR HOCHZEIT

MONTAG	DIENSTAG	MITTWOCH	DONNERSTAG	FREITAG	SAMSTAG	SONNTAG
MONTAG	DIENSTAG	MITTWOCH	DONNERSTAG	FREITAG	SAMSTAG	SONNTAG
MONTAG	DIENSTAG	MITTWOCH	DONNERSTAG	FREITAG	SAMSTAG	SONNTAG
MONTAG	DIENSTAG	MITTWOCH	DONNERSTAG	FREITAG	SAMSTAG	SONNTAG
MONTAG	DIENSTAG	MITTWOCH	DONNERSTAG	FREITAG	SAMSTAG	SONNTAG

HOCHZEITSKALENDER

MONAT/JAHR

MONATE BIS ZUR HOCHZEIT

MONTAG	DIENSTAG	MITTWOCH	DONNERSTAG	FREITAG	SAMSTAG	SONNTAG
MONTAG	DIENSTAG	MITTWOCH	DONNERSTAG	FREITAG	SAMSTAG	SONNTAG
MONTAG	DIENSTAG	MITTWOCH	DONNERSTAG	FREITAG	SAMSTAG	SONNTAG
MONTAG	DIENSTAG	MITTWOCH	DONNERSTAG	FREITAG	SAMSTAG	SONNTAG
MONTAG	DIENSTAG	MITTWOCH	DONNERSTAG	FREITAG	SAMSTAG	SONNTAG

HOCHZEITSKALENDER

MONAT/JAHR

MONATE BIS ZUR HOCHZEIT

MONTAG	DIENSTAG	MITTWOCH	DONNERSTAG	FREITAG	SAMSTAG	SONNTAG
MONTAG	DIENSTAG	MITTWOCH	DONNERSTAG	FREITAG	SAMSTAG	SONNTAG
MONTAG	DIENSTAG	MITTWOCH	DONNERSTAG	FREITAG	SAMSTAG	SONNTAG
MONTAG	DIENSTAG	MITTWOCH	DONNERSTAG	FREITAG	SAMSTAG	SONNTAG
MONTAG	DIENSTAG	MITTWOCH	DONNERSTAG	FREITAG	SAMSTAG	SONNTAG

HOCHZEITSKALENDER

MONAT/JAHR

MONATE BIS ZUR HOCHZEIT

MONTAG	DIENSTAG	MITTWOCH	DONNERSTAG	FREITAG	SAMSTAG	SONNTAG
MONTAG	DIENSTAG	MITTWOCH	DONNERSTAG	FREITAG	SAMSTAG	SONNTAG
MONTAG	DIENSTAG	MITTWOCH	DONNERSTAG	FREITAG	SAMSTAG	SONNTAG
MONTAG	DIENSTAG	MITTWOCH	DONNERSTAG	FREITAG	SAMSTAG	SONNTAG
MONTAG	DIENSTAG	MITTWOCH	DONNERSTAG	FREITAG	SAMSTAG	SONNTAG

HOCHZEITSKALENDER

MONAT/JAHR

MONATE BIS ZUR HOCHZEIT

MONTAG	DIENSTAG	MITTWOCH	DONNERSTAG	FREITAG	SAMSTAG	SONNTAG
MONTAG	DIENSTAG	MITTWOCH	DONNERSTAG	FREITAG	SAMSTAG	SONNTAG
MONTAG	DIENSTAG	MITTWOCH	DONNERSTAG	FREITAG	SAMSTAG	SONNTAG
MONTAG	DIENSTAG	MITTWOCH	DONNERSTAG	FREITAG	SAMSTAG	SONNTAG
MONTAG	DIENSTAG	MITTWOCH	DONNERSTAG	FREITAG	SAMSTAG	SONNTAG

HOCHZEITSKALENDER

MONAT/JAHR

MONATE BIS ZUR HOCHZEIT

MONTAG	DIENSTAG	MITTWOCH	DONNERSTAG	FREITAG	SAMSTAG	SONNTAG
MONTAG	DIENSTAG	MITTWOCH	DONNERSTAG	FREITAG	SAMSTAG	SONNTAG
MONTAG	DIENSTAG	MITTWOCH	DONNERSTAG	FREITAG	SAMSTAG	SONNTAG
MONTAG	DIENSTAG	MITTWOCH	DONNERSTAG	FREITAG	SAMSTAG	SONNTAG
MONTAG	DIENSTAG	MITTWOCH	DONNERSTAG	FREITAG	SAMSTAG	SONNTAG

HOCHZEITSKALENDER

MONAT/JAHR

MONATE BIS ZUR HOCHZEIT

MONTAG	DIENSTAG	MITTWOCH	DONNERSTAG	FREITAG	SAMSTAG	SONNTAG
MONTAG	DIENSTAG	MITTWOCH	DONNERSTAG	FREITAG	SAMSTAG	SONNTAG
MONTAG	DIENSTAG	MITTWOCH	DONNERSTAG	FREITAG	SAMSTAG	SONNTAG
MONTAG	DIENSTAG	MITTWOCH	DONNERSTAG	FREITAG	SAMSTAG	SONNTAG
MONTAG	DIENSTAG	MITTWOCH	DONNERSTAG	FREITAG	SAMSTAG	SONNTAG

HOCHZEITSKALENDER

MONAT/JAHR

MONATE BIS ZUR HOCHZEIT

MONTAG	DIENSTAG	MITTWOCH	DONNERSTAG	FREITAG	SAMSTAG	SONNTAG
MONTAG	DIENSTAG	MITTWOCH	DONNERSTAG	FREITAG	SAMSTAG	SONNTAG
MONTAG	DIENSTAG	MITTWOCH	DONNERSTAG	FREITAG	SAMSTAG	SONNTAG
MONTAG	DIENSTAG	MITTWOCH	DONNERSTAG	FREITAG	SAMSTAG	SONNTAG
MONTAG	DIENSTAG	MITTWOCH	DONNERSTAG	FREITAG	SAMSTAG	SONNTAG

Der Ablauf der Hochzeit

Auch wenn jede Hochzeit ganz einzigartig ist und keine genau so wie die andere, empfehle ich jedem zukünftigen Ehepaar dennoch immer wieder: Organisieren Sie den Ablauf gut durch. So geht auch wirklich alles glatt. Damit Sie und alle anderen mitwirkenden Personen wissen, was wann passiert, helfen Ihnen die folgenden Seiten dabei, den genauen Festverlauf vorzubereiten. Je weiter Sie sich durch die Planung arbeiten, umso klarer werden die Details des großen Tages. Und nach und nach füllt sich der Ablaufplaner mit Ihren Notizen.

Wenn Sie planen, bedenken Sie auch Ablaufpausen. Was machen Ihre Gäste, während Sie für Ihre Hochzeitsfotos nach der Zeremonie in Pose stehen? Ein kleiner Sektempfang hält sie sicherlich bei Laune. Unterrichten Sie Ihre Gäste darüber, wenn zwischen Trauung und Feier einige Stunden liegen. Planen Sie ein paar Aktivitäten ein, um die Lücken zu überbrücken. Ideal ist es allerdings, wenn die Feier direkt nach der Trauung stattfindet. Dann geht zwischendurch auch kein Nachzügler verloren. Denn das wäre doch wirklich schade. Jeder Gast, der Sie und Ihre Liebe feiert, ist ein Pflasterstein auf dem Weg zu Ihrer glücklichen Zukunft!

Im Allgemeinen lässt es sich nicht vermeiden, irgendwann doch vom Zeitplan abzuweichen. Das ist aber auch okay, da eine gewisse Spontanität immer dazugehört. Also machen Sie sich am Hochzeitstag nicht zu viele Sorgen um den Ablaufplan. Sie sind nicht alleine dafür verantwortlich. Verteilen Sie Kopien an alle Mithelfer. Ärgern Sie sich nicht an Ihrem Hochzeitstag mit allen Details herum. Da ist es gut, wenn Sie andere Helfer haben, die das für Sie erledigen. Lassen Sie sich feiern und verwöhnen. Strahlen Sie dem Glück entgegen!

Falls Sie keinen professionellen Hochzeitsplaner engagieren, ernennen Sie einen guten Freund oder eine gute Freundin zu Ihrem Zeremonienmeister. Der steht Ihnen am Tag der Hochzeit zur Seite und nimmt Ihnen die Organisation aller nervenaufreibenden Details ab. Geben Sie ihm beziehungsweise ihr eine Liste mit allen wichtigen Kontakt-Informationen und den genauen Ablaufplan. Falls irgendwelche Probleme auftreten, schlüpft der Zeremonienmeister in die Rolle des Hochzeitsplaners und versucht Sie vor dem größten Stress zu bewahren. Bedenken Sie: Unvorhergesehene Ereignisse wie zum Beispiel schlechtes Wetter, verspätete Gäste oder Autopannen bringen jede noch so gut geplante Hochzeit mitunter durcheinander. Lassen Sie sich davon jedoch nicht aus der Ruhe bringen: Meist sind es gerade die scheinbaren »Pannen«, an die Sie sich später gerne und mit einem Schmunzeln im Gesicht erinnern. MEHR DAZU AB SEITE 31

HOCHZEITSABLAUF – VOR DER TRAUUNG

Verteilen Sie Kopien dieser Seite an alle, die Ihnen am Tag der Hochzeit behilflich sind. Also zum Beispiel an Ihre Eltern, Trauzeugen oder Brautjungfern.

VOR DER HOCHZEIT – WOHNUNG DER BRAUT

______ Uhr:	Aufstehen
______ Uhr:	Frühstück
______ Uhr:	Brautauto wird geschmückt
______ Uhr:	Friseur
______ Uhr:	Make-up
______ Uhr:	Ankunft der Brautjungfern
______ Uhr:	Lieferung der Blumen (Sträuße für Braut, Brautjungfern, Blumenkind, Reversgestecke für den Brautvater)
______ Uhr:	Lieferung der Blumen zum Aufenthaltsort des Bräutigams (Reversgestecke für den Bräutigam, Vater des Bräutigams, Trauzeugen)
______ Uhr:	Ankunft des Fotografen (falls schon Fotos vor der Zeremonie gemacht werden)
______ Uhr:	Brautkleid anziehen
______ Uhr:	Abfahrt zur Zeremonie (Dauer der Fahrt ________ Minuten) (Braut sollte 5 Minuten vor Beginn der Zeremonie ankommen)
______ Uhr:	
______ Uhr:	
______ Uhr:	

NICHT VERGESSEN

- ○ Eheringe sind in sicherer Hand
- ○ Geldumschläge für Zulieferer liegen bereit und werden mitgenommen
- ○ Hotelzimmer für die Hochzeitsnacht ist gebucht
- ○ Gepäck wird zur Hochzeitssuite im Hotel gebracht
- ○ Ausweis und nötige Papiere liegen bereit und werden mitgenommen
- ○ Brautschuhe sind eingelaufen und Sohlen wurden aufgeraut
- ○ ____________________
- ○ ____________________
- ○ ____________________
- ○ ____________________
- ○ ____________________

HOCHZEITSABLAUF – DIE TRAUUNG

LOCATION FÜR HOCHZEITSZEREMONIE

	Uhr:	Lieferung der Blumen
	Uhr:	Dekoration beginnt (wer dekoriert:)
	Uhr:	Ankunft und Aufbau der Musiker
	Uhr:	Ankunft des Fotografen (falls er nicht die Braut begleitet)
	Uhr:	Ankunft des Bräutigams mit seinem Trauzeugen (20–30 Minuten vor der Trauung)
	Uhr:	Gäste nehmen Platz
	Uhr:	Ankunft der Brautjungfern, die vor der Location auf die Braut warten
	Uhr:	Ankunft der Braut und ihrer Familie (5 Minuten vor der Trauung)
	Uhr:	Mutter der Braut und Geschwister nehmen Platz
	Uhr:	Musik beginnt
	Uhr:	Einmarsch beginnt in folgender Reihenfolge:

ABLAUF DER ZEREMONIE

LOCATION FÜR HOCHZEITSZEREMONIE

	Uhr:	Trauung endet
	Uhr:	Abfahrt des Paares zur Feier oder zum Fototermin (Dauer der Fahrt Minuten)

HOCHZEITSABLAUF – DIE FEIER

LOCATION FÜR HOCHZEITSFEIER

Uhr: Ankunft und Set-up des Catering-Service

Uhr: Ankunft und Set-up von Band/DJ

Uhr: Lieferung der Blumen und Deko (wer dekoriert:)

Uhr: Ankunft der Gäste

Uhr: Fototermin des Brautpaares, während Gäste die Cocktailstunde/Sektempfang genießen (Location für Fotos:)

Uhr: Cocktailstunde/Sektempfang beginnt

Uhr: Ankunft des Brautpaares

Uhr: Begrüßung der einzelnen Gäste

Uhr: Cocktailstunde/Sektempfang endet

Uhr: Gäste nehmen Platz

Uhr: Brautpaar wird von DJ/Band angekündigt und nimmt Platz

Uhr: Speisen und Getränke werden serviert

Uhr: Champagner wird serviert (zum Anstoßen nach der Hochzeitsreden)

Uhr: Hochzeitsreden werden gehalten

Uhr: Spiele/Darbietungen beginnen

Uhr: Erster Tanz des Brautpaares zu

Uhr: Tanz der Braut mit ihrem Vater zu

Uhr: Tanz des Bräutigams mit seiner Mutter zu

Uhr: Allgemeines Tanzen wird eröffnet

Uhr: Hochzeitstorte wird angeschnitten

Uhr: Hochzeitstorte und Desserts werden serviert

Uhr: Brautstrauß wird geworfen

Uhr: Mitternachtssnack wird serviert

Uhr: Abfahrt des Brautpaares

Uhr: Feier endet

DETAILS

Hochzeitsreden:

Spiele/Darbietungen:

Brauchen Sie einen Hochzeitsplaner?

Spätestens seit dem Film »Wedding Planner« mit Jennifer Lopez ist der Job eines Hochzeitsplaners auch in Deutschland bekannt. Vor allem da heutzutage bei den meisten Hochzeitspaaren beide Partner berufstätig sind und ein aufregendes und ausgefülltes Leben führen, erfreuen sich professionelle Hochzeitsplaner eines immer stärkeren Zulaufs. Hochzeitsplaner sind nicht nur für Promis, die Highsociety oder diejenigen, die sich gerne dazuzählen, sondern für jeden, der etwas Hilfe bei der Planung des wichtigsten Tages in seinem Leben braucht.

Stellen Sie sich doch einmal vor: Ehe Sie sich selbst Sorgen um alle Details der Planung machen, gibt es da jemanden, der die ganze Rennerei für Sie erledigt, sich um alle Zulieferer und Termine kümmert und Ihnen den Stress abnimmt. Und auch wenn Sie es nicht glauben: Ein Hochzeitsplaner macht sich bezahlt!

VORTEILE EINES HOCHZEITSPLANERS

- DER HOCHZEITSPLANER SPART ZEIT!
  Hochzeiten sind sein Metier und er gibt seine Erfahrungen gerne an Sie weiter. Was für eine junge Braut als unlösbares Problem erscheint, ist für den Profi eine Sache, die er mit Leichtigkeit erledigt.
- DER HOCHZEITSPLANER WEISS, WO'S LANGGEHT!
  Er hat Kontakte in der Branche, weiß, welche Locations am schönsten sind, wer der beste Fotograf der Stadt ist und wo man die leckersten Hochzeitstorten findet. Er hat tolle Ideen parat, um den Tag so besonders wie möglich zu gestalten und Ihren Traum zu verwirklichen.
- DER HOCHZEITSPLANER SPART GELD!
  Durch langjährige Beziehungen zu Dienstleistern und Anbietern der Hochzeitsbranche handelt er für Sie günstige Preise aus und weist Sie vor allem auf überhöhte Kosten und andere Stolpersteine hin.
- DER HOCHZEITSPLANER HÄLT DEN STRESS AB!
  Alle Stränge laufen bei ihm zusammen. Er koordiniert alle Zulieferer, Termine und Absprachen. Falls Zwistigkeiten innerhalb der Familie über Hochzeitsdetails auftreten, steht der Hochzeitsplaner als objektiver Partner mit Rat und Tat zur Seite.
- DER HOCHZEITSPLANER ÜBERBRÜCKT DISTANZEN!
  Gerade dann, wenn Sie sich eine Hochzeit in einem anderen Land oder außerhalb der eigenen Stadt vorstellen, ist ein Hochzeitsplaner Gold wert. Er kennt sich aus mit den örtlichen Gegebenheiten und plant alles nach Ihren Wünschen.

TEST

HOCHZEITSPLANER JA/NEIN?

Sie wissen nicht, ob Sie speziell für Ihre Hochzeit professionelle Hilfe benötigen? Dann hilft Ihnen dieser Test sicherlich weiter.

JA	NEIN	Haben Sie relativ wenig Freizeit? (Sie arbeiten oder reisen viel beruflich oder sind anderweitig eingespannt?)
JA	NEIN	Der Gedanke, eine Hochzeit alleine zu planen, macht Ihnen Angst?
JA	NEIN	Sie heiraten woanders (andere Stadt, anderes Land)?
JA	NEIN	Bei dem Gedanken an diesen ganz besonderen Tag verlässt Sie die Fantasie und wenn Sie sich selbst einem anderen Menschen beschreiben, dann betonen Sie nicht gerade Ihre Kreativität?
JA	NEIN	Sie wissen wenig über die neuesten Trends der Hochzeitsbranche?

4–5 JA	Entscheiden Sie sich definitiv für die Hilfe eines Profis.
2–3 JA	Es wäre bestimmt ratsam, einen Hochzeitsplaner einzustellen, aber mithilfe von Familie und Freunden ist das zu schaffen.
0–1 JA	Machen Sie sich keine Gedanken: Das schaffen Sie ohne Probleme auch alleine! Viel Spaß beim Planen!

Da steht es doch, schwarz auf weiß

Nachdem Sie sich entschieden haben, mit einem bestimmten Unternehmen zusammenzuarbeiten – sei es nun ein Hochzeitsplaner, Fotograf, Catering-Service, DJ oder Ähnliches –, vergessen Sie nicht, das Besprochene schriftlich festzuhalten, damit sich jeder der Beteiligten auch später noch an alle Details erinnert. Lassen Sie alles entweder in Form eines Service-Vertrags aufschreiben oder schicken Sie dem jeweiligen Unternehmen nach einem Gespräch eine bestätigende E-Mail oder ein Fax. So sind Sie rechtlich abgesichert, falls der Dienstleistungspartner im letzten Moment absagt oder die Preise erhöht.

Wenn Sie einen Vertrag abschließen, achten Sie genau darauf, dass alles Wichtige darin enthalten ist. Dazu gehören: Namen und Kontaktinformationen beider Vertragspartner, Datum des Vertragabschlusses, Ort, Datum der Hochzeit. Der Vertrag beschreibt klar die bestellten Produkte und Leistungen. Ganz wichtig sind auch ein genauer Kostenplan und Vereinbarungen, wie Sie an Ihren Vertragspartner wann was bezahlen. Halten Sie auch Liefertermine und Kündigungsgründe genau fest. Haben Sie und Ihr Partner unterschrieben, gilt der Vertrag als offiziell.

pinkbride SPEZIAL

WAS IST HOCHZEITS-DESIGN?

Machen Sie sich gleich von Anfang an Gedanken um das Design Ihrer Hochzeit. Denn das ist die Gelegenheit, um Ihrem Fest Ihre ganz eigene, persönliche Note zu geben. Denn darum geht es: Ihre Hochzeit ist ein Spiegelbild Ihres Charakters und Ihrer Vorlieben und darf deshalb ganz individuell auf Ihre Bedürfnisse und Träume zurechtgeschnitten und aufgebaut sein. Und damit ist nicht nur der Ablauf der Hochzeit gemeint, sondern auch das visuelle Erscheinungsbild Ihres großen Tages. Suchen Sie jeden Bestandteil Ihrer Hochzeit mit Bedacht aus und stimmen Sie alle Elemente aufeinander ab. Auf diese Weise erhält Ihre Hochzeit ein harmonisches Gesamtbild und bleibt auch Ihren Gästen lange in schöner Erinnerung.

Ein visuelles Element zu suchen, das alle Aspekte der Hochzeit wie ein roter Faden verbindet, ist der erste Schritt auf dem Weg zu einem Design-Konzept für Ihr Fest. Dieser rote Faden ist möglicherweise eine Farbe, eine bestimmte Blume, ein Motiv oder etwas in der Art. Lassen Sie dieses Element auf allen Bestandteilen der Hochzeit erscheinen. Schon wenn Ihre Gäste die Einladungen in den Händen halten, vermitteln Sie den ersten Eindruck von Ihrem Hochzeitsstil. Dieser Stil findet sich dann auch auf den Menükarten, bei den Gastgeschenken und bei der Dekoration der Location wieder. So entsteht ein einheitliches Design, das alle Einzelheiten der Hochzeit miteinander verbindet. Am effektivsten arbeiten Sie mit einem bestimmten Farbschema: beispielsweise eine neutrale Hintergrundfarbe (Weiß, Creme, Champagner, Pastelltöne ...) akzentuiert mit ein oder zwei kräftigeren Farbtönen. Entscheiden Sie sich für Farben, die miteinander harmonieren, aber auch gut zur Location passen. Auch Region und Jahreszeit können Inspirationen bieten. Versuchen Sie jedoch nicht zu viele Farben zu verwenden. Manchmal ist weniger definitiv mehr – dies gilt besonders bei dem Erstellen eines einheitlichen Designkonzeptes. Der Color Guide am Anfang dieses Kapitels informiert Sie über die aktuellsten Farbkombinationen der Hochzeitsbranche und inspiriert Sie für die Dekoration Ihres Festes.

Wenn Sie sich für ein Farbkonzept entschieden haben, fängt der Spaß erst an: Jetzt heißt es, die passenden kleinen Details zu organisieren, die Ihre Hochzeit so einzigartig machen. Schleifenbänder, Stoffe, Blumen, Geschirr, Brautjungfernkleider, Einladungen, Menükarten, Gastgeschenke und vieles mehr – alles farblich auf Ihr individuelles Design-Konzept abgestimmt.

Versuchen Sie, alle Sinne durch das Hochzeitsdesign anzusprechen: visuelle Reize durch geschickte Licht-Farb-Kombinationen, taktile Reize durch interessante Oberflächenstrukturen, Geschmacks- und Geruchssinne durch duftende Blumen oder Kräuter (ausgesuchte Speisen und Getränke nicht zu vergessen). All das abgerundet durch wohlbedachte musikalische Untermalung. Ihre Gäste werden überwältigt sein und noch Jahre später ihren Lieben davon vorschwärmen.

Budget

Budget

KOSTEN-SPICKZETTEL

Damit Sie ungefähr wissen, wie viel die einzelnen Posten kosten, habe ich für Sie ein paar Durchschnittspreise aufgeführt. Diese Preise sind jedoch nur Anhaltspunkte, da sie je nach Region und Anspruch stark variieren. Je nach Ihren Prioritäten können Sie mehr oder weniger für die einzelnen Bereiche ausgeben und manche vielleicht sogar ganz streichen.

HOCHZEITSFEIER

Standesamt	€ 100,00 +/–
Kirchliche Trauung	€ 100,00 +/–
Sektempfang p. P.	€ 10,00 +/–
Hors d'oeuvres & Cocktails p. P.	€ 35,00 +/–
Speisen & Getränke p. P.	€ 70,00 +/–
Partyservice/Catering p. P.	€ 50,00 +/–
Hochzeitstorte	€ 200,00 +/–
Saalmiete	€ 200,00 +/–

DRUCKSACHEN

Save-the-date Karten p. P.	€ 1,50 +/–
Einladungen p. P.	€ 4,00 +/–
Programme p. P.	€ 2,00 +/–
Menükarten p. P.	€ 1,50 +/–
Tischkarten p. Tisch	€ 0,80 +/–
Platzkarten p. P.	€ 0,50 +/–
Danksagungen p. P.	€ 1,50 +/–

KLEIDUNG/BEAUTY

Kleid/Kostüm (Standesamt)	€ 350,00 +/–
Anzug für Bräutigam	€ 400,00 +/–
Schuhe für Bräutigam	€ 120,00 +/–
Brautkleid	€ 500,00 +/–
Brautschuhe	€ 100,00 +/–
Schleier	€ 55,00 +/–
Accessoires	€ 100,00 +/–
Eheringe	€ 600,00 +/–
Friseur	€ 100,00 +/–
Mani- & Pediküre	€ 50,00 +/–

BLUMEN & DEKO

Standesamt	€ 130,00 +/–
Kirche	€ 175,00 +/–
Brautstrauß (Kirche)	€ 80,00 +/–
Brautstrauß (Standesamt)	€ 45,00 +/–
Autoschmuck	€ 150,00 +/–
Ansteckblumen p. P.	€ 10,00 +/–
Blumenmädchen	€ 25,00 +/–
Tischdekoration p. Tisch	€ 45,00 +/–
Brautjungfern	€ 25,00 +/–

FOTO/VIDEO

Fotograf *	€ 200,00 +/–
Videograf *	€ 150,00 +/–

MUSIK

Musik (Kirche)	€ 100,00 +/–
Band *	€ 1000,00 +/–
DJ *	€ 150,00 +/–

SONSTIGES

Trinkgelder	10–15 %
Porto	€ 0,55 +/–
Ringkissen	€ 20,00 +/–
Gastgeschenke p. P.	€ 2,00 +/–
Gästebuch	€ 20,00 +/–

p. P. = pro Person

* = Preis abhängig von Dauer der Feier

BUDGET

Bevor Sie nicht das genaue Budget für Ihre Hochzeit kennen, brauchen Sie im Prinzip gar nicht erst beginnen zu planen. Das Budget bestimmt von Anfang bis Ende Ihre Vorbereitungen und beeinflusst in vieler Hinsicht Ihre Entscheidungen. Natürlich hätten wir alle gerne eine goldene Gans zu Hause. Mit ihr ließe sich eine extravagante Hochzeit der Superlative feiern. Aber auch mit einem normalen Geldbeutel und einem geschickt geplanten Festverlauf ist Ihre Traumhochzeit durchaus möglich, ohne allzu große Kompromisse einzugehen.

Wer zahlt?

»Über Geld redet man nicht« heißt es im Allgemeinen. Aber wenn Sie eine Hochzeit planen, kommen Sie nicht darum herum, die Finanzen offen anzusprechen. Mein Tipp dazu: Offen und ehrlich, aber auch mit viel Taktgefühl an die Sache herangehen, dann kann nichts schiefgehen.

Die erste Frage für ein realistisches Budget ist: Wer trägt finanziell zur Hochzeit bei? Früher übernahm die Familie der Braut komplett die Ausgaben der Hochzeit. Mittlerweile ist diese Tradition jedoch etwas überholt und mehrere Parteien tragen die Kosten. Da Paare heutzutage durchschnittlich immer später im Leben heiraten und daher meist schon finanziell unabhängig sind, teilen häufig beide Familien sowie das

DIE WICHTIGSTEN PUNKTE

9–12 MONATE VORHER

- ○ Finanzen kalkulieren
- ○ Budget festlegen
- ○ Hochzeitskonto einrichten
- ○ Angebote einholen von: DJ/Band, Fotograf, Florist, Musiker, Konditor, Restaurant usw.

UND NICHT VERGESSEN

- ○ Prioritäten setzen, um Kosten zu sparen
- ○ Alle Ausgaben schriftlich festhalten
- ○ Budget immer aktualisieren
- ○ Immer Angebote und Service vergleichen
- ○ Preise aushandeln. Sie sind der Kunde!
- ○ Alle Abmachungen schriftlich/vertraglich festhalten
- ○ Ihr Budget plus zehn Prozent als Notfall-Puffer berechnen, für unvorhergesehene Ausgaben

WER ZAHLT WAS?

Laut Tradition hat früher die Familie der Braut die Hochzeit zu fast 100 Prozent finanziert. Die Familie des Bräutigams beteiligte sich daran nur gering. Ich habe die Auslagen weitestgehend nach der traditionellen Kostenstruktur gegliedert. Wenn Ihnen das nicht gefällt, verteilen Sie und/oder Ihre Familie Ihre Ausgaben, wie es Ihnen beliebt.

DIE BRAUT UND IHRE FAMILIE

- ○ Einladung und andere Drucksachen
- ○ Brautkleid
- ○ Braut-Accessoires
- ○ Blumendekorationen
- ○ Blumen für Brautjungfern
- ○ Hochzeitsfeier
- ○ Fotograf
- ○ Videograf
- ○ Musik
- ○ Transportmittel
- ○ Gastgeschenke
- ○ Ehering für den Bräutigam
- ○ Geschenk der Braut an den Bräutigam

DER BRÄUTIGAM UND SEINE FAMILIE

- ○ Verlobungsring
- ○ Ehering für die Braut
- ○ Geschenk des Bräutigams an die Braut
- ○ Hochzeitsanzug
- ○ Accessoires für Bräutigam
- ○ Brautstrauß
- ○ Reversgestecke
- ○ Kirchengebühr und Spende
- ○ Standesamtliche Hochzeit
- ○ Flitterwochen

TRAUZEUGEN UND BRAUTJUNGFERN

- ○ Eigene Kleider/Anzüge für die Hochzeit
- ○ Eigene Reisekosten
- ○ Hochzeitsgeschenk
- ○ Junggesellenabschied (zusammen mit allen anderen Freunden, die teilnehmen)

GÄSTE

- ○ Eigene Reisekosten
- ○ Unterkunft
- ○ Hochzeitsgeschenk

GELD-PUFFER

Bauen Sie in Ihr Budget einen zehnprozentigen Puffer ein. Immer wieder mal entstehen unerwartete Kosten und mit diesem Rückhalt sind Sie auf jeden Fall ausreichend finanziell abgesichert.

Brautpaar die Ausgaben zwischen sich auf. Auch wenn das für die beiden Verliebten bedeutet, dass Sparen angesagt ist und nicht alle Extras und Ideen verwirklicht werden. Auch im kleinen Rahmen können Sie gut feiern.

Jetzt wird Tacheles geredet

Falls Ihre Eltern sich finanziell an der Hochzeit beteiligen, fragen Sie offen, aber mit Fingerspitzengefühl nach einem genauen Betrag. Das ist zwar meist eine unangenehme Situation, jedoch extrem wichtig, weil Sie dann genau wissen, wie viel Geld Ihnen insgesamt für Ihre Planung zur Verfügung steht. So können Sie besser kalkulieren, was Ihre sicherlich ohnehin schon angespannten Nerven beruhigen wird.

Überlegen Sie außerdem, wie viel Sie selbst finanziell zur Hochzeit beisteuern wollen und können. Besprechen Sie Ihre Finanzen offen mit Ihrem Verlobten: Wie viel Geld besitzen Sie bereits jetzt zusammen? Wie viel müssen Sie ansparen, bis die ersten Hochzeitsrechnungen ins Haus flattern?

Jetzt ist der ideale Zeitpunkt, das erste gemeinsame Konto zu eröffnen und zusammen für die Hochzeit zu sparen. Bitten Sie auch Ihre Eltern, deren finanziellen Beitrag auf dieses Konto zu überweisen, damit Sie so immer genauestens über den Stand Ihrer Finanzen informiert sind.

DISKRETION

Falls sich beide Familien an der Hochzeit beteiligen, behandeln Sie bitte die genauen Beträge vertraulich. Hüten Sie sich davor, sie jeweils dem anderen Elternpaar zu eröffnen. Dadurch vermeiden Sie von Anfang an schwierige Situationen und unterschwelliges Konkurrenzdenken.

Prioritäten setzen

Damit Ihnen bei den Hochzeitsvorbereitungen nicht finanziell die Puste ausgeht, ist es wichtig, genau vorauszuplanen, um den Überblick nicht zu verlieren. Im Klartext heißt das: Versuchen Sie, alle anstehenden Kosten so gut wie möglich abzuschätzen. Holen Sie sich mehrere Angebote für jeden Kostenpunkt ein, damit Sie diese mit den von Ihnen eingeplanten Beträgen vergleichen können. So können Sie gegebenenfalls Abstriche machen, wenn es nötig ist. Außerdem sehen Sie dabei schnell, wo Ihre Prioritäten und Vorlieben liegen.

Überlegen Sie sich zusammen mit Ihrem Verlobten, was Ihnen beiden wirklich relevant erscheint: Wie wichtig ist es Ihnen, in einer bestimmten Jahreszeit zu heiraten? Monat, Wochentag und Tageszeit beeinflussen die anfallenden Kosten sehr stark. In den Wintermonaten November bis Februar profitieren Sie zum Beispiel besonders von den günstigeren Preisen, die viele Locations dann anbieten. Und noch etwas: Beachten Sie bitte, dass Feiertage wie Weihnachten, Silvester oder der Valentinstag oft teurer sind. An diesen Tagen möchten ganz besonders viele, romantische Menschen den Bund fürs Leben schließen. Planen Sie also mit Bedacht.

PUNKTE SAMMELN

Falls Sie viele Ihrer Rechnungen über eine Kreditkarte laufen lassen, entscheiden Sie sich für eine Karte, mit der Sie Prämienpunkte oder vielleicht sogar Flugmeilen sammeln. Ein Weg, wie Sie sich teilweise die Flitterwochen finanzieren. Ganz wichtig: Verschulden Sie sich nicht, geben Sie nur das Geld aus, das Sie auch haben. Wer startet schon gerne mit Schulden in die Ehe?

»Morgenstund' hat Gold im Mund.« Dieser alte Sinnspruch gilt auch für Hochzeiten: Eine Mittagshochzeit oder ein Fest am Nachmittag, das dann am Abend langsam ausklingt, ist für den Geldbeutel oft weniger strapaziös, als wenn Sie am Abend kräftig feiern und bis in die frühen Morgenstunden hinein fröhlich das Tanzbein schwingen.

Wochentags zu heiraten kostet weniger als Wochenend- und Feiertags-Feste. Aber hier heißt es, die Vor- und Nachteile genau abzuwägen. Ihre Gäste müssen sich für Ihre Hochzeit extra Urlaub nehmen. Das klappt wahrscheinlich nicht bei allen. Dadurch erscheinen vielleicht nicht alle Gäste, die Ihnen am Herzen liegen. Und das wäre doch wirklich sehr schade.

Wo bleibt das Geld?

Damit Sie ungefähr wissen, wie Sie Ihr Budget einteilen, haben wir für Sie eine Aufteilung vorbereitet, die die wichtigsten Kostenpunkte zusammenfasst. Natürlich sind diese Prozentzahlen nicht in Stein gemeißelt und sie lassen sich ohne Weiteres Ihren eigenen Ansprüchen und Wünschen angleichen. Der Budgetplaner auf den folgenden Seiten hilft Ihnen außerdem dabei, detailliert Ihre Kosten zu kalkulieren und Angebote zu vergleichen. Damit überblicken Sie zu jeder Zeit genaue Ihre Finanzen.

MEHR DAZU AB SEITE 43

Lieber Tanz als Tauben

Manchmal gehen die traumhaften Vorstellungen, die Sie mit Ihrer Hochzeit verbinden, nicht unbedingt mit dem Inhalt des Geldbeutels konform. Aber auch das ist kein Problem! Nur weil jetzt vielleicht keine sechsköpfige Band oder ein aufsteigender weißer Taubenschwarm drin sind, brauchen Sie sich um einen angemessenen Stil Ihrer Hochzeit keine Sorgen zu machen. Wenn Sie an der richtigen Stelle sparen, genießen Sie dafür woanders wie ein Sonnenkönig. Es gibt immer clevere Wege, die Kosten zu drosseln, ohne dass Ihre Gäste das überhaupt bemerken. Ihre Prioritäten werden sich bald herauskristallisieren und Sie merken schnell, was Ihnen wirklich wichtig ist und wo Sie Ihr Geld gerne und mit Freude ausgeben.

Sie rechnen mit einer riesigen Gästeliste, weil Sie einfach so viele liebe Menschen kennen, die an Ihrem Glück Anteil haben möchten? Dann heiraten Sie vielleicht nicht unbedingt im teuren Schlosshotel, sondern lassen bei einer ausgelassenen Restaurant-Gartenparty die Korken knallen. Falls das immer noch nicht ganz reicht, gewinnen Sie mit den folgenden Spartipps schnell wieder die Kontrolle über Ihre Finanzen.

KOSTENAUFTEILUNG

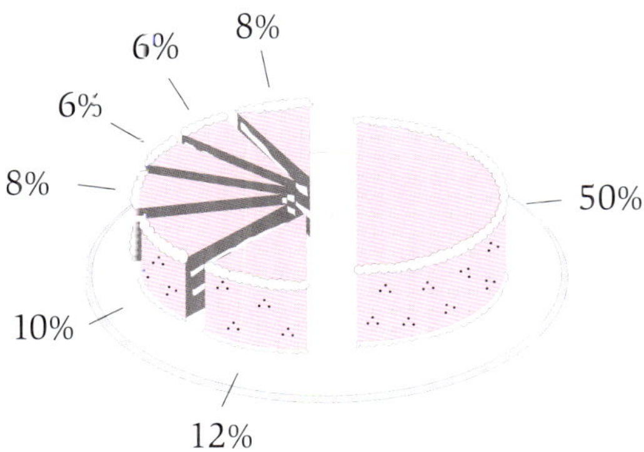

Feier	50 Prozent	Fotograf	6 Prozent
Kleidung, Beauty	12 Prozent	Drucksachen	6 Prozent
Musik	8 Prozent	Sonstiges	8 Prozent
Blumen, Deko	10 Prozent		

SPAREN

ANSTATT ...	VERSUCHEN SIE ES MIT ...
Champagner zum Anstoßen	... Prosecco oder Sekt.
Offene Bar mit Mixgetränken	... Wein, Bier und einem ausgesuchten Cocktail.
Vier-Gänge-Menü	... Vorspeise, Hauptspeise und der Hochzeitstorte als Nachtisch.
Jazzband	... einem DJ, der während des Essens dezente Jazzmelodien spielt.
Maiglöckchen im Winter	... einheimischen Blumen, die jetzt blühen, und nicht mit Import-Pflanzen.
Hohe Alkoholpreise im Restaurant	... einem Kompromiss: Verhandeln Sie, dass Sie Ihren eigenen Alkohol im Großmarkt kaufen. Ungeöffnete Flaschen bringen Sie, wenn möglich, zurück.
Blumen in Hülle und Fülle	... großen Blüten, Gräsern und Zweigen, modern drapiert als farbige Akzente, am besten alles in einem Farbton. Schleifenbänder oder Stoffe sind auch gute Alternativen.
Viergespann-Hochzeitskutsche	... einem ausgeliehenen Auto von Freunden: Eine alte Ente, Mini oder Fiat 500 sind lustige Klassiker, die auch auf den Fotos klasse aussehen.
Designer-Hochzeitskleid	... Kleidersuche im Internet. Hier finden Sie viele ausgesprochen schöne Stücke für einen Bruchteil des üblichen Preises.
Hummer als Hauptgericht	... teuren Lebensmitteln nur in kleinen Portionen als Vorspeise oder Fingerfood.
Einer opulenten Hochzeitsfeier bis spät in die Nacht	... einem Brunch mittags oder nachmittags mit Kaffee und Kuchen.
Erdbeeren im Herbst	... Obst und Gemüse der Saison, wenn möglich von Bauern der Umgebung. So ist alles besonders frisch, lecker und auch preiswerter.
Gastgeschenke zu kaufen	... selbst gemachten Kleinigkeiten wie kleinen Gläsern Marmelade oder leckeren Kekse, hübsch verpackt.

BUDGETPLANER

	KOSTEN 1. Angebot	KOSTEN 2. Angebot	KOSTEN tatsächlicher Betrag
HOCHZEITSFEIER 50 Prozent			
STANDESAMT			
Familienstammbuch			
Heiratsurkunden			
Sektempfang (Standesamt)			
Gebühren			
KIRCHE			
Gebühren/Spenden			
FEIER			
Speisen			
Getränke			
Hochzeitstorte			
Partyservice/Catering			
Saalmiete			
HOCHZEITSFEIER ZWISCHENSUMME			

DRUCKSACHEN 8 Prozent			
Verlobungsanzeige			
Save-the-date-Karten			
Einladungen			
Porto			
Programme			
Menükarten			
Tischkarten			
Platzkarten			
Danksagungen			
Porto			
Zeitungsannonce			
DRUCKSACHEN ZWISCHENSUMME			

KLEIDUNG/BEAUTY 12 Prozent			
Kleid/Kostüm (Standesamt)			
Anzug (Standesamt)			
Brautkleid			
Brautschuhe			
Schleier			
Accessoires			

BUDGETPLANER (Fortsetzung)

	KOSTEN 1. Angebot	KOSTEN 2. Angebot	KOSTEN tatsächlicher Betrag
Schmuck			
Anzug (Kirche)			
Schuhe			
Eheringe			
Friseur			
Mani- und Pediküre			
KLEIDUNG/BEAUTY ZWISCHENSUMME			

BLUMEN/DEKO 10 Prozent			
Standesamt			
Kirche			
Brautstrauß (Kirche)			
Brautstrauß (Standesamt)			
Autoschmuck			
Reversgesteck Bräutigam			
Reversgesteck (andere)			
Blumenmädchen			
Tischdekoration			
Brautjungfern			
BLUMEN/DEKO ZWISCHENSUMME			

FOTO/VIDEO 8 Prozent			
Fotograf			
Videograf			
Hochzeitsalbum			
Alben für Eltern			
Filme und Entwicklung			
Extraabzüge			
FOTO/VIDEO ZWISCHENSUMME			

MUSIK 6 Prozent			
Musik (Kirche)			
Band			
DJ			
MUSIK ZWISCHENSUMME			

BUDGETPLANER (Fortsetzung)

	KOSTEN 1. Angebot	KOSTEN 2. Angebot	KOSTEN tatsächlicher Betrag
SONSTIGES 8 Prozent			
Trinkgelder			
Deko-Elemente			
Ring-Kissen			
Gastgeschenke			
Gästebuch			
Reis oder Blumenblätter			
Geschenke			
Hochzeitsauto			
Kutsche			
Gästetransport			
Hotel			
Polterabend			
FLITTERWOCHEN			
Reise (Bahn, Flug)			
Hotel			
SONSTIGES ZWISCHENSUMME			
Hochzeitsfeier Zwischensumme			
Drucksachen Zwischensumme			
Kleidung/Beauty Zwischensumme			
Blumen/Deko Zwischensumme			
Foto/Video Zwischensumme			
Musik Zwischensumme			
Sonstiges Zwischensumme			
GESAMT-BUDGET			
+ 10 Prozent Notfall-Puffer			
+ professioneller Hochzeitsplaner			

BUDGETPLANER (Fortsetzung)

WEITERE ANGEBOTE	KOSTEN 1. Angebot	KOSTEN 2. Angebot	KOSTEN tatsächlicher Betrag

Gäste

GÄSTE

Eine Hochzeit ist die perfekte Gelegenheit, einmal alle Ihre liebsten Menschen um sich zu versammeln. Gerade durch sie wird dieser Tag zu etwas so Besonderem. Wer feiert Ihr Glück mit Ihnen? Es sind Ihre Gäste. Deshalb ist eine wohl durchdachte Gästeliste so wichtig. Takt und Diplomatie sind hier das A und O. Manchmal erweist es sich als schwierig, zwei Familien und Freundeskreise unter einen Hut zu kriegen. Und das Budget macht Ihnen dann auch noch Vorschriften ...

Wieso ist die Gästeliste so wichtig?

Um ein genaues Budget für die Hochzeit zu erstellen, ist es extrem wichtig, zu wissen, wie viele Gäste Sie einladen. Die Anzahl der teilnehmenden Personen bestimmt die Kosten für die anschließende Feier. Dabei haben Sie zwei Möglichkeiten:

1) Eine Gästeliste geplant nach einem Budget bedeutet: Nur eine festgesetzte Anzahl an Gästen kann geladen werden. Damit halten Sie den finanziellen Rahmen ein. Abstriche an der Gästeliste sind immer die einfachste Art, Kosten zu mindern.

DIE WICHTIGSTEN PUNKTE

9–12 MONATE VORHER

- ○ Erstellen einer groben Gästeliste

6–9 MONATE VORHER

- ○ Prioritäten setzen. Auf wen möchten Sie auf keinen Fall verzichten? Wer liegt Ihnen besonders am Herzen?
- ○ Ihre Trauzeugen/Brautjungfern auswählen. Wer kommt infrage? Wem vertrauen Sie?

4–6 MONATE VORHER

- ○ Die Gästeliste vervollständigen
- ○ Hotels für die Gäste von außerhalb suchen und günstige Zimmerpreise aushandeln

2–4 MONATE VORHER

- ○ Eventuell Transportmittel für Gäste buchen
- ○ Einladungen verschicken (Anfahrtsskizzen und Hotelinformationen nicht vergessen)

4–8 WOCHEN VORHER

- ○ Gastgeschenke kaufen und hübsch verpacken
- ○ Willkommenspakete für die Hotelgäste zusammenstellen

2–4 WOCHEN VORHER

- ○ Sitzordnung planen

2) Setzen Sie zuerst die Gästeliste fest und planen Sie die anschließende Feier so, dass alles in den Rahmen Ihres Budgets passt. In diesem Fall machen Sie keine Abstriche an der Gästeliste, sondern an anderen Stellen: Anstatt in einem Drei-Sterne-Restaurant zu feiern, entscheiden Sie sich vielleicht eher für ein entspanntes Sommerfest im Garten oder einen eleganten Sektempfang.

Wie erstellen Sie die Gästeliste?

Eine Gästeliste zu erstellen sieht auf den ersten Blick leicht aus, wird jedoch schnell zum nervenaufreibenden Drahtseilakt, wenn Sie nicht aufpassen. Selbstkontrolle ist hier angesagt. Während Sie planen, stellen Sie sich schon vorab ein paar grundlegende Fragen. Wenn Sie diese berücksichtigen, ist eine realistische Gästeliste kein Problem mehr für Sie. Und vor allem verlieren Sie weder Freude noch Lust am Feiern.

DIE WICHTIGSTEN FRAGEN FÜR IHRE GÄSTELISTE

- Möchten Sie eher eine intime Feier oder ein rauschendes Fest?
- Stellen Sie sich ein Vier-Gänge-Menü am Abend vor oder eine Feier am Nachmittag mit Kaffee und Kuchen?
- Was ist Ihr Hochzeitsbudget?
- Wie groß sind die jeweiligen Lokalitäten für die Zeremonie und die Feier?
- Planen Sie, Kinder einzuladen?
- Dürfen Ihre Single-Freunde jeweils einen Gast mitbringen?
- Werden die Eltern/Schwiegereltern auch ihre eigenen Freunde einladen?

Stolpersteine der Gästeliste

Die Gästeliste bildet den Grundstein einer guten Hochzeitsplanung. Überwachen Sie sie daher sehr sorgfältig. Sie tendiert dazu, wie Unkraut zu wachsen. Aus einer kleinen intimen Hochzeit wird schnell eine große Affäre.

Bestimmt haben Sie, seitdem Sie verlobt sind, schon oft im Geiste all Ihre lieben Menschen aufgezählt, die Sie gerne bei der Hochzeit dabeihaben möchten, oder? Dann fielen Ihnen gewiss noch viele andere ein, an die Sie lange nicht mehr gedacht haben: Da ist ja noch die Grundschulfreundin, der Sie schon damals versprochen haben, sie zu Ihrer Hochzeit einzuladen. Da ist Tante Martha, die Sie zwar schon 15 Jahre nicht mehr gesehen haben, aber sie gehört ja schließlich zur Familie. Ach ja, und der alte Schulfreund Ihres Vaters, der natürlich alle seine sieben Kinder mitbringt. Und Sie wundern sich, warum Sie über 200 Personen auf der Gästeliste haben? – Auch wenn gerade bei dem Thema Gästeliste bestimmt jeder gerne ein Wörtchen mitredet, denken Sie daran: Es ist IHRE Hochzeit. Sie gestalten sie so groß oder klein, wie SIE möchten. Es ist IHR großer Tag.

Damit es gar nicht so weit kommt und Sie nicht mit einer außer Kontrolle geratenen Gästeliste zu kämpfen haben, hier ein paar Tipps für Sie. Nehmen Sie sich die zu Herzen, dann können Sie die Gästeflut eindämmen.

Alles in einer Hand

Nur eine Hand erstellt die endgültige Gästeliste. Eine bestimmte Person, und nur diese, ändert, nimmt auf oder streicht die Namen für Ihr Fest. Dadurch behalten Sie immer den Überblick über die Liste, aber auch über die daraus folgenden Kosten für Sie. MEHR DAZU AB SEITE 51

Nicht allzu spontan sein

Natürlich spüren Sie schon eine riesige Vorfreude, die Sie am liebsten in die Welt hinausschreien möchten. Aber lassen Sie sich auf keinen Fall dazu hinreißen, spontan Einladungen auszusprechen, die sich später möglicherweise als etwas unüberlegt herausstellen. Es zeugt nicht gerade von gutem Stil, wenn Sie Personen später wieder ausladen müssen.

Prioritäten setzen

Setzen Sie bei der Auswahl der Gäste Prioritäten. Dazu wenden Sie einen einfachen Trick an: Teilen Sie die Gäste in Gruppen ein. Auf der A-Liste stehen diejenigen, die Sie definitiv einladen wollen. Darunter fallen Familienangehörige (Eltern, Geschwister, Großeltern) und Ihre engsten Freunde. Auf der B-Liste stehen die Personen, die Ihnen auch nahe stehen und hoffentlich an der Feier teilnehmen können: Tanten, Onkel, Cousins, Nichten, Neffen und auch langjährige Freunde. Die C-Liste ist für diejenigen, die Sie zwar auch gerne dabei hätten, Ihnen aber nicht ganz so wichtig sind. Sie werden nur eingeladen, wenn Sie noch Kapazitäten frei haben.

A-LISTE	B-LISTE	C-LISTE
Eltern Geschwister Großeltern eigene Kinder engste Freunde	Tanten und Onkel Cousins und Cousinen Nichten und Neffen langjährige Freunde	entfernte Freunde entfernte Verwandte Arbeitskollegen Bekannte
DEFINITIV	HOFFENTLICH	EVENTUELL

Früher, als die Hochzeit von den Eltern noch komplett finanziell getragen wurde, hatten die auch die Hand auf der Gästeliste. Das bedeutete, dass sie einladen konnten, wen sie wollten. Heutzutage zahlen viele Paare die eigene Hochzeit. Aber auch, wenn sich die Eltern noch finanziell daran beteiligen, ist es angebracht, auch ihre Wünsche für die Gästeliste zu berücksichtigen. Am besten fragen Sie Ihre Eltern und zukünftigen Schwiegereltern nach einer Liste mit ihren Wunschgästen, aufgeteilt in A, B und C. Versuchen Sie, so gut es geht, den Wünschen zu entsprechen und nutzen Sie Ihre diplomatischen Fähigkeiten, um Kompromisse zu schließen. Nicht jeder Gast kann eingeladen werden.

SAVE THE DATE

Falls Sie Ihre Hochzeit lange im Voraus planen oder das Datum auf einen Feiertag fällt, wäre es eine gute Idee, mithilfe einer Save-the-date-Karte die Gäste schon langfristig über die Hochzeit zu informieren. Dazu reicht eine Postkarte mit dem Aufdruck: »Wir heiraten am 3. Juni 2006 – bitte haltet Euch das Datum frei. Einladung folgt.« MEHR DAZU AB SEITE 129

Gästelisten-Manager

Ihre Gästeliste ist ein ganz wichtiger Bestandteil der Hochzeitsplanung. Aktualisieren Sie sie deshalb sorgfältig. Mithilfe meines Gästelisten-Managers haben Sie immer alles im Griff. Hier tragen Sie ein, wem Sie schon eine Einladung geschickt haben, und vor allem, wer zu- oder abgesagt hat. Die Gästezahl ist besonders wichtig, wenn Sie die Feier planen und die Ausgaben kalkulierbar sind. Im Gästelisten-Manager tragen Sie auch ein, wer Ihnen was geschenkt hat. Das erleichtert später die Arbeit, wenn Sie sich schriftlich mit schönen Karten für die Gaben Ihrer Lieben bedanken.
MEHR DAZU AB SEITE 51

GÄSTELISTEN-MANAGER

Machen Sie Kopien von diesen Seiten, um Ihre gesamte Gästeliste eintragen zu können.

Name		Save-the-date-Karte verschickt	JA / NEIN
Adresse		Einladung verschickt	JA / NEIN
		Kommt zur Hochzeit	JA / NEIN
Telefon	E-Mail	Danksagung verschickt	JA / NEIN
Geschenk			
Kommentar		Anzahl der Gäste	

Name		Save-the-date-Karte verschickt	JA / NEIN
Adresse		Einladung verschickt	JA / NEIN
		Kommt zur Hochzeit	JA / NEIN
Telefon	E-Mail	Danksagung verschickt	JA / NEIN
Geschenk			
Kommentar		Anzahl der Gäste	

Name		Save-the-date-Karte verschickt	JA / NEIN
Adresse		Einladung verschickt	JA / NEIN
		Kommt zur Hochzeit	JA / NEIN
Telefon	E-Mail	Danksagung verschickt	JA / NEIN
Geschenk			
Kommentar		Anzahl der Gäste	

Name		Save-the-date-Karte verschickt	JA / NEIN
Adresse		Einladung verschickt	JA / NEIN
		Kommt zur Hochzeit	JA / NEIN
Telefon	E-Mail	Danksagung verschickt	JA / NEIN
Geschenk			
Kommentar		Anzahl der Gäste	

Name		Save-the-date-Karte verschickt	JA / NEIN
Adresse		Einladung verschickt	JA / NEIN
		Kommt zur Hochzeit	JA / NEIN
Telefon	E-Mail	Danksagung verschickt	JA / NEIN
Geschenk			
Kommentar		Anzahl der Gäste	

Gesamtzahl der Gäste

GÄSTELISTEN-MANAGER (Fortsetzung)

Name ______________________ Save-the-date-Karte verschickt JA NEIN
Adresse ______________________ Einladung verschickt JA NEIN
______________________ Kommt zur Hochzeit JA NEIN
Telefon __________ E-Mail __________ Danksagung verschickt JA NEIN
Geschenk ______________________
Kommentar ______________________ Anzahl der Gäste ________

Name ______________________ Save-the-date-Karte verschickt JA NEIN
Adresse ______________________ Einladung verschickt JA NEIN
______________________ Kommt zur Hochzeit JA NEIN
Telefon __________ E-Mail __________ Danksagung verschickt JA NEIN
Geschenk ______________________
Kommentar ______________________ Anzahl der Gäste ________

Name ______________________ Save-the-date-Karte verschickt JA NEIN
Adresse ______________________ Einladung verschickt JA NEIN
______________________ Kommt zur Hochzeit JA NEIN
Telefon __________ E-Mail __________ Danksagung verschickt JA NEIN
Geschenk ______________________
Kommentar ______________________ Anzahl der Gäste ________

Name ______________________ Save-the-date-Karte verschickt JA NEIN
Adresse ______________________ Einladung verschickt JA NEIN
______________________ Kommt zur Hochzeit JA NEIN
Telefon __________ E-Mail __________ Danksagung verschickt JA NEIN
Geschenk ______________________
Kommentar ______________________ Anzahl der Gäste ________

Name ______________________ Save-the-date-Karte verschickt JA NEIN
Adresse ______________________ Einladung verschickt JA NEIN
______________________ Kommt zur Hochzeit JA NEIN
Telefon __________ E-Mail __________ Danksagung verschickt JA NEIN
Geschenk ______________________
Kommentar ______________________ Anzahl der Gäste ________

Gesamtzahl der Gäste ________

GÄSTELISTEN-MANAGER (Fortsetzung)

Name ______
Adresse ______
______
Telefon ______ E-Mail ______
Geschenk ______
Kommentar ______

Save-the-date-Karte verschickt JA NEIN
Einladung verschickt JA NEIN
Kommt zur Hochzeit JA NEIN
Danksagung verschickt JA NEIN
Anzahl der Gäste ______

Name ______
Adresse ______
______
Telefon ______ E-Mail ______
Geschenk ______
Kommentar ______

Save-the-date-Karte verschickt JA NEIN
Einladung verschickt JA NEIN
Kommt zur Hochzeit JA NEIN
Danksagung verschickt JA NEIN
Anzahl der Gäste ______

Name ______
Adresse ______
______
Telefon ______ E-Mail ______
Geschenk ______
Kommentar ______

Save-the-date-Karte verschickt JA NEIN
Einladung verschickt JA NEIN
Kommt zur Hochzeit JA NEIN
Danksagung verschickt JA NEIN
Anzahl der Gäste ______

Name ______
Adresse ______
______
Telefon ______ E-Mail ______
Geschenk ______
Kommentar ______

Save-the-date-Karte verschickt JA NEIN
Einladung verschickt JA NEIN
Kommt zur Hochzeit JA NEIN
Danksagung verschickt JA NEIN
Anzahl der Gäste ______

Name ______
Adresse ______
______
Telefon ______ E-Mail ______
Geschenk ______
Kommentar ______

Save-the-date-Karte verschickt JA NEIN
Einladung verschickt JA NEIN
Kommt zur Hochzeit JA NEIN
Danksagung verschickt JA NEIN
Anzahl der Gäste ______

Gesamtzahl der Gäste ______

GÄSTELISTEN-MANAGER (Fortsetzung)

Name
Adresse

Telefon E-Mail
Geschenk
Kommentar

Save-the-date-Karte verschickt JA NEIN
Einladung verschickt JA NEIN
Kommt zur Hochzeit JA NEIN
Danksagung verschickt JA NEIN
Anzahl der Gäste

Name
Adresse

Telefon E-Mail
Geschenk
Kommentar

Save-the-date-Karte verschickt JA NEIN
Einladung verschickt JA NEIN
Kommt zur Hochzeit JA NEIN
Danksagung verschickt JA NEIN
Anzahl der Gäste

Name
Adresse

Telefon E-Mail
Geschenk
Kommentar

Save-the-date-Karte verschickt JA NEIN
Einladung verschickt JA NEIN
Kommt zur Hochzeit JA NEIN
Danksagung verschickt JA NEIN
Anzahl der Gäste

Name
Adresse

Telefon E-Mail
Geschenk
Kommentar

Save-the-date-Karte verschickt JA NEIN
Einladung verschickt JA NEIN
Kommt zur Hochzeit JA NEIN
Danksagung verschickt JA NEIN
Anzahl der Gäste

Name
Adresse

Telefon E-Mail
Geschenk
Kommentar

Save-the-date-Karte verschickt JA NEIN
Einladung verschickt JA NEIN
Kommt zur Hochzeit JA NEIN
Danksagung verschickt JA NEIN
Anzahl der Gäste

Gesamtzahl der Gäste

GÄSTELISTEN-MANAGER (Fortsetzung)

Name	Save-the-date-Karte verschickt JA NEIN
Adresse	Einladung verschickt JA NEIN
	Kommt zur Hochzeit JA NEIN
Telefon E-Mail	Danksagung verschickt JA NEIN
Geschenk	
Kommentar	Anzahl der Gäste

Name	Save-the-date-Karte verschickt JA NEIN
Adresse	Einladung verschickt JA NEIN
	Kommt zur Hochzeit JA NEIN
Telefon E-Mail	Danksagung verschickt JA NEIN
Geschenk	
Kommentar	Anzahl der Gäste

Name	Save-the-date-Karte verschickt JA NEIN
Adresse	Einladung verschickt JA NEIN
	Kommt zur Hochzeit JA NEIN
Telefon E-Mail	Danksagung verschickt JA NEIN
Geschenk	
Kommentar	Anzahl der Gäste

Name	Save-the-date-Karte verschickt JA NEIN
Adresse	Einladung verschickt JA NEIN
	Kommt zur Hochzeit JA NEIN
Telefon E-Mail	Danksagung verschickt JA NEIN
Geschenk	
Kommentar	Anzahl der Gäste

Name	Save-the-date-Karte verschickt JA NEIN
Adresse	Einladung verschickt JA NEIN
	Kommt zur Hochzeit JA NEIN
Telefon E-Mail	Danksagung verschickt JA NEIN
Geschenk	
Kommentar	Anzahl der Gäste

Gesamtzahl der Gäste

GÄSTELISTEN-MANAGER (Fortsetzung)

Name
Adresse

Telefon E-Mail
Geschenk
Kommentar

Save-the-date-Karte verschickt JA NEIN
Einladung verschickt JA NEIN
Kommt zur Hochzeit JA NEIN
Danksagung verschickt JA NEIN
Anzahl der Gäste

Name
Adresse

Telefon E-Mail
Geschenk
Kommentar

Save-the-date-Karte verschickt JA NEIN
Einladung verschickt JA NEIN
Kommt zur Hochzeit JA NEIN
Danksagung verschickt JA NEIN
Anzahl der Gäste

Name
Adresse

Telefon E-Mail
Geschenk
Kommentar

Save-the-date-Karte verschickt JA NEIN
Einladung verschickt JA NEIN
Kommt zur Hochzeit JA NEIN
Danksagung verschickt JA NEIN
Anzahl der Gäste

Name
Adresse

Telefon E-Mail
Geschenk
Kommentar

Save-the-date-Karte verschickt JA NEIN
Einladung verschickt JA NEIN
Kommt zur Hochzeit JA NEIN
Danksagung verschickt JA NEIN
Anzahl der Gäste

Name
Adresse

Telefon E-Mail
Geschenk
Kommentar

Save-the-date-Karte verschickt JA NEIN
Einladung verschickt JA NEIN
Kommt zur Hochzeit JA NEIN
Danksagung verschickt JA NEIN
Anzahl der Gäste

Gesamtzahl der Gäste

GÄSTELISTEN-MANAGER (Fortsetzung)

Name ______________________ | Save-the-date-Karte verschickt | JA | NEIN
Adresse ______________________ | Einladung verschickt | JA | NEIN
______________________ | Kommt zur Hochzeit | JA | NEIN
Telefon ________ E-Mail ________ | Danksagung verschickt | JA | NEIN
Geschenk ______________________
Kommentar ______________________ | Anzahl der Gäste ______

Name ______________________ | Save-the-date-Karte verschickt | JA | NEIN
Adresse ______________________ | Einladung verschickt | JA | NEIN
______________________ | Kommt zur Hochzeit | JA | NEIN
Telefon ________ E-Mail ________ | Danksagung verschickt | JA | NEIN
Geschenk ______________________
Kommentar ______________________ | Anzahl der Gäste ______

Name ______________________ | Save-the-date-Karte verschickt | JA | NEIN
Adresse ______________________ | Einladung verschickt | JA | NEIN
______________________ | Kommt zur Hochzeit | JA | NEIN
Telefon ________ E-Mail ________ | Danksagung verschickt | JA | NEIN
Geschenk ______________________
Kommentar ______________________ | Anzahl der Gäste ______

Name ______________________ | Save-the-date-Karte verschickt | JA | NEIN
Adresse ______________________ | Einladung verschickt | JA | NEIN
______________________ | Kommt zur Hochzeit | JA | NEIN
Telefon ________ E-Mail ________ | Danksagung verschickt | JA | NEIN
Geschenk ______________________
Kommentar ______________________ | Anzahl der Gäste ______

Name ______________________ | Save-the-date-Karte verschickt | JA | NEIN
Adresse ______________________ | Einladung verschickt | JA | NEIN
______________________ | Kommt zur Hochzeit | JA | NEIN
Telefon ________ E-Mail ________ | Danksagung verschickt | JA | NEIN
Geschenk ______________________
Kommentar ______________________ | Anzahl der Gäste ______

Gesamtzahl der Gäste ______

GÄSTELISTEN-MANAGER (Fortsetzung)

Name
Adresse

Telefon E-Mail
Geschenk
Kommentar

Save-the-date-Karte verschickt JA NEIN
Einladung verschickt JA NEIN
Kommt zur Hochzeit JA NEIN
Danksagung verschickt JA NEIN
Anzahl der Gäste

Name
Adresse

Telefon E-Mail
Geschenk
Kommentar

Save-the-date-Karte verschickt JA NEIN
Einladung verschickt JA NEIN
Kommt zur Hochzeit JA NEIN
Danksagung verschickt JA NEIN
Anzahl der Gäste

Name
Adresse

Telefon E-Mail
Geschenk
Kommentar

Save-the-date-Karte verschickt JA NEIN
Einladung verschickt JA NEIN
Kommt zur Hochzeit JA NEIN
Danksagung verschickt JA NEIN
Anzahl der Gäste

Name
Adresse

Telefon E-Mail
Geschenk
Kommentar

Save-the-date-Karte verschickt JA NEIN
Einladung verschickt JA NEIN
Kommt zur Hochzeit JA NEIN
Danksagung verschickt JA NEIN
Anzahl der Gäste

Name
Adresse

Telefon E-Mail
Geschenk
Kommentar

Save-the-date-Karte verschickt JA NEIN
Einladung verschickt JA NEIN
Kommt zur Hochzeit JA NEIN
Danksagung verschickt JA NEIN
Anzahl der Gäste

Gesamtzahl der Gäste

GÄSTELISTEN-MANAGER (Fortsetzung)

Name
Adresse

Telefon E-Mail
Geschenk
Kommentar

Save-the-date-Karte verschickt JA NEIN
Einladung verschickt JA NEIN
Kommt zur Hochzeit JA NEIN
Danksagung verschickt JA NEIN
Anzahl der Gäste

Name
Adresse

Telefon E-Mail
Geschenk
Kommentar

Save-the-date-Karte verschickt JA NEIN
Einladung verschickt JA NEIN
Kommt zur Hochzeit JA NEIN
Danksagung verschickt JA NEIN
Anzahl der Gäste

Name
Adresse

Telefon E-Mail
Geschenk
Kommentar

Save-the-date-Karte verschickt JA NEIN
Einladung verschickt JA NEIN
Kommt zur Hochzeit JA NEIN
Danksagung verschickt JA NEIN
Anzahl der Gäste

Name
Adresse

Telefon E-Mail
Geschenk
Kommentar

Save-the-date-Karte verschickt JA NEIN
Einladung verschickt JA NEIN
Kommt zur Hochzeit JA NEIN
Danksagung verschickt JA NEIN
Anzahl der Gäste

Name
Adresse

Telefon E-Mail
Geschenk
Kommentar

Save-the-date-Karte verschickt JA NEIN
Einladung verschickt JA NEIN
Kommt zur Hochzeit JA NEIN
Danksagung verschickt JA NEIN
Anzahl der Gäste

Gesamtzahl der Gäste

Gäste von außerhalb

In vielen Fällen kommen Hochzeitsgäste von weit her, nehmen lange Anfahrtswege und hohe Reisekosten in Kauf, um zusammen mit dem Brautpaar zu feiern. Helfen Sie Ihren Gästen dabei, ihre Reise zu planen. Zeigen Sie ihnen, wie sehr Sie es schätzen, dass sie zu Ihrer Hochzeit kommen. Erkundigen Sie sich nach Unterkunftsmöglichkeiten in nahe gelegenen Hotels und handeln Sie günstigere Preise für Ihre Gäste aus. Manchmal lassen Hotelmanager mit sich reden, wenn Sie erfahren, dass eine größere Anzahl an Zimmern gebucht wird. Wenn Sie Preise persönlich aushandeln, wenden Sie sich bitte direkt an den Besitzer oder höchsten Manager. Also an jemanden, der auch in der Position ist, Preise auszuhandeln. Denken Sie daran: Anfahrtsskizzen und Hotelinformationen gehören zur Hochzeitseinladung. Beachten Sie dabei, dass Sie nicht für die Kosten der Unterkunft aufkommen müssen. Falls Sie bei einigen Gästen eine Ausnahme machen möchten, ist das okay. Aber im Allgemeinen wird das nicht vom Brautpaar erwartet, da eine Hochzeit – auch ohne Hotelzimmer für die Gäste – schon teuer genug ist.

pinkbride SPEZIAL

WILLKOMMENSGRUSS IM HOTEL

- Begrüßungsbrief
- Straßenkarten
- Stadtinformationen
- Aktivitäten- und Museumsbroschüren der Umgebung
- Kontaktadressen und Telefonnummern des Brautpaars
- Namen und Zimmernummern anderer Hochzeitsgäste in demselben Hotel
- Zeitplan für alle Hochzeitsaktivitäten
- Schokolade
- Flasche Wasser
- Taschentücher
- Kerze
- Kleine Flasche Wein
- Obst
- Ein kleines Souvenir der Stadt

Nach einer langen Anreise freuen sich Ihre Gäste natürlich am allermeisten darüber, wenn Sie sie persönlich begrüßen. Da Sie aber alle Hände voll zu tun haben, werden Sie das wahrscheinlich nicht bei jedem Gast schaffen. Deshalb ist es eine sehr nette Geste, den Gästen vom Hotelpersonal einen kleinen Willkommensgruß auf das Zimmer stellen zu lassen. Ob Sie nur eine persönliche Karte schreiben oder ein Körbchen mit kleinen Leckereien bereitstellen, bleibt ganz Ihnen überlassen. In jedem

Fall ist es eine nette Überraschung, die Ihre Gäste erfreut. Sie werden sich dadurch sofort willkommen fühlen.
Vergessen Sie nicht einen Ablaufplan mit den Hochzeitsaktivitäten zu hinterlassen, damit Ihre Gäste sich gleich nach ihrer Ankunft darauf einstellen und den Aufenthalt in vollen Zügen genießen können.

Kinder einladen – ja oder vielleicht?

Hochzeiten sind Familienfeste, bei denen alle Generationen endlich mal wieder Gelegenheit haben, zusammenzukommen und Familienbande zu pflegen. Gerade heute, wenn der alte Familienverbund – wie er seit Generationen existierte – immer seltener wird, ist das eine schöne Art, alte Traditionen aufleben zu lassen.

Aber wie sieht es aus, wenn man in einem Vier-Sterne-Restaurant feiert und zehn möglicherweise lärmende Kinder auf der Gästeliste stehen? Kinder nicht einzuladen ist immer eine delikate Angelegenheit und manche Eltern werden sich auf die Zehen getreten fühlen. Aber das ist IHR Tag und wenn Sie ihn ohne Kinderlärm genießen möchten, so ist das absolut legitim. Falls es sich jedoch einrichten lässt, laden Sie auch kleine Hochzeitsgäste ein! Denn das ist eine schöne Gelegenheit, Kindern einen Sinn für Familie zu vermitteln. Ich nenne Ihnen hier ein paar Tricks, mit denen Sie die Rasselbande im Zaum halten:

FÜR KLEINE GÄSTE

- Kinder mögen im Allgemeinen keine Fünf-Gänge-Menüs. Fragen Sie deshalb in Ihrem Restaurant nach einem speziellen Kinder-Menü, damit auch die kleinen Feinschmecker zufrieden schmausen können.
- Stellen Sie einen Babysitter ein, falls mehr als fünf Kinder kommen. Wenn Eltern ihre Kinder in guten Händen wissen, genießen sie entspannter Ihre Feier. Zusammen mit dem Babysitter spielen die Kinder vielleicht oder basteln ein Geschenk für das Brautpaar.
- Gastgeschenke für die Kleinen: Legen Sie für jeden eine Überraschungstüte mit Spielzeug und Malsachen bereit, damit es den Kindern nicht langweilig wird. So sind sie beschäftigt, wenn die ältere Generation am Feiern ist.
- Wenn Ihre kleineren Gäste noch einen Mittagsschlaf brauchen, legen Sie eine ruhige Ecke mit Kissen und Decken aus, damit die Kleinen auch mal eine Pause einlegen können, ohne das Gefühl zu haben, etwas zu verpassen.

Die Sitzordnung

Ob Ihre Hochzeitsfeier ein voller Erfolg wird, hängt in hohem Maße davon ab, wie zufrieden Ihre Gäste sind. Der richtige Tischnachbar trägt dazu bei, dass es am Tisch vergnüglich zugeht. Deshalb ist die Sitzordnung so wichtig.

Am einfachsten ist es, wenn Sie beim Planen der Sitzordnung mit dem Brauttisch beginnen und sich von dort aus zu allen anderen Tischen durcharbeiten. Natürlich ist das Brautpaar der Mittelpunkt der Hochzeit. Wer am Brauttisch sitzen darf, weiß das als große Ehre zu schätzen. Deshalb ist der Brauttisch meist für die engste Familie und vielleicht noch die besten Freunde reserviert.

Der Brauttisch befindet sich am besten in einer zentralen Position im Raum, wo ihn alle Gäste gut sehen. Nachdem Sie wissen, wie und wo das Brautpaar zusammen mit seiner engsten Familie sitzt, suchen Sie nun Plätze für den Rest der Familie und für Ihre Freunde.

TRAUTE ZWEISAMKEIT

Manche Paare entschließen sich auch für einen separaten Tisch nur für das Brautpaar. So haben Sie eine gute Sicht auf Ihre Lieben. Gleichzeitig aber auch Gelegenheit, diesen Tag zusammen zu genießen und ein paar romantische Augenblicke leicht entrückt von allen anderen zu verbringen.

Viele Paare gehen dabei so vor, dass sie ihre liebsten Menschen in der Nähe des Brauttisches platzieren und alle anderen – je nachdem, wie wichtig sie sind – weiter entfernt. Um das Problem zu vermeiden, dass sich die Gäste am Rand ausgeschlossen fühlen, empfehle ich Ihnen, alle bunt durcheinanderzumischen. Sind Charakter und Alter dann egal? Nein, natürlich nicht, aber auch das lässt sich dabei arrangieren. Tüfteln Sie ein wenig und zeigen Sie Fantasie.

Natürlich haben alle Ihre Gäste eines gemeinsam: Sie kennen und lieben das Brautpaar. Damit es aber auch über dieses Thema hinaus genug Gesprächsstoff gibt, ist es ratsam, Gäste zusammenzusetzen, die sich für gleiche Dinge interessieren oder Gleiches erlebt haben, so kommen sie leichter ins Gespräch.

Falls sich Singles unter den Gästen befinden, verteilen Sie sie in kleinen Gruppen auf mehrere Tische, auch mit Nicht-Singles. So fühlt sich niemand ausgegrenzt.

RÜCKSICHT AUF ÄLTERE

Ältere Gäste fühlen sich an einem hellen Tisch, weit von der Musik und der Küche entfernt, am wohlsten. Achten Sie darauf, dass er in der Nähe des Brauttisches steht, damit die älteren Herrschaften auch die Ansprachen gut hören können.

Eine Hochzeit ist das Symbol dafür, dass zwei Familien zusammengeführt werden. Das kann sich auch in Ihrer Sitzordnung widerspiegeln. Den perfekten Freundschafts- und Familiencocktail mixen Sie mit Fantasie und Fingerspitzengefühl. Überlegen Sie sich, wer sich möglicherweise gut versteht und wo eventuelle Gemeinsamkeiten bestehen. Dabei empfiehlt es sich, Paare zwar an denselben Tisch, aber nicht unbedingt nebeneinander zu setzen. So fördern Sie den munteren Gesprächsaustausch und legen vielleicht den Grundstein für neue Freundschaften.

Wenn Sie die perfekte Sitzordnung anstreben, nutzen Sie am besten unseren Sitzordnungsplaner am Ende dieses Kapitels. Hier erstellen Sie Namenskärtchen Ihrer Gäste. Platzieren und verschieben Sie sie um die Vordrucke der runden oder rechteckigen Tische so lange, bis Sie die richtige Konstellation gefunden haben. MEHR DAZU AB SEITE 64

Tischnummern mal ganz anders

Anstatt Tische zu nummerieren, werden Sie doch mal kreativ: Wie wäre es, die Tische nach den Straßen zu benennen, in denen Sie und Ihr Liebster im Laufe Ihres Lebens schon gewohnt haben? Oder wie wäre es mit Filmtiteln oder Städten, die Sie schon zusammen besucht haben? Namen von Liedern oder Sternzeichen eignen sich auch sehr gut. Eine andere Variante ist es, die Tische nach Blumen zu benennen. Mit Tulpen dekorieren Sie dann nur den Tisch »Tulpe« und so weiter. Wer fühlt sich nicht am Tisch »Rose« wohl? Umgeben von Rosenblättern?

Damit Ihre Gäste nicht auf der Suche nach ihrem Platz von Tisch zu Tisch irren, bitten Sie jemanden vom Restaurant, mithilfe eines genauen Tischplans die Gäste zu den Plätzen zu weisen. Oder Sie können ein oder zwei Tischpläne am Eingang der Location an einem gut sichtbaren Platz aufhängen, damit jeder schnell seinen Tisch findet. Kleine Kärtchen mit den Namen der Gäste und der jeweiligen Tischnummer ordnen Sie alphabetisch, geometrisch und in Reihen entsprechend der Hochzeitsfarben an. Das sieht stylisch aus und macht was her.

SITZORDNUNGSPLANER

Damit Sie die Sitzordnung leichter erstellen können, tragen Sie hier Ihre Gäste ein. Schneiden Sie dann die Etiketten aus und platzieren Sie diese um die Tische herum, welche Sie auf den nächsten Seiten finden. Verschieben Sie die Namenskärtchen so lange, bis Sie die perfekte Sitzordnung gefunden haben.

SITZORDNUNGSPLANER (Rückseite)

SITZORDNUNGSPLANER – RUND FÜR SECHS PERSONEN

Kopieren Sie diese Seite so oft, bis die Anzahl der Vorlagen Ihrer geplanten Tischzahl entspricht. Jetzt spielen Sie mit den Namensschildchen Ihrer Hochzeitsgäste so lange herum, bis Sie die perfekte Sitzordnung für die Feier gefunden haben.

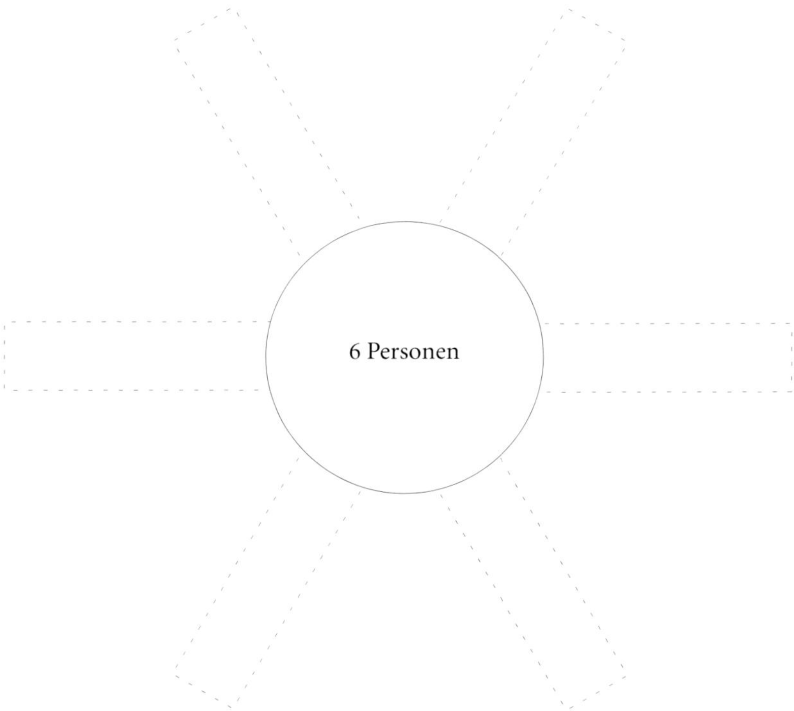

SITZORDNUNGSPLANER – RUND FÜR ACHT PERSONEN

Kopieren Sie diese Seite so oft, bis die Anzahl der Vorlagen Ihrer geplanten Tischzahl entspricht. Jetzt spielen Sie mit den Namensschildchen Ihrer Hochzeitsgäste so lange herum, bis Sie die perfekte Sitzordnung für die Feier gefunden haben.

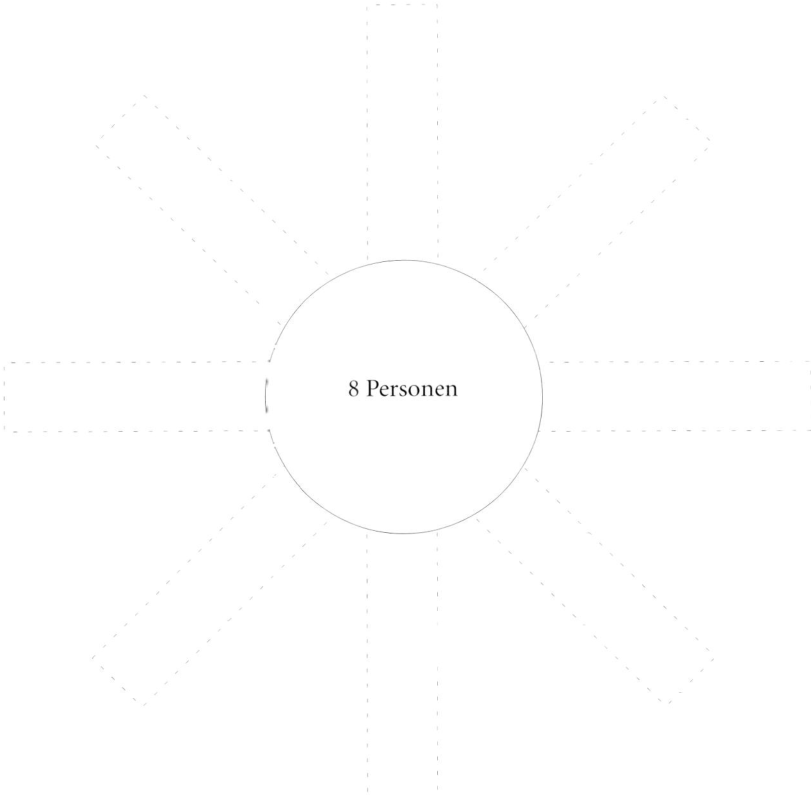

SITZORDNUNGSPLANER – RECHTECK FÜR ACHT PERSONEN

Kopieren Sie diese Seite so oft, bis die Anzahl der Vorlagen Ihrer geplanten Tischzahl entspricht. Jetzt spielen Sie mit den Namensschildchen Ihrer Hochzeitsgäste so lange herum, bis Sie die perfekte Sitzordnung für die Feier gefunden haben.

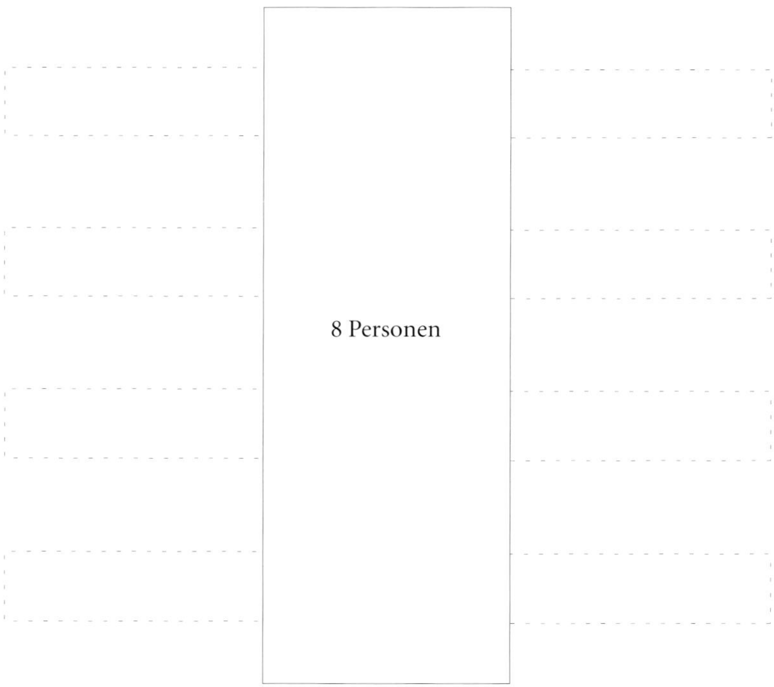

SITZORDNUNGSPLANER – RECHTECK FÜR ZEHN PERSONEN

Kopieren Sie diese Seite so oft, bis die Anzahl der Vorlagen Ihrer geplanten Tischzahl entspricht. Jetzt spielen Sie mit den Namensschildchen Ihrer Hochzeitsgäste so lange herum, bis Sie die perfekte Sitzordnung für die Feier gefunden haben.

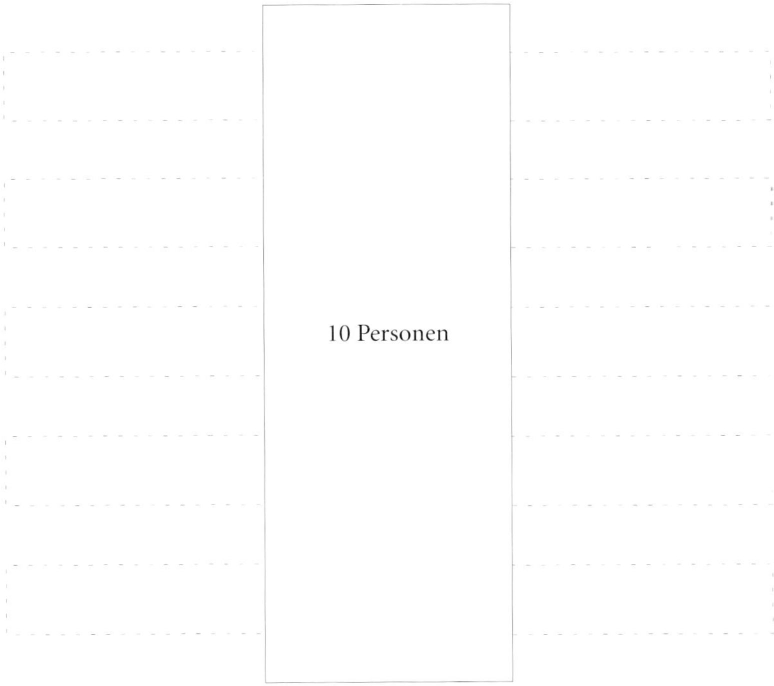

TISCHORDNUNGSPLANER

Wenn Sie genau festgelegt haben, wer wo sitzt, tragen Sie die Namen hier ein und geben Sie eine Kopie der Liste an den Manager der Location oder des Restaurants. Dann kann er die Platzkarten richtig verteilen. Wenn Sie den Tischen andere Namen geben wollen, vermerken Sie das in den rosafarbenen Feldern.

TISCH 1	TISCH 2	TISCH 3

TISCH 4	TISCH 5	TISCH 6

Bemerkungen:

TISCHORDNUNGSPLANER

TISCH 7

TISCH 8

TISCH 9

TISCH 10

TISCH 11

TISCH 12

Bemerkungen:

Hurra – ein Geschenk!

Kleine Geschenke erhalten die Freundschaft. Dieser altbewährte Spruch gilt auch an Ihrem Hochzeitstag. Gerade an diesem Tag werden Sie mit Liebe, Glückwünschen und Geschenken nur so überschüttet. Aber Sie haben auch die Gelegenheit, etwas von dieser Liebe wieder zurückzugeben. Zeigen Sie Ihren Gästen mit kleinen Gastgeschenken, wie sehr Sie sich darüber freuen, dass sie zu Ihrem Fest gekommen sind, oft von weit her. Der aus Italien stammende Brauch, gezuckerte Mandeln zu verschenken, hat schon seit Jahren im deutschsprachigen Raum Einzug gehalten. Von Amerika und England schwappt nun der Trend zu einem etwas ausgefalleneren Gastgeschenk auch zu uns herüber.

Sie entscheiden, womit Sie Ihren Gästen eine Freude bereiten. Egal ob mit Pralinen, Kerzen oder Mandeln – Ihnen steht alles offen. Ich empfehle Ihnen eine kleine Aufmerksamkeit, die von Herzen kommt. Hübsch verpackt in Farben, die zur allgemeinen Tisch-Deko passen, wird auch eine Kleinigkeit zu etwas Besonderem. Legen Sie die Gastgeschenke direkt vor jeden Teller oder bitten Sie das Restaurant-Personal, die nett verpackten Kleinigkeiten auf einem speziell dafür dekorierten Tisch, nahe am Ausgang, zu platzieren. Lassen Sie zum Beispiel Streichholzbriefchen mit Ihren Namen und dem Hochzeitsdatum bedrucken und legen Sie sie in Schalen dekorativ aus. Passend zu den Hochzeitsfarben gedruckt, lassen sie die Dekoration noch perfekter erscheinen. Die Gäste werden sich noch lange nach der Feier daran erfreuen.

Teilen Sie Ihren Gästen schriftlich mit, wenn Ihr Geschenk eine tiefere Bedeutung für Sie hat. Dafür formulieren Sie einfach ein paar nette Worte auf ein kleines Kärtchen, das Sie entweder mit verpacken oder an einer hübschen Schleife befestigen. Achten Sie bei Einkauf und Auswahl der Geschenke darauf, dass sie äußerlich zu dem von Ihnen gewählten Farbschema passen. Eventuell haben Sie hier auch die Gelegenheit, sich Mengenrabatte zu Nutze zu machen.

WIESO GEZUCKERTE MANDELN?

Das traditionelle Gastgeschenk bei italienischen Hochzeiten sind fünf gezuckerte Mandeln in kleinen Schachteln oder zartem Tüll verpackt. Die fünf Mandeln stehen für fünf Wünsche an das Brautpaar: Glück, Gesundheit, Reichtum, Kinder und ein langes Leben. Die Mandeln, die an sich leicht bitter schmecken, symbolisieren das Leben. Der Zuckerguss lässt darauf hoffen, dass das Leben des Brautpaars eher süß als bitter ist.

pinkbride SPEZIAL

TOLLE IDEEN FÜR GASTGESCHENKE

- Verpacken Sie fünf gezuckerte Mandeln hübsch.
- Füllen Sie kleine Tülltütchen mit farbigen Bonbons als Alternative zu der traditionellen Mandeln. Sie finden bestimmt gaumenbezaubernde Süßigkeiten, die auch gut in das Deko-Farbschema der Hochzeit passen.
- Kleine Teelichter einfach dekoriert: Mit einem bedruckten Papierband mit dem Hochzeitsdatum und den Namen des Brautpaares verziert, tragen sie zur Tischbeleuchtung bei und können am Ende der Feier von den Gästen mitgenommen werden.
- Herzförmige Kekse nach Großmutters Rezept, dekoriert mit dem Monogramm des Brautpaars. Das Rezept auf hübschem Papier ausdrucken und jeweils zusammen mit ein paar Keksen verpacken.
- Kleine »Petit Fours« in den Hochzeitsfarben, individuell verpackt.
- Kleine Päckchen mit Blumen- oder Baumsamen, persönlich gestaltet mit einem bedruckten Band oder einer Schleife sind ein Geschenk mit Langzeit-Freude. Aus den Samen werden Pflanzen. Sie wachsen und gedeihen wie Ihre Liebe.
- Bei einer Hochzeit im italienschen Stil können Sie Pasta passend zu den Hochzeitsfarben verpacken, daran das Lieblingsrezept der italienschen Großmutter auf hübschem Papier ausgedruckt festbinden.
- Eine bleibende Erinnerung hinterlassen Sie auch mit einem selbst gemachten Kochbüchlein, in das Sie ein paar Hochzeits-Rezepte schreiben: Ihren Lieblings-Cocktail, die Hauptspeise oder Ihr Hochzeits-Dessert. Ein, zwei Seiten, am Computer gestaltet oder von Hand geschrieben, genügen. Schleife drumherum und fertig
- Wenn Sie Ihr Glück mit anderen teilen möchten, machen Sie doch anstatt der Gastgeschenke eine Spende im Namen Ihrer Gäste. Als »Geschenk« entwerfen Sie eine hübsche Urkunde, auf der Sie erklären, dass Sie Geld im Namen des Gastes an eine wohltätige Organisation gespendet haben. Das Ganze, auch hier wieder hübsch mit einem Schleifchen verziert, legen Sie auf die Teller.
- Bei einer Sommer-Hochzeit: Füllen Sie kleine Mini-Körbchen mit Beeren und verschenken Sie diese zusammen mit einem Rezept für Rote Grütze oder einen Kuchen.
- Bei einer Winter-Hochzeit bietet sich Weihnachtsbaumschmuck geradezu als Gastgeschenk an. Wenn Sie mindestens ein Jahr im Voraus planen, können Sie tolle Schnäppchen im Ausverkauf machen. Er beginnt kurz nach Weihnachten. Dann gibt es auch günstige Weihnachts-Deko für Ihren Tischschmuck.
- Sie feiern bis spät in die Nacht? Wie wäre es dann mit einer kleinen Snack-Tüte für den Nachhauseweg? Kakao, Croissants und ein Apfel sind ideale Mitternachtsbissen. Und ein köstlicher Ausklang Ihrer perfekten Hochzeitsfeier.

Gästebuch

Bestimmt haben Sie es schon auf manchen Hochzeiten gesehen: das Gästebuch. Normalerweise liegt es im Festsaal aus oder wird während der Feier herumgereicht, damit sich jeder Gast mit ein paar netten Zeilen darin verewigen kann. Das ist eine schöne Tradition, weil Sie immer, wenn Sie sich Ihren großen Tag in Erinnerung rufen wollen, gemeinsam in Ihrem Gästebuch schmökern können. Die Glückwünsche und Kommentare begleiten Sie so Ihr Leben lang.

Wenn Sie sich für ein typisches Gästebuch entscheiden, schauen Sie sich in einem gut sortierten Schreibwarenladen um, ob Sie ein Büchlein oder ein Album in Ihren Hochzeitsfarben finden. Legen Sie ein paar Stifte bereit und platzieren Sie das ganze an einem gut sichtbaren Platz im Festsaal. Falls Ihre Gäste nicht sofort reagieren, bitten Sie doch Ihren Vater oder Bräutigam, die Gäste in der Hochzeitsrede darauf aufmerksam zu machen.

pinkbride SPEZIAL

ALTERNATIVEN ZUM GÄSTEBUCH

Sie möchten kein Buch für die Kommentare Ihrer Gäste? Es gibt auch ausgefallene Alternativen, die denselben Zweck erfüllen. Anstelle des traditionellen Gästebuches verteilen Sie doch kleine Kärtchen mit adressierten und frankierten Briefumschlägen auf den Tischen. Fordern Sie Ihre Gäste auf, diese mitzunehmen und Ihnen ihre ganz persönlichen Tipps und Ratschläge für eine glückliche Ehe aufzuschreiben und danach an Sie zurückzuschicken. Sie werden sehen: Wenn Sie aus den Flitterwochen zurückkommen, ist Ihr Briefkasten voll mit lieben Grüßen und wertvollen Perlen der Weisheit, die Ihnen noch lange Freude bereiten.

Appetit auf etwas noch Ausgefalleneres? Nutzen Sie dieselbe Idee mit den Kärtchen, die Ihre Gäste an Sie zurückschicken. Aber anstatt der Ratschläge bitten Sie Ihre Gäste doch, ihr Lieblingsrezept aufzuschreiben. Egal, ob Vorspeisen, Hauptgerichte oder Desserts, tragen Sie die Rezepte später in einem Kochbuch zusammen – eine nicht nur Magen-füllende, sondern vor allem Herz-wärmende Idee für Sie und Ihre Familie.

Manchmal sind Bilder ausdrucksstärker als Worte. Stellen Sie in einer ruhigen Ecke eine Sofortbildkamera mit Selbstauslöser auf, mit dem Hinweis an die Gäste, lustige oder alberne Schnappschüsse von sich zu machen und diese mit einem Gruß in das Gästebuch einzukleben. Je ausgelassener die Gäste, desto lustiger die Bilder. Am besten eignen sich die Selbstauslöser mit einem langen Kabel, das die Gäste selber bedienen. Eine farbige Leinwand oder Stoffbahnen in den Hochzeitsfarben, die vor der Kamera aufgehängt werden, geben dem Ganzen einen schönen Hintergrund. Vergessen Sie nicht Klebestreifen, Stifte und extra Filme zum Buch dazuzulegen.

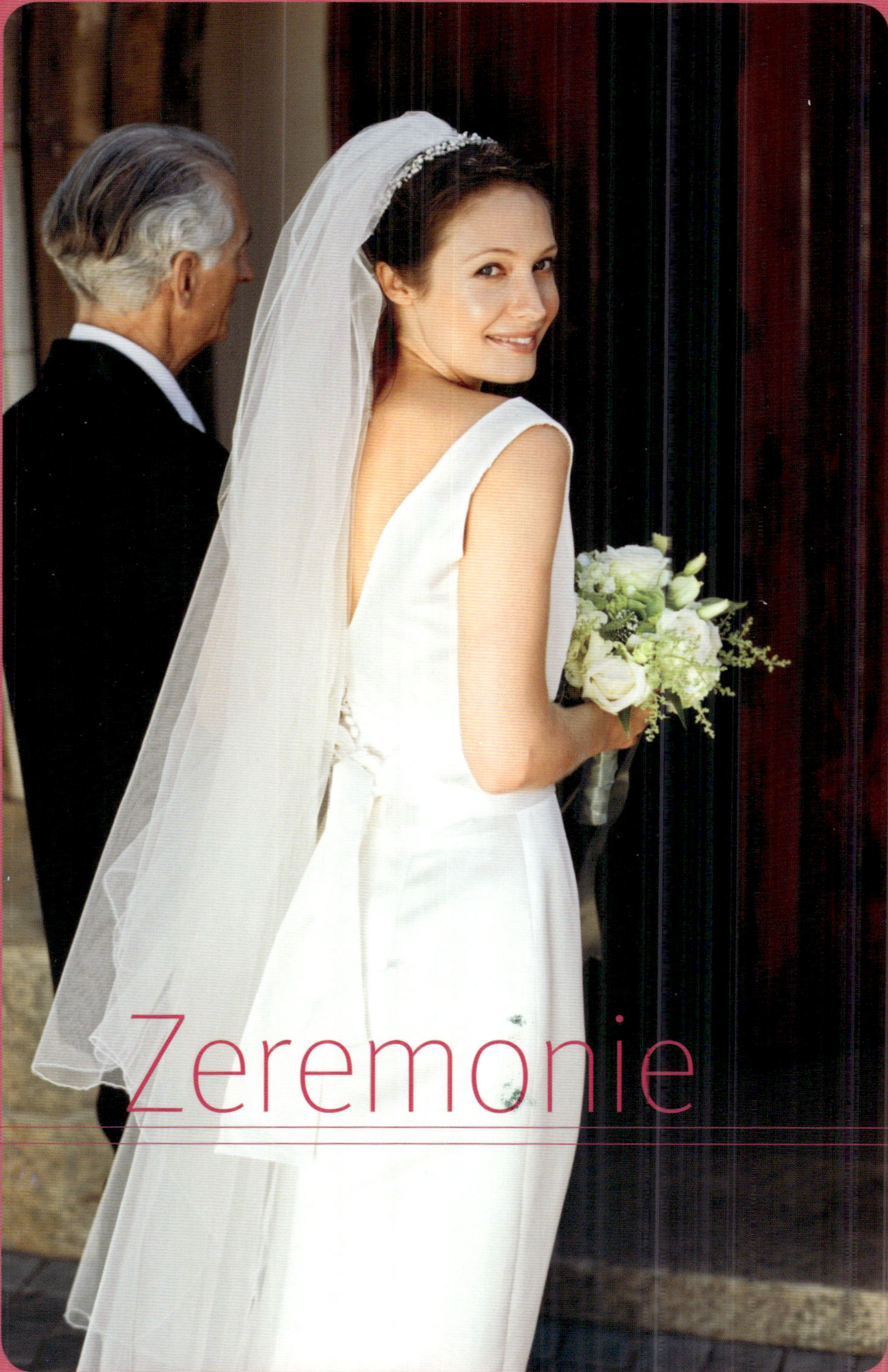

Zeremonie

ZEREMONIE

Sich im Beisein seiner Familie und Freunde das Jawort zu geben und sich immerwährende Liebe und Treue zu schwören – genau das ist der Sinn einer Hochzeit. Ob die beiden Partner sich das Bekenntnis nur vor einem Standesbeamten geben oder den Segen Gottes während einer kirchlichen Trauung erbitten, ist ganz Ihnen selbst überlassen.

Heutzutage heiraten nur noch ungefähr 50 Prozent der Paare kirchlich. Aber das heißt nicht, dass die andere Hälfte einer Hochzeit im großen Stil den Rücken kehrt. Es gibt wunderbare Alternativen, besonders für Paare, die sich eine bedeutungsvolle nicht-religiöse Zeremonie wünschen. Drei Wege stehen Ihnen zur Auswahl:

1. Standesamtliche Trauung
Auch wenn Sie eine Trauung in der Kirche oder durch einen freien Theologen planen, müssen Sie sich in Deutschland zunächst standesamtlich trauen lassen.

DIE WICHTIGSTEN PUNKTE

6–9 MONATE VORHER

- ○ Hochzeit beim Standesamt anmelden
- ○ Kirche oder Location für Trauung buchen
- ○ Bei nicht-kirchlicher Trauung: Suche nach freiem Redner/Theologen beginnen
- ○ Musikanten für die Zeremonie buchen

4–6 MONATE VORHER

- ○ Urkunden und Dokumente für die standesamtliche Trauung zusammenstellen
- ○ Erstes Treffen mit freiem Redner/Theologen arrangieren, um die Zeremonie zu besprechen
- ○ Trauzeugen, Brautjungfern, Ringträger und Blumenmädchen auswählen

2–4 MONATE VORHER

- ○ Zweites Treffen mit freiem Redner/Theologen arrangieren, um die Zeremonie im Detail zu besprechen (Lieder und Lesungen auswählen, Ablauf besprechen)

2–4 WOCHEN VORHER

- ○ Hochzeitsprogramm erstellen und drucken

1 WOCHE VORHER

- ○ Eventuell Zeremonieablauf vor Ort proben, damit Sie ein Gefühl für die Abfolge bekommen und am großen Tag alles glatt läuft

2. Religiöse Trauung
Je nach Glaubensrichtung in einem entsprechenden Gotteshaus – aber nur nach der standesamtlichen Trauung.

3. Freie Trauung
Ohne kirchliche Bindung, aber trotzdem voller bedeutungsvoller Elemente und ganz von Herzen: die Trauung durch einen freien Theologen.

Die standesamtliche Trauung

Damit Sie rechtlich als Mann und Frau gelten, ist der Weg zum Standesamt notwendig. Im Gegensatz zu früher, als das Paar noch das Aufgebot bestellen musste, reicht heutzutage eine einfache »Anmeldung zur Eheschließung« durch beide Partner, frühestens sechs Monate vor dem eigentlichen Hochzeitsdatum. Egal, in welchem Standesamt Sie heiraten möchten, melden Sie die Hochzeit im Amt Ihrer Heimatgemeinde an. Der zuständige Beamte informiert anschließend von dort aus das von Ihnen gewählte Standesamt.

Brautpaare, die in der Schweiz heiraten möchten, reichen die erforderlichen Papiere zur Ermittlung der Ehefähigkeit beim zuständigen Zivilstandesamt ein: frühestens vier und spätestens einen Monat vor dem Hochzeitstermin. Die eigentliche Anmeldung zur Trauung reichen Sie erst ein, wenn das Standesamt die Ehefähigkeit festgestellt und Sie schriftlich informiert hat. Sie dürfen sich frühestens zehn Tage, spätestens drei Monate danach trauen lassen. Erfolgt die Trauung außerhalb des Kantons, erhält das Paar eine Trauungsermächtigung.

Ob Sie Trauzeugen bei einer Trauung in Deutschland haben möchten oder nicht, ist ganz Ihnen überlassen und nicht mehr rechtlich zwingend. Geben Sie sich das Jawort jedoch in der Schweiz, sind Trauzeugen Pflicht. Wichtig ist in beiden Fällen, dass die Trauzeugen volljährig sind und einen gültigen Personalausweis dabeihaben.
MEHR DAZU AUF SEITE 79

FRÜH PLANEN

Auch wenn Sie die standesamtliche Trauung erst frühestens sechs Monate vor der Hochzeit buchen können – wieder mal so die Vorschrift –, legen Sie bis dahin alle anderen Details schon fest, wie etwa die Location der Feier. Deshalb fangen Sie, wenn möglich, schon zwölf Monate vor der Hochzeit damit an, sie zu planen.

Falls einer der Brautleute eine ausländische Staatsbürgerschaft besitzt, rate ich Ihnen zu einem Beratungsgespräch bei Ihrem zuständigen Standesamt, bevor Sie die Hochzeit anmelden. Da Sie alle nötigen Dokumente beglaubigen und ins Deutsche übersetzen lassen müssen – so die Vorschrift –, dauert es mitunter schon mal etwas länger, bis alle Urkunden aus dem Ausland angefordert und eingetroffen sind. Also: Planen Sie von langer Hand!

Viele Standesämter bieten zusätzlich zu den eigenen Räumen auch andere interessante Locations der Region als Trauungsort an. Sei es nun auf einem Boot, im botanischen Garten oder auf einem Schloss. Informieren Sie sich schon mal vorab auf der Webseite Ihres Standesamtes, welche Möglichkeiten es gibt.
Wie alle Ämter, so sind auch die meisten Standesämter nur von Montag bis Freitag besetzt. Aber auch Hochzeiten am Samstag sind heutzutage bei manchen Standesämtern durchaus möglich.

Wie trauen Sie sich standesamtlich?

Viele Paare heiraten zweimal: zuerst standesamtlich, weil das ja nun mal so gesetzlich vorgeschrieben ist, und danach auf der »richtigen« Hochzeit, die entweder kirchlich oder ohne religiöse Bindung gefeiert wird – mit tollem Brautkleid und allem Drum und Dran. Aber auch der Pflichttermin im Standesamt kann und sollte von Ihnen angemessen gefeiert werden. Fragen Sie einfach Ihren Standesbeamten beim Traugespräch, inwieweit Ihre Wünsche realisierbar sind. Musik und eleganter Blumenschmuck zaubern auch in diesen sonst eher nüchternen Ort eine romantische Atmosphäre. Außerdem steht Ihre Liebe im Mittelpunkt der Veranstaltung und Ihre glücklichen Gesichter werden zusätzlichen Glanz in die Amtsstube bringen.

Hier noch ein kleiner Tipp: Vergessen Sie nicht, auch am Hochzeitstag Ihren Ausweis mitzunehmen. Tun Sie das nicht, hängt es davon ab, wo Sie heiraten, ob Sie heiraten. Mit klaren Worten heißt das: Möglicherweise traut Sie niemand (wenn Sie sich endlich trauen).

Was passiert auf dem Standesamt? Nachdem alle Beteiligten Platz genommen haben, beginnt der offizielle Teil der Trauung, indem der Standesbeamte Ihre Personalien aufnimmt. Nach seiner Traurede kommt die lang ersehnte Frage, ob Sie und Ihr Partner den Bund der Ehe eingehen möchten. Nach Ihrem freudigen oder bewegten »JA!« unterschreiben Sie die Hochzeitsurkunde – und das war es im Prinzip schon. Jetzt sind Sie vor dem Gesetz Mann und Frau.

Was entstehen für Kosten?

Eine standesamtliche Trauung kostet circa 30 Euro. Falls Ihr Partner oder Sie eine ausländische Staatsbürgerschaft besitzen, belaufen sich die Kosten auf ungefähr 50 Euro. Dazu kommen noch die Kosten für die Urkunde und das Familienstammbuch. Sie zahlen extra, falls Ihr Standesbeamter Sie in einer anderen Location oder außerhalb der üblichen Öffnungszeiten traut. Erkundigen Sie sich bei Ihrem Standesamt nach den genauen Beträgen.

Die kirchliche Hochzeit

Der wichtigste Teil einer Hochzeitsfeier ist für viele das Jawort in der Kirche. Damit auch alles wie geplant abläuft, rate ich Ihnen, sich so früh wie möglich nach einer geeigneten Kirche umzusehen. Die meisten Hochzeiten finden samstags statt. Am Samstag arbeiten eher weniger Menschen. Sie haben also frei, um Ihr Hochzeitsgast zu sein. Deshalb ist der Samstag auch schnell ausgebucht – also schnelle Wahl, keine Qual! Wählen ist auch erlaubt, wenn es um Ihre Traukirche geht. Auch eine Kirche außerhalb Ihrer Gemeinde ist zulässig.

In Deutschland sind Sie gesetzlich dazu verpflichtet, sich vor dem Weg in die Kirche standesamtlich trauen zu lassen. In manchen Religionsgemeinschaften gehört auch ein Eheseminar dazu. Oft sind die Daten und Teilnehmerzahlen begrenzt. Melden Sie sich dafür am besten ein Jahr im Voraus an.

SCHRITTE ZUR KIRCHLICHEN HOCHZEIT

- Ein Hochzeitsdatum festsetzen
- Die Traukirche bestimmen
- Den Traupfarrer treffen
- Termine vereinbaren für die Hochzeit und das Traugespräch
- Eventuell zum Eheseminar anmelden
- Notwendige Dokumente besorgen (Taufschein nicht älter als sechs Monate, Bescheinigung für die Anmeldung zur standesamtlichen Eheschließung)
- Mit dem Traupfarrer besprechen, wie der Gottesdienst abläuft
- Den Traugottesdienst sehr persönlich gestalten – durch Lieder, Gebete, Lesungen, die Freunde oder Verwandte vorzutragen
- Sich mit dem Pfarrer kurz vor der Hochzeit treffen (jede »Rolle« besprechen)

URKUNDEN UND DOKUMENTE FÜR DIE HOCHZEIT

STANDESAMT

- ○ Personalausweis/Pass
- ○ Aufenthaltsbescheinigung aus dem Melderegister (Einwohnermeldeamt des Wohnortes). Sie enthält Angaben über Familienstand und Staatsangehörigkeit. Wichtig: Dieses Dokument darf nicht älter als acht Tage sein.
- ○ Beglaubigter Auszug aus dem Familienbuch (Standesamt v. Wohnsitz der Eltern). Wenn Ihre Eltern NACH 1957 in den alten Bundesländern oder nach dem 3 10.1990 in den neuen Bundesländern geheiratet haben oder wenn Sie außerehelich geboren wurden.

ODER

- ○ Abstammungsurkunde (Standesamt Ihres Geburtsortes). Wenn Ihre Eltern VOR 1958 in den alten Bundesländern oder vor dem 2.10.1990 in der DDR geheiratet haben. Wichtig: Fremdsprachige Dokumente müssen übersetzt sein.
- ○ Nachweis eines akademischen Grades (Diplom, Promotion, Magister), falls Sie diesen mit eintragen lassen möchten.

FAMILIENSTAND GESCHIEDEN/VERWITWET

- ○ Abstammungsurkunde
- ○ Beglaubigte Abschrift des Familienbuches der letzten Ehe (Standesamt, das für die Scheidung zuständig war)

ODER

- ○ Heiratsurkunde mit Scheidungs- oder Sterbevermerk (Standesamt der damaligen Eheschließung). Wenn die letzte Ehe die Zeit VOR dem 2.10.1990 in den neuen oder VOR 1958 in den alten Bundesländern betraf.
- ○ Scheidungsurteil oder Sterbeurkunde

BEI GEMEINSAMEN KINDERN

- ○ Abstammungsurkunde (Geburtsurkunde) des Kindes
- ○ Urkunde über die Anerkennung der Vaterschaft (Jugendamt)

KIRCHLICHE TRAUUNG

- ○ Personalausweis
- ○ Taufschein (Pfarramt der Taufkirche). Wichtig: nicht älter als sechs Monate
- ○ Bescheinigung über die Anmeldung zur standesamtlichen Eheschließung
- ○ Konfirmationsurkunde (bei evangelischen Trauungen)
- ○ Firmungsurkunde (bei katholischen Trauungen)

Bestimmt möchte sich der Pfarrer einige Male mit Ihnen treffen. Nur so lernt er Sie kennen. Er hilft Ihnen dabei, sich auf diesen wichtigen Tag vorzubereiten. Gerade wenn Sie und Ihr Zukünftiger verschiedene Glaubensrichtungen haben, ist es wichtig, vorher genau abzuklären, in welchem religiösen Rahmen Sie heiraten. Der Pfarrer klärt Ihre Wünsche mit seiner Kirche ab.

Die ökumenische Trauung

Gerade wenn Sie und Ihr Partner unterschiedlichen Konfessionen angehören, bietet sich vielleicht ein ökumenischer Gottesdienst für Sie an. Hierbei ist dann jeweils ein katholischer und ein evangelischer Pfarrer anwesend und beide vollziehen gemeinsam die Trauung. Wenden Sie sich vertrauensvoll an den Pfarrer der Kirche, in der Sie sich das Jawort geben. Er hilft Ihnen beim Planen und weist Sie auf die Besonderheiten der ökumenischen Trauung hin.

Bei katholisch-evangelischen Trauungen gibt es kaum ein Problem. Hierzu brauchen Sie lediglich eine »Erlaubnis zum Abschluss einer konfessionsverschiedenen Ehe« von Ihrem Pfarramt. Komplizierter wird es mitunter, wenn einer der Partner einer nicht christlichen Glaubensrichtung (jüdisch, moslemisch, hinduistisch) angehört. Lassen Sie sich von Vertretern beider Religionen ausführlich beraten. In der Tat ist es auch hier möglich, in einer christlichen Kirche getraut zu werden. Dabei erteilt die christliche Kirche eine sogenannte »Befreiung vom Ehehindernis der Religionsverschiedenheit«.

Wer braucht schon Trauzeugen – ich!

Rechtlich sind Trauzeugen für eine Trauung nicht mehr nötig, aber es ist doch eine schöne allseits beliebte Tradition. In der Stunde Ihres größten Glückes sind Ihre besten Freunde oder Geschwister hautnah bei Ihnen. Der Trauzeuge des Bräutigams unterstützt ihn während der Planungsphase und steht ihm mit Rat und Tat zur Seite. Bei einer kirchlichen Trauung wartet der Trauzeuge meist zusammen mit dem Bräutigam am Altar und hält während der Zeremonie die Ringe bereit. Es sei denn, Sie entscheiden sich für einen Ringträger.

TRAUZEUGIN = TRAUZEUGE

Auch der beste Freund der Braut kann Trauzeuge sein. Nicht immer sind Freundinnen die nahesten Vertrauten. Ihr Trauzeuge geht als Letzter vor Ihnen in die Kirche? Zeigen Sie Mut, mit alten Traditionen zu brechen – es ist IHRE Hochzeit!

Ihre Trauzeugin ist Ihre große Stütze während der Planung. Sie besitzt als »Ehren-Brautjungfer« das Privileg, als Letzte vor der Braut in die Kirche einzuziehen. Wenn Not an der Frau ist, ist sie es, die sich um Sie kümmert. Sie bezeugt außerdem Ihre Hochzeitsurkunde und hält den Brautstrauß.

Brautjungfern?

In alten Zeiten waren die Brautjungfern auch in Weiß gekleidet und schritten vor der Braut zur Kirche. Angeblich diente das dazu, die bösen Geister zu verwirren, die sich am liebsten junge Bräute als Opfer suchten. Heutzutage ist die Tradition der Brautjungfer der ideale Weg, um seine besten Freundinnen an dem Tag der Hochzeit teilhaben zu lassen. Nehmen Sie sich so viele Brautjungfern, wie Sie möchten. Aber ich rate Ihnen, die Anzahl dem Stil der Hochzeit anzupassen. Zu viele Brautjungfern wirken sehr formell. Ich finde, zu einer Hochzeit mit circa 60 bis 150 Gästen passen zwei bis vier Brautjungfern.

DANKE!

Bedanken Sie sich bei Ihren Brautjungfern und Trauzeugen für deren Hilfe, indem Sie sie mit einem kleinen Geschenk überraschen. Überreichen Sie es am Polterabend und drücken Sie Ihnen dabei Ihre Dankbarkeit aus.

Normalerweise sind die Brautjungfern gleich oder ähnlich gekleidet (am besten in Farben, die zu Ihren Hochzeitsfarben passen) und schreiten vor der Braut in die Kirche. Sie stehen ihr während des ganzen Hochzeitstags zur Seite. Das Brautkleid zu richten gehört ebenso dazu, wie auf das Make-up zu achten. Ist die Wimperntusche auch nicht verwischt? Und sie organisieren das, was die Engländer passenderweise »Hühner-Abend« nennen: den Junggesellinnen-Abschied.

In Amerika und England gibt es keine Hochzeit ohne »Bridesmaids«, Brautjungfern. Das Schönste für die Bräute ist, wenn sie mit all ihren lieben Freundinnen Ihr großes Fest vorbereiten. Das sind lustige Frauen-Runden mit viel Lachen, Spaß und Vergnügen. Die Frauen besprechen Ängste und berichten sich gegenseitig, wie sie ihre Hochzeit und die von anderen erlebt haben. Gemeinsam fiebern sie dem schönsten Tag im Leben der Braut entgegen. Am Hochzeitstag selbst sind die Brautjungfern dann die guten Geister des Festes, haben alles ein wenig im Auge. Auch wenn das mal heißt, Tanzmuffel auf die Tanzfläche zu ziehen, damit sich auch keiner ausgeschlossen fühlt.

AUFGABEN DER BRAUTJUNGFERN

Was wäre eine Braut ohne ihre besten Freundinnen? Sie haben Sie bisher durch dick und dünn begleitet und dürfen natürlich auch jetzt nicht fehlen. Im Gegenteil, denn sie nehmen aktiv am Geschehen teil und sind das Geheimnis einer glücklichen und vor allem entspannten Braut!

DIE WICHTIGSTEN EIGENSCHAFTEN

- ◯ Für eine Brautjunger in der Zeit der Hochzeitsvorbereitung ist es wichtig, dass sie einige wichtige Eigenschaften in sich vereint: Enthusiasmus, Engelsgeduld, Begeisterungsfähigkeit, Einfallsreichtum und Flexibilität sowie eine unumstößliche Loyalität der Freundin gegenüber.
- ◯ Die Monate vor dem eigentlichen Hochzeitstag können ein wahres emotionales Auf und Ab für die Braut sein. Für die Brautjungfern heißt es jetzt: Einsatz zeigen und ihr jederzeit ein offenes Ohr leihen, auch wenn die Probleme noch so irrational oder übertrieben erscheinen.

AUFGABEN VOR DER HOCHZEIT

- ◯ Der Braut bei der Suche nach dem perfekten Brautkleid behilflich sein
- ◯ Bei der Suche nach den Brautjungfernkleidern helfen und die Anprobe koordinieren
- ◯ Beim Adressieren der Einladungsumschläge helfen
- ◯ Den Junggesellinnenabschied planen
- ◯ So oft wie möglich Hilfe bei der Organisation anbieten
- ◯ Bei Organisation/Geschenkeliste/Geschenktisch behilflich sein
- ◯ Eventuell Spiele oder andere Aktionen von Freunden und Bekannten koordinieren und unter Kontrolle halten (Wichtig: vorher mit der Braut abklären, ob Spiele überhaupt erwünscht sind)
- ◯ Der Braut beim Ankleiden am Hochzeitstag behilflich sein

AUFGABEN WÄHREND DER HOCHZEIT

- ◯ Vor der Braut in die Kirche einziehen
- ◯ Das Brautkleid, Schleier und Schleppe richten (bei Trauung/Fototermin)
- ◯ Den Brautstrauß während der Zeremonie sicher verwahren
- ◯ Nach der Zeremonie hinter dem Brautpaar aus der Kirche ausziehen
- ◯ Verteilen der Konfettitütchen oder Blumenblätter, mit denen das Paar beworfen wird

AUFGABEN WÄHREND DER FEIER

- ◯ Der Braut beim Hochstecken der Schleppe behilflich sein und ihr auch weiterhin mit dem Kleid helfen (dazu gehört auch der Gang zur Toilette, der mit einem großem Kleid sehr schwierig sein kann, aber meist für lustige Lachkrämpfe sorgt)
- ◯ Bei der Koordination von Zulieferern und Dienstleistern behilflich sein
- ◯ Hochzeitsgeschenke und die passenden Namen dazu notieren, damit das Brautpaar später noch weiß, bei wem es sich bedanken soll
- ◯ Immer die Braut im Auge haben und sehen, ob sie alles hat, was sie braucht
- ◯ Die Party in Schwung bringen und alle Gäste zum Tanzen animieren

Hochzeitsprogramm

Sie haben sich mit Ihrem Pfarrer zum Traugespräch getroffen. Sie wissen, welche Lieder und Lesungen Ihre Gäste hören werden. Wie wäre es, wenn Sie ihnen ein Programmheftchen gestalten? MEHR DAZU AB SEITE 130

Ablauf der kirchlichen Hochzeit

Falls Sie noch nicht selbst die Freude hatten, bei einer Hochzeit dabei zu sein, geben ich Ihnen hier einen kurzen Überblick über den typischen Ablauf einer kirchlichen Hochzeit.

Zuerst kommen die Gäste an und nehmen Platz. Die ersten ein bis zwei Reihen sind für die Familie des Brautpaars, die Trauzeugen und Blumenkinder reserviert. Bitten Sie ein paar Freunde, Ihren Gästen, vor allem den älteren unter ihnen, die Plätze zuzuweisen und sie gegebenenfalls zu geleiten. Als Letzte nimmt die Brautmutter Platz. Damit wissen die anderen Gäste: Gleich geht's los! Der Bräutigam steht jetzt meist schon am Altar und wartet gespannt auf seine Braut.

Jetzt kommt der festliche Einzug der Braut. Falls Sie sich von amerikanischen oder englischen Bräuchen inspirieren lassen, ziehen Ihre Brautjungfern und Trauzeugen paarweise vor der Braut in die Kirche ein. Danach folgt der Ringträger und als Letzte vor der Braut das Blumenmädchen. Wechselt die Musik, weiß jeder, dass die Braut am Arm Ihres Vaters – außer in evangelischen Zeremonien – Einzug hält Alle Gäste stehen jetzt auf. Ein wahrlich emotionsgeladener Moment: Der Bräutigam sieht seine Braut zum ersten Mal im Brautkleid und oft fließen hier schon die Tränen. Mein Tipp: Lassen Sie sich Zeit, während Sie durch die Kirche gehen, und tun Sie es würdevoll. Alle Augen sind nun auf Sie gerichtet. Genießen Sie diesen Augenblick der Freude und Vorfreude so lange wie möglich.

Danach begrüßt Sie der Pfarrer. Wenn Sie ihn sich gewünscht haben, beginnt jetzt der Gottesdienst. Oder aber eine einfache Trauungszeremonie mit Eheversprechen und Ringtausch. Solange Sie »religiös korrekt« bleiben, das heißt keine kirchlichen oder religiösen Regeln verletzen, bestimmen Sie, wie die kirchliche Zeremonie abläuft. Nehmen Sie sich viel heraus. Es ist Ihr Fest. Ihr Tag. Ihr Glück.

Das individuelle Eheversprechen in den Gottesdienst einzubinden macht aus einem formalen kirchlichen Akt einen sehr persönlichen. Lassen Sie sich für den Text von Liebesbriefen, klassischen Opern oder Gedichten inspirieren.

Nach der Zeremonie folgt der Auszug des Brautpaars aus der Kirche, begleitet vom freudigen Applaus der Gäste. Danach verlassen die Brautjungfern und Trauzeugen die Kirche. Darauf gehen die Gäste nach draußen. Zwischenzeitlich hält sich das Hochzeitspaar meist noch ein paar Augenblicke in einem Nebenraum auf, um die ersten Minuten als Mann und Frau alleine zu genießen. Währenddessen erwarten die Gäste das junge Glück vor der Kirche, um beide mit einem Konfetti-Regen oder Blumenblättern zu empfangen.

Sitzordnung während der Zeremonie

Ob Sie nun in einer Kirche oder einer anderen Location heiraten – im Allgemeinen sind die ersten beiden Sitzreihen für Eltern, Geschwister, Großeltern, Trauzeugen, Brautjungfern und Blumenkinder reserviert.

Die restliche Hochzeitsgesellschaft verteilt sich auf die dahinterliegenden Reihen. Wenn es Ihnen gefällt, sitzen die Familie und Freunde des Bräutigams auf der rechten Seite und die Braut-Familie mit Freunden links.

OMA-KISSEN

Harte Stühle oder Kirchenbänke können für Ihre älteren Gäste zur Qual werden. Daher ist es eine sehr einfühlsame Geste, Sitzkissen bereitzulegen. Versehen mit einem hübschen Schildchen »Reserviert für Oma« wird es bestimmt ein Lächeln auf Großmutters Lippen zaubern.

Hochzeit? – Ja, aber nicht kirchlich!

Nicht alle Brautpaare wollen sich das Jawort in einer Kirche geben. Sei es, weil beide verschiedenen Religionen oder überhaupt keiner angehören, sie ein zweites Mal heiraten möchten oder einfach nur, weil das Hochzeitspaar eine nicht religiös angehauchte Alternative sucht.

Die perfekte Lösung dieses Problems ist ein freier Theologe oder Redner. Der kann das Brautpaar trauen und die Zeremonie ganz auf Ihre individuellen Bedürfnisse abstimmen. Ob die Heiratswilligen religiöse Elemente einbinden möchten oder nicht, bleibt ganz ihnen überlassen. Freie Theologen sind keine Pfarrer, haben normalerweise aber ein entsprechendes theologisches Studium oder kirchliche Erfahrung. Sie arbeiten allerdings kirchenunabhängig.

Heiraten im Heißluftballon – kein Problem

Im Unterschied zur kirchlichen Trauung ist die »freie« Hochzeit um einiges flexibler und orientiert sich an den Wünschen und Ideen des Brautpaares, ganz egal, wie ausgefallen sie sind. Sie heiraten im Heißluftballon oder in Ihrer Lieblingsbar? Auch das ist kein Problem! Als Trau-Bühne kann jeder noch so ausgefallene Ort fungieren. Egal, ob weltlich oder religiös und welche Musik Sie hören möchten – erlaubt ist, was gefällt. Es ist Ihr Tag. Und Sie gestalten den Rahmen, wie Sie es mögen.

Vielen Paaren bedeutet es sehr viel, kreativ ihre Hochzeit zu gestalten. Neue Rituale schaffen neue Traditionen und machen auch die Feier sehr individuell. Ihr Stil charakterisiert nicht nur Sie und Ihren Partner. Er weist auch den Weg für Ihre Ehe.

Woher nehme ich einen freien Theologen?

Lassen Sie sich am besten freie Theologen oder Redner von Freunden und Familienmitgliedern empfehlen oder Sie suchen im Internet. Durch die jeweilige Homepage verschaffen Sie sich schon einen guten Eindruck darüber, mit wem Sie es zu tun haben. Das persönliche Gespräch ist jedoch ausschlaggebend, um zu sehen, ob Sie auch vom Stil her zusammenpassen.

Wie viel Religion binden wir in die Zeremonie mit ein? Geben wir uns unser eigenes Trauversprechen? Oder nur ein einfaches »Ja«? Solche Fragen besprechen Sie mit Ihrem freien Theologen. Auch er hat noch jede Menge Ideen zu bieten. Keine falsche Bescheidenheit, bitte! Halten Sie nicht mit Ihren Visionen hinterm Berg. So viele Traumhochzeits-Tage, in denen Sie die Hauptrolle spielen, wird es nicht geben.

Damit Sie vor der Hochzeit gut betreut und beruhigt sind, informieren Sie Ihren freien Theologen über Ihre Vorlieben. Wenn möglich, laden Sie ihn zu sich auf einen Kaffee ein. So erlebt er Sie beide im direkten Miteinander und sieht, wie Sie leben.

UMDREHEN

Leider bleiben die Emotionen des Brautpaares teilweise den Blicken der Gäste verwehrt. Bitten Sie Ihren Pfarrer oder freien Theologen, das Ganze umzudrehen, sodass Sie Ihren Gästen zugewandt sind. So brechen Sie mit alten Traditionen, aber Ihre Gäste nehmen viel intensiver an diesem besonderen Moment teil.

»... haltet fest an der Liebe ...«

Ein Trauspruch wird von vielen Paaren als Motto ihrer Hochzeit und Leitspruch für das gemeinsame Leben gesehen. Am besten suchen Sie sich Worte, die Ihnen als Paar etwas bedeuten und Ihrer Seele Flügel verleiht.

Bestimmen Sie ebenfalls selbst, woher Sie Ihren Trauspruch nehmen: aus der Bibel, dem Koran, der Tageszeitung, der Literatur – wo auch immer Sie ein Satz anlacht. Wichtig ist nur, dass er Ihre Gefühle, Hoffnungen und Liebe widerspiegelt. Falls Sie kirchlich heiraten, erkundigen Sie sich vorher, ob der Priester einen »weltlichen« Trauspruch unter »seinem« Dach akzeptiert.

Trausprüche aus der Bibel

Hier finden Sie eine kleine Auswahl schöner Trausprüche. Fall Sie nichts Passendes finden, lassen Sie sich von Ihrem Traupfarrer beraten.

Das ist mein Gebot: Liebt einander, so wie ich euch geliebt habe.
› Johannes-Evangelium 15,12 ‹

Wir wissen, dass Gott bei denen, die ihn lieben, alles zum Guten führt.
› Römerbrief 8,28 ‹

Bleibt niemand etwas schuldig; nur die Liebe schuldet ihr einander immer.
› Römerbrief 13,8 ‹

Die Liebe erträgt alles, glaubt alles, hofft alles, hält allem stand.
Die Liebe hört niemals auf.
› 1. Korintherbrief 13,7 ‹

Freut euch im Herrn zu jeder Zeit! Noch einmal sage ich: Freut euch!
Eure Güte werde allen Menschen bekannt. Der Herr ist nahe.
› Philipperbrief 4,4 ‹

Wie mich der Vater geliebt hat, so habe auch ich euch geliebt.
Bleibt in meiner Liebe.
› Johannes-Evangelium 15,9 ‹

Vor allem haltet fest an der Liebe zueinander.
› 1. Petrusbrief 4,8 ‹

Gott ist die Liebe, und wer in der Liebe bleibt, bleibt in Gott,
und Gott in ihm.
› 1. Johannesbrief 4,16 ‹

Wohin du gehst, dahin gehe auch ich. Und wo du bleibst, da
bleibe auch ich. Dein Volk ist mein Volk, und dein Gott ist mein Gott.
Nur der Tod wird mich von dir scheiden.
› Ruth 1, 16 17 ‹

Stark wie der Tod ist die Liebe, mächtig wie die
Gewalten der Tiefe ist ihr Eifern. Wasserfluten löschen die Liebe nicht,
und Ströme ersticken sie nicht.
› Hoheslied 8, 6 7 ‹

Sie sind also nicht mehr zwei, sondern eins.
Was aber Gott verbunden hat, das darf der Mensch nicht trennen.
› Matthäus 19,6 ‹

Ertragt euch gegenseitig, und vergebt einander, wenn einer dem anderen
etwas vorzuwerfen hat. Wie der Herr euch vergeben hat,
so vergebt auch ihr.
› Kolosserbrief 3,13 ‹

Lasset uns nicht lieben mit Worten,
sondern mit der Tat und mit der Wahrheit.
› 1. Johannesbrief 3, 18 ‹

Ich bin mit dir und will dich behüten, wo du hingehst.
› 1. Mose 28, 15 ‹

Nun aber bleiben Glaube, Hoffnung, Liebe, diese drei:
aber die Liebe ist die Größte unter ihnen.
› Paulus, 1. Korintherbrief 13, 13 ‹

Weltliche Trausprüche

Sie suchen einen Trauspruch, der Ihnen aus der Seele spricht, der aber nicht unbedingt bibelbezogen sein muss? Dann finden Sie vielleicht in dieser kleinen Auswahl weltlicher Zitate genau das Richtige.

Einen Menschen lieben, heißt einwilligen, mit ihm alt zu werden.
› Albert Camus ‹

Du bist zeitlebens verantwortlich für das,
was du dir vertraut gemacht hast.
› Antoine de Saint-Exupéry ‹

Die Erfahrung lehrt uns, dass die Liebe nicht darin besteht, dass man
einander ansieht, sondern, dass man in die gleiche Richtung blickt.
› Antoine de Saint-Exupéry ‹

Das große Glück der Liebe besteht darin,
Ruhe in einem anderen Herzen zu finden.
› Julie-Jeanne-Eléonore de Lespinasse ‹

Wer den anderen liebt, lässt ihn gelten, so wie er ist,
wie er gewesen ist und wie er sein wird.
› Michael Quoist ‹

Man sieht nur mit dem Herzen gut.
Das Wesentliche ist für die Augen unsichtbar.
› Antoine de Saint-Exupéry ‹

Die Ehe ist eine Brücke, die man täglich neu bauen muß,
am besten von beiden Seiten.
› Ulrich Seer ‹

Die wirkliche Liebe beginnt, wo keine Gegengabe mehr erwartet wird.
› Antoine de Saint-Exupéry ‹

Wir sind sterblich, wo wir lieblos sind, unsterblich, wo wir lieben.
› Karl Jaspers ‹

Die Liebe ist wie das Leben selbst, kein bequemer und ruhiger Zustand,
sondern ein großes, ein wunderbares Abenteuer.
Lieben heißt zum anderen sagen: Du wirst nicht untergehen.
› Gabriel Marcell ‹

Liebe ist Verantwortung eines Ich für ein Du.
› Martin Buber ‹

Jemanden lieben heißt, ihn so sehen, wie Gott ihn gemeint hat.
› F. M. Dostojewski ‹

Liebe ist das einzige, was wächst, wenn wir es verschwenden.
› Ricarda Huch ‹

Der hat immer etwas zu geben, dessen Herz voll ist von Liebe.
› Aurelius Augustinus ‹

Wer einen Menschen liebt, setzt für immer seine Hoffnung auf ihn.
› Gabriel Marcel ‹

Alle Liebe, die einmal gesät wird, geht einmal auf.
Es ist nichts umsonst.
› Gertrudis Reimann ‹

Der Geist, der allen Dingen Leben verleiht, ist die Liebe.
› Chinesisches Sprichwort ‹

Die Liebe allein versteht das Geheimnis, andere zu beschenken
und dabei selbst reich zu werden.
› C. Brentano ‹

Einzeln sind wir Worte, zusammen ein Gedicht.
› Georg Bydlinkski ‹

Liebe gibt nichts als sich selbst und nimmt nichts als von sich selbst.
Liebe besitzt nicht, noch lässt sie sich besitzen;
denn die Liebe genügt der Liebe.
› Khalil Gibran ‹

Wenn die Liebe dir winkt, folge ihr, sind ihre Wege auch schwer und steil.
› Khalil Gibran ‹

Wenn ich auch nicht weiß, wer Du morgen sein wirst,
ja nicht einmal so genau weiß, wer Du heute bist.
Ich hab' Dich gern, so wie Du bist, und ich bin entschlossen,
mit Dir den Weg durchs Leben zu gehen.
› Johannes Brantschen ‹

Soviel die Liebe in dir wächst, soviel wächst die Schönheit in dir.
Denn die Liebe ist die Schönheit der Seele.
› Aurelius Augustinus ‹

Es gibt nichts Schöneres, als geliebt zu werden,
geliebt um seiner selbst willen oder vielmehr:
trotz seiner selbst.
› Victor Hugo ‹

Freudvoll und leidvoll. gedankenvoll sein;
hangen und bangen in schwebender Pein;
himmelhoch jauchzend, zu Tode betrübt;
glücklich allein ist die Seele, die liebt.
› Johann Wolfgang von Goethe ‹

Dem Erkennen und der Liebe ist es nicht gegeben, fertig zu werden.
› Joseph Bernhart ‹

Lieben heißt im Licht verweilen
› Andreas Tenzer ‹

Man sagt, die Liebe öffnet eine Tür von einem Herzen zum andern;
Doch wo es keine Mauer gibt, wo soll dann eine Türe sein?
› Jalal od-Din Rumi ‹

Nur was man mit Liebe verschenkt, besitzt man ewig.
› Andreas Tenzer ‹

MEHR DAZU AB SEITE 213

Feier

Bernadette

FEIER

Die Auswahl der richtigen Location für Ihre Hochzeitsfeier ist enorm wichtig, wenn Sie möchten, dass sie zum Stil und den Förmlichkeiten der gesamten Hochzeit passt. Mit dem Arbeitsblatt »Unser Hochzeitsstil« (AB SEITE 12) haben Sie schon einen großen Teil der Vorarbeit geleistet, um mit konkreten Ideen an die Planung heranzugehen. Bevor Sie sich mit den Einzelheiten der Feier auseinandersetzen, beschäftigen Sie sich mit der ersten großen Frage: Wo findet Ihre Hochzeitsfeier überhaupt statt? Welche Kulisse stellen Sie sich dafür vor?

Was steht zur Auswahl?

Bei der Suche nach der idealen Location für Ihre Feier haben Sie im Allgemeinen drei verschiedene Möglichkeiten:

1. Feiern Sie zu Hause. Das bietet sich sehr gut an, falls Sie ein großes Haus oder einen weitflächigen Garten haben und draußen feiern möchten.

DIE WICHTIGSTEN PUNKTE

9–12 MONATE VORHER

- ○ Ideen sammeln für den Rahmen der Hochzeitsfeier
- ○ Verschiedene Locations ansehen
- ○ Ungefähre Gästeliste erstellen, damit Sie wissen, wie groß die Hochzeit wird
- ○ Mehrere Angebote einholen von: Catering-/Party-Services, Locations, DJs, Bands, Tortenbäckern, Floristen
- ○ Location reservieren

6–9 MONATE VORHER

- ○ Catering-/Party-Services buchen
- ○ Florist buchen und Deko-Ideen besprechen
- ○ Band/DJ buchen

4–6 MONATE VORHER

- ○ Menü erstellen
- ○ Hochzeitstorte bestellen

4–8 WOCHEN VORHER

- ○ Platzkarten, Tischkarten, Menükarten drucken lassen

2–4 WOCHEN VORHER

- ○ Genaue Gästezahl an Caterer/Location geben
- ○ Vor Ort die Aufteilung des Raums planen: wo sind Tische, Tanzfläche, Band/DJ
- ○ Sitzordnung erstellen

2. Mieten Sie einen unbewirtschafteten Raum. Hierzu bieten Kirchen und Standesämter meist Gemeindesäle an. Auch andere Locations wie Schlösser, Parks oder Veranstaltungshallen stehen zur Auswahl.

3. Buchen Sie ein Restaurant ganz oder teilweise. Die Auswahl ist groß und Sie finden bestimmt etwas, das Ihrem Geschmack entspricht.

Wie feiern Sie zu Hause?

Eine Hochzeitsfeier in den eigenen vier Wänden bietet sich an, wenn Sie Ihre Hochzeit mit Familie und Freunden ausrichten möchten. Dekoration, Musik, die Gäste verpflegen – für jeden Helfer ist etwas dabei. Besitzen Sie eine Tiefkühltruhe? Einen Platz für Ihre reichlichen und vielfältigen Hochzeits-Speisen? Ausnahmsweise verderben hier zu viele Köche mal nicht den Brei.

Aber auch bei einer Feier im eigenen Heim erleichtert professionelle Hilfe vieles. Gerade wenn es darum geht, ein Party-Zelt in den Garten zu stellen oder extra Tische, Stühle und Geschirr zu besorgen, ist ein Party-Service Ihr bester Freund und Helfer. Wichtig ist nur, dass Sie nicht nur Platz für Ihre Gäste haben, sondern auch das Personal genügend Raum zum arbeiten hat.

Holen Sie Angebote von mehreren Party- oder Catering-Services ein. Vergleichen Sie die Preise, damit Sie in einer besseren Position sind, wenn Sie sie aushandeln. Im All-

FRAGEN ZUR FEIER DAHEIM

- Haben Sie genug Platz für alle Gäste?
- Werden Sie drinnen oder draußen feiern oder beides kombinieren?
- Befinden sich genügend Parkplätze in der Nähe?
- Stehen Ihren Gästen genügend Toiletten zur Verfügung?
- Müssen Sie Ihre Möbel verstauen, um Platz zu schaffen?
- Müssen Sie einen Party-/Catering-Service engagieren?
- Müssen Sie sich Tische, Stühle und Geschirr mieten und was wird das kosten?
- Ist Ihre Küche groß genug?
- Haben Sie genügend freiwillige Helfer, um alles in Eigenregie zu erledigen?

gemeinen ist eine Hochzeit zu Hause eine preisgünstige Alternative und die Zusammenarbeit Ihrer liebsten Menschen trägt viel dazu bei, diesen Tag auf Erfolgskurs zu bringen. Wichtig dabei ist aber auch, an den Tag danach zu denken. Teilen Sie schon im Voraus ein paar fleißige Helfer ein, wenn es daran geht, die (Glücks-)Spuren Ihrer Feier zu beseitigen.

Sie feiern im Restaurant?

Wenn Sie so wenig Stress wie möglich mit der Planung der Feier haben möchten, ist eine Hochzeit in einem Restaurant genau das Richtige für Sie. Hier ist schon alles vorhanden, was Sie für ein gelungenes Fest brauchen: Tische, Stühle, Personal, Speisen und Getränke, eine schöne Atmosphäre – und ums Aufräumen müssen Sie sich auch nicht kümmern. Wenn das Restaurant auch noch Teil eines Hotels ist, umso besser. Ihre erste Nacht als Ehepaar in der Hochzeitssuite? Was für ein Traum. Auch Ihre Gäste von außerhalb können hier bequem untergebracht werden.

Wenden Sie sich direkt an den Manager, um mit ihm zu besprechen, was möglich ist und wieviel die Feier kostet. Stellen Sie sich dabei selbst folgende Fragen:
Mieten wir nur einen Raum oder das ganze Restaurant? Ist eine Terrasse oder ein Garten verfügbar, in dem wir bei gutem Wetter feiern können?

Schauen Sie sich auf jeden Fall mehrere Restaurants an – für den optimalen Preisvergleich. Damit bei der Auswahl der Location alles glattläuft und Sie auch alle Fak-

FRAGEN ZUR FEIER IM RESTAURANT

- Gibt es genug Platz für alle Gäste?
- Passt die Atmosphäre zu Stil und Förmlichkeit der Hochzeit?
- Wird am Tag der Hochzeit noch eine andere Feier oder nebenher der normale Restaurantbetrieb stattfinden?
- Wie viele Kellner bedienen bei der Hochzeit?
- Bietet das Restaurant ein Probe-Essen an, bevor Sie sich entscheiden?
- Können Dienstleister empfohlen werden, die mit der Location vertraut sind?
- Gibt es ein Zimmer für die Braut, um sich frisch zu machen?
- Welche Angebote gibt es speziell für Hochzeiten?

toren bedenken, benutzen Sie unser passendes Arbeitsblatt auf den nächsten Seiten. Wenn Sie dann Ihre Traum-Location gefunden haben, das Info-Blatt. Hier haben Sie alle Informationen für sich selbst und den Location-Manager übersichtlich zur Hand. Bestehen Sie aber trotzdem auf einem offiziellen Vertrag, der alle wichtigen Punkte noch mal zusammenfasst. MEHR DAZU AB SEITE 95

Sie feiern in unbewirtschafteten Räumen?

Viele Locations wie botanische Gärten, Parks oder Galerien bieten ein traumhaftes Ambiente zu einem relativ günstigen Preis. Nur selten gibt es aber dazu einen Restaurantbetrieb. In diesem Fall brauchen Sie einen Party- oder Catering-Service. Bitte berücksichtigen Sie beim Planen folgende Faktoren: Bietet die Räumlichkeit genug Platz für alle Gäste? Reicht die Stromversorgung aus? Gibt es Küchenräume für den Party- oder Catering-Service? Ist die Location zentral gelegen und gut für alle Gäste zu erreichen? Jetzt heißt es, die Vor- und Nachteile genau abzuwägen und Vergleiche mit anderen Locations anzustellen.

Bei einer unbewirtschafteten Location zählt das kleinste Detail. Planen und organisieren Sie deshalb weitsichtig und langsam. Ist Ihnen das zu viel, verlassen Sie sich auf Profis. Party-, Catering-Services oder Hochzeitsplaner haben tolle Ideen und Tipps für Ihr Fest. Holen Sie sich bei allen Zulieferern oder Location-Managern Ratschläge und Referenzen. Oft haben sie schon mit anderen Dienstleistern gearbeitet, die sie gerne an Sie weiterempfehlen. Das spart Zeit und Nerven!

Sie feiern im Freien?

Für viele Bräute ist eine Feier im Freien das höchste der Gefühle. Sonnendurchflutete Lichtungen, ein leichter Wind im Schleier, nichts als die Weite des Himmels über den Gästen und romantische Laternen, die mit Glühwürmchen um die Wette flackern. Einen solchen Traum umzusetzen erfordert viel Einfallsreichtum und Flexibilität, denn ein wichtiger Faktor ist unabsehbar: das Wetter. Ob Regenschauer, Hitze- oder Kälteeinbrüche oder sogar Stürme – all das lässt sich leider nicht ausschließen. Deshalb sorgen Sie auf jeden Fall vor: Suchen Sie sich eine Ausweich-Location, wo Sie auch bei Sturm und Hagelschauer strahlend weiterfeiern. Ideal sind Locations, die sowohl überdachte Räumlichkeiten als auch großzügige Terrassen oder Gärten anbieten. Falls es plötzlich regnet, wechseln Sie schnell vom einen zum anderen. Ein kompetenter Location-Manager oder Hochzeitsplaner erspart Ihnen auch hier viel Kopfzerbrechen und hilft Ihnen dabei, Ihre Träume zu verwirklichen.

FRAGEN AN DEN RESTAURANT-MANAGER

ERSTE LOCATION

Name

Straße

Stadt PLZ

Telefon Handy

Manager

FRAGEN

- ◯ Ist das Restaurant an unserem Hochzeitsdatum noch zu haben?
- ◯ Sind wir an bestimmte Tage/Zeiten gebunden?
- ◯ Gibt es einen Garten/Terrasse, den/die wir nutzen können?
- ◯ Bieten Sie ein Probeessen mit Weinprobe an?
- ◯ Haben Sie Pauschalangebote für Hochzeiten?
- ◯ Inwieweit kann das Pauschalangebot geändert werden?
- ◯ Bieten Sie spezielle Speisen für Kinder/Allergiker/Vegetarier?
- ◯ Stehen genügend Parkplätze zur Verfügung?
- ◯ Gibt es genug Platz für Band/DJ?
- ◯ Wie ist die Akustik? Eignet sich der Raum auch zum Tanzen?
- ◯ Ist eine ausreichende Stromversorgung für Band/DJ gegeben?
- ◯ Was wird uns die Verpflegung für Band/DJ/Fotograf kosten?
- ◯ Bieten Sie unseren Gästen einen Garderobenservice?
- ◯ Welche Deko stellen Sie uns zur Verfügung (Kerzen, Kerzenleuchter, Vasen usw.)?
- ◯ Was für Tischdecken, Servietten, Geschirr, Besteck und Gläser haben Sie?
- ◯ Gibt es Einschränkungen (Sperrstunde, keine laute Musik, keine Raucher, keine Kerzen usw.)?
- ◯ Wie sind Ihre Zahlungsbedingungen?
- ◯ Wie sind Ihre Konditionen im Fall einer Absage der Hochzeit?

FAKTEN

Max. Gästekapazität

Feier findet statt ◯ drinnen ◯ draußen ◯ beides

Raummiete

Büfettpreis p. P.

Menüpreis p. P.

Getränkepreis p. P.

p. P. = pro Person

FRAGEN AN DEN RESTAURANT-MANAGER

ZWEITE LOCATION

Name

Straße

Stadt PLZ

Telefon Handy

Manager

FRAGEN

- ○ Ist das Restaurant an unserem Hochzeitsdatum noch zu haben?
- ○ Sind wir an bestimmte Tage/Zeiten gebunden?
- ○ Gibt es einen Garten/Terrasse, den/die wir nutzen können?
- ○ Bieten Sie ein Probeessen mit Weinprobe an?
- ○ Haben Sie Pauschalangebote für Hochzeiten?
- ○ Inwieweit kann das Pauschalangebot geändert werden?
- ○ Bieten Sie spezielle Speisen für Kinder/Allergiker/Vegetarier?
- ○ Stehen genügend Parkplätze zur Verfügung?
- ○ Gibt es genug Platz für Band/DJ?
- ○ Wie ist die Akustik? Eignet sich der Raum auch zum Tanzen?
- ○ Ist eine ausreichende Stromversorgung für Band/DJ gegeben?
- ○ Was wird uns die Verpflegung für Band/DJ/Fotograf kosten?
- ○ Bieten Sie unseren Gästen einen Garderobenservice?
- ○ Welche Deko stellen Sie uns zur Verfügung (Kerzen, Kerzenleuchter, Vasen usw.)?
- ○ Was für Tischdecken, Servietten, Geschirr, Besteck und Gläser haben Sie?
- ○ Gibt es Einschränkungen (Sperrstunde, keine laute Musik, keine Raucher, keine Kerzen usw.)?
- ○ Wie sind Ihre Zahlungsbedingungen?
- ○ Wie sind Ihre Konditionen im Fall einer Absage der Hochzeit?

FAKTEN

Max. Gästekapazität

Feier findet statt ○ drinnen ○ draußen ○ beides

Raummiete

Büfettpreis p. P.

Menüpreis p. P.

Getränkepreis p. P.

p. P. = pro Person

FRAGEN AN DEN RESTAURANT-MANAGER

DRITTE LOCATION

Name
Straße
Stadt PLZ
Telefon Handy
Manager

FRAGEN

- ◯ Ist das Restaurant an unserem Hochzeitsdatum noch zu haben?
- ◯ Sind wir an bestimmte Tage/Zeiten gebunden?
- ◯ Gibt es einen Garten/Terrasse, den/die wir nutzen können?
- ◯ Bieten Sie ein Probeessen mit Weinprobe an?
- ◯ Haben Sie Pauschalangebote für Hochzeiten?
- ◯ Inwieweit kann das Pauschalangebot geändert werden?
- ◯ Bieten Sie spezielle Speisen für Kinder/Allergiker/Vegetarier?
- ◯ Stehen genügend Parkplätze zur Verfügung?
- ◯ Gibt es genug Platz für Band/DJ?
- ◯ Wie ist die Akustik? Eignet sich der Raum auch zum Tanzen?
- ◯ Ist eine ausreichende Stromversorgung für Band/DJ gegeben?
- ◯ Was wird uns die Verpflegung für Band/DJ/Fotograf kosten?
- ◯ Bieten Sie unseren Gästen einen Garderobenservice?
- ◯ Welche Deko stellen Sie uns zur Verfügung (Kerzen, Kerzenleuchter, Vasen usw.)?
- ◯ Was für Tischdecken, Servietten, Geschirr, Besteck und Gläser haben Sie?
- ◯ Gibt es Einschränkungen (Sperrstunde, keine laute Musik, keine Raucher, keine Kerzen usw.)?
- ◯ Wie sind Ihre Zahlungsbedingungen?
- ◯ Wie sind Ihre Konditionen im Fall einer Absage der Hochzeit?

FAKTEN

Max. Gästekapazität
Feier findet statt ◯ drinnen ◯ draußen ◯ beides
Raummiete
Büfettpreis p. P.
Menüpreis p. P.
Getränkepreis p. P.

p. P. = pro Person

FRAGEN AN DEN LOCATION-MANAGER (ohne Bewirtschaftung)

ERSTE LOCATION

Name ______________________________

Straße ______________________________

Stadt ______________ PLZ ______________

Telefon ______________ Handy ______________

Manager ______________________________

FRAGEN

- ◯ Ist die Location an unserem Hochzeitsdatum noch zu haben?
- ◯ Sind wir an bestimmte Tage/Zeiten gebunden?
- ◯ Gibt es einen Garten/Terrasse, die genutzt werden kann?
- ◯ Haben Sie Pauschal-Angebote für Hochzeiten?
- ◯ Inwieweit kann das Pauschal-Angebot geändert werden?
- ◯ Stehen genügend Parkplätze zur Verfügung?
- ◯ Gibt es genug Platz für Band/DJ/Caterer?
- ◯ Wie ist die Akustik? Eignet sich der Raum auch zum Tanzen?
- ◯ Ist eine ausreichende Stromversorgung für Band/DJ/Caterer gegeben?
- ◯ Bieten Sie unseren Gästen einen Garderobenservice?
- ◯ Stehen genügend Toiletten zur Verfügung?
- ◯ Stellen Sie uns Deko zur Verfügung (Kerzen, Kerzenleuchter, Vasen usw.)?
- ◯ Gibt es eine Küche, die der Caterer nutzen kann?
- ◯ Haben Sie ein festes Catering-Unternehmen, mit dem wir arbeiten müssen?
- ◯ Können Sie ein Catering-Unternehmen empfehlen?
- ◯ Gibt es Einschränkungen (Sperrstunde, keine laute Musik, keine Raucher, keine Kerzen usw.)?
- ◯ Wie sind Ihre Zahlungsbedingungen?
- ◯ Wie sind Ihre Konditionen im Fall einer Absage der Hochzeit?

FAKTEN

Maximale Gästekapazität ______________________________

Feier findet statt ◯ drinnen ◯ draußen ◯ beides

Raummiete ______________________________

Zeiten ______________________________

Kommentare ______________________________

____

____

FRAGEN AN DEN LOCATION-MANAGER (ohne Bewirtschaftung)

ZWEITE LOCATION

Name
Straße
Stadt PLZ
Telefon Handy
Manager

FRAGEN

- ◯ Ist die Location an unserem Hochzeitsdatum noch zu haben?
- ◯ Sind wir an bestimmte Tage/Zeiten gebunden?
- ◯ Gibt es einen Garten/Terrasse, die genutzt werden kann?
- ◯ Haben Sie Pauschal-Angebote für Hochzeiten?
- ◯ Inwieweit kann das Pauschal-Angebot geändert werden?
- ◯ Stehen genügend Parkplätze zur Verfügung?
- ◯ Gibt es genug Platz für Band/DJ/Caterer?
- ◯ Wie ist die Akustik? Eignet sich der Raum auch zum Tanzen?
- ◯ Ist eine ausreichende Stromversorgung für Band/DJ/Caterer gegeben?
- ◯ Bieten Sie unseren Gästen einen Garderobenservice?
- ◯ Stehen genügend Toiletten zur Verfügung?
- ◯ Stellen Sie uns Deko zur Verfügung (Kerzen, Kerzenleuchter, Vasen usw.)?
- ◯ Gibt es eine Küche, die der Caterer nutzen kann?
- ◯ Haben Sie ein festes Catering-Unternehmen, mit dem wir arbeiten müssen?
- ◯ Können Sie ein Catering-Unternehmen empfehlen?
- ◯ Gibt es Einschränkungen (Sperrstunde, keine laute Musik, keine Raucher, keine Kerzen usw.)?
- ◯ Wie sind Ihre Zahlungsbedingungen?
- ◯ Wie sind Ihre Konditionen im Fall einer Absage der Hochzeit?

FAKTEN

Maximale Gästekapazität
Feier findet statt ◯ drinnen ◯ draußen ◯ beides
Raummiete
Zeiten
Kommentare

LOCATION-INFO

Füllen Sie das Formular aus und machen Sie eine Kopie für den Manager Ihrer Location.

HOCHZEIT VON

Name ______ Tel. ______

Hochzeitsdatum ______ E-Mail ______

LOCATION FÜR DIE FEIER

Name ______ Manager ______

Straße ______

Stadt ______ PLZ ______

Telefon ______ Handy ______

DETAILS

Gästezahl ______ bestätigt bis ______

Anzahl der Kellner ______

Feier beginnt um ______ und endet um ______

Cocktais werden serviert um ______

Essen wird serviert um ______

Feier findet statt ○ drinnen ○ draußen

Ausweichmöglichkeit bei Regen ______

Parkmöglichkeiten für Gäste ______

Speisen/Getränke/Service ○ vor Ort durch Location ○ Partyservice/Caterer

DEKORATION UND ZULIEFERER

Farbe der Tischdecken ______ Farbe des Geschirrs ______

Weitere Dekomaterialien ______

Partyservice/Caterer kommt um ______

Florist liefert Blumen um ______ Torte wird geliefert um ______

Dekoration beginnt um ______ Wer dekoriert? ______

Abbau beginnt um ______ Wer baut ab? ______

DJ/Band baut auf um ______ DJ/Band baut ab um ______

WICHTIGE KONTAKTE

Hochzeitsplaner ______ Tel. ______

Florist ______ Tel. ______

DJ/Band ______ Tel. ______

Konditor ______ Tel. ______

Catering ______ Tel. ______

Das leibliche Wohl

Egal, ob Sie sich nun für eine Feier zu Hause, in einem Restaurant oder einem unbewirtschafteten Raum entscheiden – das leibliche Wohl Ihrer Gäste ist Ihnen bestimmt sehr wichtig. Bevor Sie sich für besondere Gerichte entscheiden, überlegen Sie sich die Service-Form. Bietet sich die Location für ein Vier-Gänge-Menü an, das am Tisch serviert wird? Oder passt hier nicht eher ein Büfett, an dem sich die Gäste selbst bedienen? Vielleicht kombinieren Sie Ihr Büfett mit dem neuesten Trend: einzelnen Koch-Stationen, bei denen Köche Speisen direkt vor den Augen der Gäste zubereiten. Oder stellen Sie sich eher einen Sekt- oder Cocktail-Empfang vor mit Fingerfood, kleinen mundgerechten Happen, die Kellner auf Tabletts herumreichen? Damit die Entscheidung leichterfällt, erkläre ich Ihnen kurz die einzelnen Möglichkeiten.

Vielleicht ein leckeres Menü?

Wenn Sie sich für ein festgesetztes Menü entscheiden, erhalten Ihre Gäste die Speisen direkt an ihrem Sitzplatz. Entweder bekommt jeder Gast einen vorbereiteten Teller oder die Kellner bringen große Servierplatten von Gast zu Gast.
Hier haben Sie die Wahl, wie viele Gänge Sie anbieten möchten. Bedenken Sie nur: je mehr Gänge, desto förmlicher die Feier und damit umso kostspieliger.

»Das Büfett ist eröffnet«

Ein Büfett besteht normalerweise aus einem oder mehreren hübsch dekorierten Tischen, auf denen Ihnen eine große Auswahl an Speisen entgegenlächelt. Ihre Gäste bedienen sich selbst und essen so viel, wie sie möchten.

Als Ergänzung zum klassischen Büfett ist es heutzutage durchaus üblich, noch individuelle Koch-Stationen einzusetzen. Vor den Augen der hungrigen Gäste werden die Speisen zubereitet und anschließend von den Köchen serviert. Verteilen Sie die Stationen an verschiedenen Stellen im Raum, so vermeiden Sie lange Schlangen und Wartezeiten und Ihre Gäste können sich frei bewegen. Wie wäre es mit einer chinesischen Wok-Station oder einem Grill, an dem kleine Spießchen gereicht werden? Auch Sushi liegt voll im Trend und ist nicht nur leicht und bekömmlich, sondern auch noch gesund und lecker. Für Desserts bietet sich ebenfalls die Koch-Station an: Frische Crêpes, Waffeln oder ausgefallene Speisen wie Zuckerwatte finden mehr und mehr Zuspruch. Wenn Sie Ihre Gäste richtig beeindrucken wollen, lassen Sie sie Obst oder Kuchenstücke in einen Schokoladenbrunnen tauchen – der Traum einer jeden Frau.

Appetitliches Fingerfood

Gerade für Sektempfang oder Cocktail-Party bieten sich diese kleinen, mundgerechten Happen an. Das Service-Personal reicht sie Ihren Gästen auf edlen Tabletts. Ein Fall für den kreativen Küchenchef: Heutzutage ist nichts angesagter als diese kleinen Miniatur-Kunstwerke, die die Geschmacksnerven explodieren lassen. Viele Hochzeitsfeiern beginnen mit einem ein- bis zweistündigen Cocktail-Empfang, bei dem besagte Häppchen gereicht werden. Danach fängt der Hauptteil der Feier an, mit der Eröffnung des Büfetts oder dem Servieren der Vorspeise an den einzelnen Tischen. Rechnen Sie mit circa fünf Fingerfoods pro Person oder dementsprechend mehr, wenn Sie sich nur auf sie beschränken und kein weiteres Essen servieren.
MEHR DAZU AB SEITE 105

Wie finden Sie den richtigen Catering-Service?

Wenn Sie sich für eine Hochzeits-Location entschieden haben, die keinen gastronomischen Service anbietet, sind Sie selbst dafür verantwortlich, einen geeigneten Catering-Service für Ihre Feier zu finden. Aber Catering ist nicht gleich Catering. Schließlich brauchen Sie jemanden, der Ihre Gäste professionell bewirtet und mit seiner exklusiven Küche die Hochzeitsgesellschaft mit feinsten Gaumenfreuden verwöhnt. Zuerst fragen Sie am besten den Manager Ihrer Location. Erfahrungsgemäß hat er wahrscheinlich eine Liste verschiedener Catering-Services, mit denen er schon in der Vergangenheit zusammengearbeitet und gute Erfahrungen gemacht hat. Auch Familie und Freunde können eventuell einen guten Catering-Service empfehlen. Fragen Sie alle, die Sie kennen. Bestimmt sind gute Tipps für Sie dabei.

Treffen Sie sich auf jeden Fall mit mehreren Caterern, um die Leistungen und Preise zu vergleichen. Auch wenn der erste Catering-Service schon beeindruckend ist, so lohnt es sich doch, weiterzuschauen. Nur indem Sie verschiedene Angebote vergleichen, handeln Sie später eventuell Ihre Preise besser aus und schlagen obendrein noch ein paar günstige Extras heraus. Je früher Sie sich um diesen Teil der Planung kümmern, umso besser. Beginnen Sie zu spät mit der Suche, haben Sie nicht mehr viel Verhandlungsspielraum, da es schwierig ist, gute Catering-Services kurzfristig zu buchen – die guten sind schnell vergeben.

Lassen Sie sich Fotos von anderen Hochzeiten zeigen, für die Ihr Caterer gearbeitet hat. Dadurch können Sie sich schon eine gute Vorstellung über die Arbeitsweise und Qualität des Services machen. Ganz wichtig: Lassen Sie sich auch die Telefonnummern von ehemaligen Kunden als Referenz geben, denn Bilder erzählen nur die halbe Geschichte. Paare, die mit diesem Unternehmen Erfahrungen gemacht haben, weisen Sie schnell auf die Stärken und Schwächen hin und geben Ihnen wertvolle Tipps. (Und wenn Sie schon mal eine andere Braut am Telefon haben, erkundigen Sie sich bei ihr nach zufriedenstellenden Floristen, Fotografen oder Transportunternehmen.)

Es ist wichtig, genau herauszubekommen, wie ein Catering-Service arbeitet. Ideal wäre es, wenn in Ihrer Location Küchenräume vorhanden sind. Falls nicht, bietet vielleicht Ihr Catering-Service einen Küchen-Truck oder eine mobile Küche als Alternative an. Manche Catering-Services bereiten alle Ihre Speisen morgens vor und wärmen sie dann nur abends noch mal auf – für die Qualität nicht ideal.

PROBE-ESSEN

Bevor die endgültige Entscheidung für ein Catering-Unternehmen fällt, organisieren Sie auf jeden Fall ein Probe-Essen, bei dem der Caterer Ihnen eine Auswahl seiner Spezialitäten serviert. Geschmack und Optik sind hierbei zu beachten. Denn das Auge isst bekanntlich mit.

Erkundigen Sie sich auch, welche Gebrauchsmaterialien – Gläser, Teller, Tischdecken, Stühle und Tische – und welche Verbrauchsmaterialien – Kerzen oder Servietten und andere Deko-Elemente – Ihr Catering-Service bereitstellt. Wenn er Ihnen anbietet, auch das perfekte Design rund um Essen und Trinken zu bieten, was kostet Sie das dann? Finden Sie auch heraus, inwieweit Sie versichert sind, wenn Teller oder Deko-Material Ihre Feier nicht überleben.

Um sicherzugehen, dass Ihre Traum-Hochzeit auch getreu Ihren Anweisungen ausgeführt wird, verhandeln Sie von Anfang an mit der richtigen Person. Das heißt: Ihr Ansprechpartner sollte auf jeden Fall am Tag Ihrer Hochzeit vor Ort sein und ein Auge darauf haben, dass das Service-Personal all die Kleinigkeiten, die Ihnen am Herzen liegen, auch genau wie besprochen ausführt. Denn gerade die kleinen Details sind es, die wirklich den Unterschied machen und dafür sorgen, dass Ihre Gäste sich wohl fühlen. MEHR DAZU AB SEITE 104

CATERING-INFO

Füllen Sie das Formular aus und machen Sie eine Kopie für Ihren Catering-Service.

HOCHZEIT VON

Name der Braut ______________________ Tel. ______________________

Name des Bräutigams ______________________ Tel. ______________________

E-Mail ______________________

Hochzeitsdatum ______________________

CATERING-SERVICE

Name ______________________

Straße ______________________

Stadt ______________________ PLZ ______________________

Telefon ______________________ Handy ______________________

Kontakt ______________________ E-Mail ______________________

LOCATION FÜR DIE FEIER

Name ______________________

Straße ______________________

Stadt ______________________ PLZ ______________________

Telefon ______________________ Handy ______________________

Kontakt vor Ort/Manager ______________________

DETAILS

Ungefähre Gästezahl ______________________

Genaue Anzahl der Gäste muss bis zum ______________________ bestätigt werden

Anzahl der Kellner ______________________

Aufbau beginnt um ______________________ und endet um ______________________

Feier beginnt um ______________________

Cocktails werden serviert um ______________________

Essen wird serviert um ______________________

Abbau beginnt um ______________________ und endet um ______________________

GEBRAUCHSMATERIALIEN

Gläser, Teller, Tischdecken, Stühle und Tische. Diese Leihgaben werden an den Caterer/Partyservice zurückgegeben.

____

____

VERBRAUCHSMATERIALIEN

Kerzen, Papierservietten und Deko. Diese Produkte werden verbraucht und nicht zurückgegeben.

____

____

SPEISEN UND GETRÄNKE

Erarbeiten Sie das Menü zusammen mit Ihrem Restaurantchef oder Ihrem Catering-Manager.

COCKTAILSTUNDE

Cocktails werden serviert von ____________ bis ____________

Folgende Getränke werden serviert ____________

Folgende Fingerfoods werden gereicht ____________

GEMEINSAMES ESSEN

Essen wird serviert von ____________ bis ____________

○ Menü mit ____________ Gängen

1. Gang ____________ passender Wein ____________

2. Gang ____________ passender Wein ____________

3. Gang ____________ passender Wein ____________

4. Gang ____________ passender Wein ____________

○ Büfett ____________

○ Fingerfood ____________

○ Kochstationen ____________

Getränke ____________

Speisen/Getränke für Dienstleister (Fotograf, DJ, Band) ____________ Anzahl ____________

FRAGEN AN CATERER

ERSTER CATERER

Name

Straße

Stadt PLZ

Telefon Handy

Manager

FRAGEN

- ○ Sind Sie an unserem Hochzeitsdatum noch frei?
- ○ Haben Sie Pauschal-Angebote für Hochzeiten?
- ○ Inwieweit kann das Pauschal-Angebot geändert werden?
- ○ Welche Speisen und Getränke bieten Sie an?

- ○ Welche Art des Service bieten Sie (Büfett, Tischservice, Kochstationen)?
- ○ Stellen Sie uns Deko zur Verfügung (Kerzen, Kerzenleuchter, Vasen usw.)?
- ○ Brauchen Sie eine Küche, oder können Sie eine mobile Küche mitbringen?
- ○ Können Sie Tische, Stühle, Geschirr usw. zur Verfügung stellen?
- ○ Inwieweit sind wir verantwortlich dafür, wenn etwas zu Bruch geht?
- ○ Wie viel Personal arbeitet für Sie?
- ○ Wird am Tag der Hochzeit ein Manager präsent sein?
- ○ Wie viel Zeit brauchen Sie zum Auf- und Abbau?
- ○ Wie sind Ihre Zahlungsbedingungen?
- ○ Wie sind Ihre Konditionen im Fall einer Absage der Hochzeit?

FAKTEN

Kosten für Service

Kosten für Speisen pro Person

Kosten für Getränke pro Person

Kosten für Gebrauchsmaterialien

Kosten für Verbrauchsmaterialien

FRAGEN AN CATERER

ZWEITER CATERER

Name
Straße
Stadt PLZ
Telefon Handy
Manager

FRAGEN

- ◯ Sind Sie an unserem Hochzeitsdatum noch frei?
- ◯ Haben Sie Pauschal-Angebote für Hochzeiten?
- ◯ Inwieweit kann das Pauschal-Angebot geändert werden?
- ◯ Welche Speisen und Getränke bieten Sie an?

- ◯ Welche Art des Service bieten Sie (Büfett, Tischservice, Kochstationen)?
- ◯ Stellen Sie uns Deko zur Verfügung (Kerzen, Kerzenleuchter, Vasen usw.)?
- ◯ Brauchen Sie eine Küche, oder können Sie eine mobile Küche mitbringen?
- ◯ Können Sie Tische, Stühle, Geschirr usw. zur Verfügung stellen?
- ◯ Inwieweit sind wir verantwortlich dafür, wenn etwas zu Bruch geht?
- ◯ Wie viel Personal arbeitet für Sie?
- ◯ Wird am Tag der Hochzeit ein Manager präsent sein?
- ◯ Wie viel Zeit brauchen Sie zum Auf- und Abbau?
- ◯ Wie sind Ihre Zahlungsbedingungen?
- ◯ Wie sind Ihre Konditionen im Fall einer Absage der Hochzeit?

FAKTEN

Kosten für Service
Kosten für Speisen pro Person
Kosten für Getränke pro Person
Kosten für Gebrauchsmaterialien
Kosten für Verbrauchsmaterialien

pinkbride SPEZIAL

DEKORATION

Um Ihre Gäste richtig zu verzaubern und eine außergewöhnliche Atmosphäre zu schaffen, ist die Dekoration Ihrer Location außerordentlich wichtig. Wenn Sie das Glück haben, in einer malerischen Location wie einem romantischen Schloss, einem Park oder botanischen Garten zu feiern, schätzen Sie sich glücklich. Ein Großteil der Design-Arbeit lastet nicht mehr auf Ihren Schultern. Jetzt stimmen Sie nur noch den Rest der Deko auf Ihre Umgebung ab und schon haben Sie den perfekten Hintergrund für Ihre Traum-Hochzeit.

Aber auch wenn Ihre Location noch ein wenig Kreativität und einiger Farbtupfer bedarf, mit ein paar aufeinander abgestimmten Highlights verwandeln Sie jeden noch so kargen Raum in eine märchenhafte Hochzeitskulisse.

Unterschätzen Sie die Dekoration der Hochzeits-Location nicht, denn der »Wow-Effekt« ist unbezahlbar. Welche frischgebackene Braut macht es nicht wahnsinnig stolz, die staunenden Augen Ihrer Gäste zu sehen, wenn sie den Blick über einen prachtvollen geschmückten Ort schweifen lassen. Toben Sie sich bei der Planung und Dekoration so richtig aus! Bauen Sie so viele liebevolle und außergewöhnliche Details ein, wie Sie möchten. Denn gerade diese kleinen Finessen sind am Ende maßgebend für den besonderen Charme Ihrer Feier und bleiben Ihren Gästen noch lange in Erinnerung, wenn sie an Ihre Hochzeit zurückdenken.

Ein Meer aus Blüten

Am schönsten und am effektivsten verwandeln Sie den Raum mithilfe des Floristen Ihrer Wahl in eine perfekte Hochzeits-Location. Ob Sie Tische, Türen und Fenster in ein Meer von Blüten tauchen oder moderne, monochromatische Highlights an ausgesuchten Stellen setzen – versichern Sie sich, dass die Blumen zur Architektur und Ausstattung des Raums passen. Aber nicht nur bunte Blumen, sondern auch Blätter, Zweige, Tannenzapfen oder Ähnliches eignen sich, um Ihre Location zu verschönern. Für eine Herbst-Hochzeit bieten sich die farbenfrohen Laubblätter geradezu als Dekoration an. Halten Sie alles in warmen Herbstfarben: Gelb, Orange und Rot mit braunen Akzenten. Ausgesuchte hübsche Herbst-Blätter als Tischdekoration wirken zum Beispiel besonders gut zusammen mit bunten Zucht-Kürbissen. Oder höhlen Sie doch einen größeren Kürbis aus, schnitzen Sie Ihr Monogramm hinein und setzen Sie ein kleines Teelicht in die Mitte, das ihre Initialen feierlich zum Leuchten bringt – und schon ist sie fertig: Ihre hochpersönliche, ausgefallene Tischdekoration für Ihren großen Tag.

Spiel mit Licht und Schatten

Licht ist ein ganz wichtiger Punkt bei der Dekoration eines jeden Raums, oft jedoch nicht mit eingeplant. Wenn Sie Ihre Location bisher nur bei Tageslicht gesehen haben, werden Sie sich ganz schön erschrecken, wenn Ihnen die Leuchtstoffröhren an der Decke vorher nicht aufgefallen sind. Sehen Sie sich die Lichtverhältnisse genau an, um Lichtpannen vorzubeugen.

Kerzen oder Lichterketten verwandeln einen dunklen Raum in einen sehr romantischen Ort. Verteilen Sie sie punktuell oder großzügig über die gesamte Location. Wenn Sie trotzdem auf die ursprünglichen Lampen angewiesen sind, erkundigen Sie sich, ob sie sich dimmen lassen. Möglicherweise tauschen Sie die vorhandenen Glühbirnen durch neue aus, die ein wärmeres Licht erzeugen.

Je größer die Hochzeit, desto wichtiger das Licht als Design-Element. Bei einer Nachmittags-Hochzeit im Garten fällt es vielleicht nicht so sehr ins Gewicht, aber bei einer abendlichen Feier in geschlossenen Räumlichkeiten spielt das Licht eine umso größere Rolle. Indem Sie bestimmte Bereiche betonen, richten Sie das Augenmerk Ihrer Gäste auf die Vorzüge der Location und vertuschen gleichzeitig kleine Schönheitsfehler.

Ein schön gedeckter Tisch spricht für sich

Ein perfekt eingedeckter Tisch mit glänzendem Besteck und funkelnden Gläsern auf edlen Tischdecken trägt sehr viel zum Hochzeits-Design bei. Wenn Sie auch darauf achten, dass die Tisch-Deko in Stil und Farbe zu Decke und Geschirr passt, setzen Sie dem Ganzen noch das letzte i-Tüpfelchen auf. Erkundigen Sie sich bei dem Manager Ihrer Location oder Ihrem Catering-Manager, welche Stoffe er anbietet. Lassen Sie sich dann einen gedeckten Tisch zeigen, um alles perfekt aufeinander abzustimmen. Haben Sie nur einfache, weiße Tischdecken vor Ort, peppen Sie sie mit hauchdünnen, farbigen Organzastoffen auf. In mehreren Lagen darübergelegt sehen sie toll aus. Binden Sie auch Tisch- und Platzkarten – einheitlich beschriftet wie alle Drucksachen – farblich in das Design mit ein.

Mit kleinen Details Akzente setzen

Damit der gesamte Look stimmt, gleichen Sie farblich alles einander an: Blumen, Tischdecken, Menüs, Tisch- und Platzkarten, Gastgeschenke, Hochzeitstorte, Schleifenbänder. Ihre Gäste sehen Ihre Sorgfalt und überlegte Hingabe.

Stimmen Sie alle Elemente sorgfältig aufeinander ab, wenn Sie sich für eine Themen-Hochzeit entschieden haben. Dekorieren Sie zum Beispiel eine asiatisch inspirierte Hochzeit in den passenden Farben, mit asiatischen Papierlaternen oder kleinen Buddha-Statuen auf den Tischen; Bambus und Reispapier bieten hierzu eine gute Grundlage. Bei einer Hochzeit in der Weihnachtszeit bieten sich Lebkuchenhäuser als Deko an und Christbaumschmuck als Geschenke auf den Tellern Ihrer Gäste. Oder Sie verpacken die Gastgeschenke in kleine hübsche Kartons zu einem »Geschenke-Berg« in der Mitte des Tisches. Wie Sie auch dekorieren, achten Sie auf ein harmonisches Zusammenspiel aller Elemente.

Das sieht zum Anbeißen aus!

Jeder weiß: Das Auge isst mit. Auch und gerade bei einer Hochzeit. Ihr Restaurant- oder Catering-Manager zeigt Ihnen gerne, wie Sie Ihre kulinarischen Köstlichkeiten präsentieren. Stilvoll dargeboten, sind einfache Speisen Kunstwerke. Beschränken Sie die Speise-Deko nicht nur auf das Menü. Lebensmittel lassen sich auch so perfekt in

pinkbride SPEZIAL

KLEINE DETAILS MIT GROSSER WIRKUNG

- Den Eingang Ihrer Location dekorieren. Mit einem Kranz aus Blumen oder Zweigen, verziert mit Schleifen in Ihren Hochzeitsfarben
- Das stille Örtchen verschönern: Ein paar Kerzen, Blütenblätter oder bunte Seifen in den Hochzeitsfarben machen Eindruck
- Für den Notfall vorsorgen: ein schleifenverziertes Körbchen im Damen-WC mit den wichtigsten Toilettenartikeln wie Haarspray, Deo, Tampons, Handcreme, Schmerztabletten, Taschentücher, Pudertücher, Haarspangen, Haargummis, Sicherheitsnadeln, klaren Nagellack und Pfefferminzbonbons
- Gerade bei vielen Gästen eine Liste mit den Tischnummern und den passenden Namen an einem gut sichtbaren Platz vor dem Eingang zum Festsaal positionieren. So sehen die Gäste schon im Voraus, wo sie sitzen
- Papierservietten, Bierdeckel oder kleine Streichholzbriefchen mit Ihren Namen und Ihrem Hochzeitsdatum bedrucken lassen und während der Cocktail-Stunde oder der Party an der Bar bereitlegen
- Einige der Glühbirnen durch farbige ersetzen lassen. Weiß ist zwar die typischste Hochzeitsfarbe, aber bunte Lichter sind immer willkommen. Pink-, Rot-, Orange- oder Gelbtöne zaubern eine warme, romantische Atmosphäre in jeden Raum

DEKO-ELEMENTE

Mit Hilfe dieser Liste können Sie die Dekoration der Location und der einzelnen Tische planen, ohne dabei Ihr Budget aus den Augen zu verlieren.

Anzahl	FÜR DIE TISCHE	Beschreibung	Preis
	Tischdecken		
	Tischläufer		
	Zusätzliche Stoffe		
	Schleifenbänder		
	Servietten		
	Kerzen		
	Teelichter		
	Kerzenständer/-gläser		
	Vasen		
	Konfetti		
	Einwegkameras		
	Gastgeschenke		
	Platzkarten		
	Motiv-Elemente (Obst, Schmetterlinge, Muscheln, Herzen oder ähnliche Motive, basierend auf dem Hochzeitsdesign)		

Anzahl	FÜR DIE LOCATION	Beschreibung	Preis
	Extra Tische (mieten)		
	Extra Stühle (mieten)		
	Extra Stehtische (mieten)		
	Extra Biergarnituren (mieten)		
	Zelt (mieten)		
	Sonnenschirme (mieten)		
	Tanzfläche (mieten)		
	Größere Topfpflanzen (mieten)		
	Blütenblätter		
	Blumen		
	Girlanden		
	Lampions		
	Kerzen		
	Beleuchtung		
	Stoffe		
	Schleifenbänder		
	Motiv-Elemente (Obst, Schmetterlinge, Muscheln, Herzen oder ähnliche Motive, basierend auf dem Hochzeitsdesign)		

Ihr Hochzeits-Design mit einbinden. Schalen mit Früchten auf den Tischen bieten eine Alternative zum üblichen Blumenschmuck. Das sieht besonders gut aus, wenn Sie sich für eine Frucht in einer bestimmten Farbe entscheiden. Falls Ihre Hochzeitsfarben zum Beispiel ein saftiges Grün und Schokoladenbraun sind, sehen Schalen mit Pyramiden aus glänzend grünen Granny-Smith-Äpfeln wunderbar frisch aus und sind im wahrsten Sinne des Wortes ein Augenschmaus. Dazu kombinieren Sie Dunkelbraun als Akzentfarbe durch Schleifenbänder, Servietten oder Tischläufer. Auch natürliche Materialien wie Rinde oder Äste passen gut zu dieser Farbkombination.

»Liebestrank« als Hochzeits-Cocktail

Entwickeln Sie zusammen mit Ihrem Caterer oder Ihrem Bartender Ihren ganz persönlichen Hochzeits-Cocktail, den Sie Ihren Gästen zum Beispiel vor dem Essen servieren lassen. Am besten passt er farblich zu Hochzeitsfarben und Deko. Eine romantische Note verleihen Sie dem Getränk durch einen passenden Namen. Sweet Passion, Liebestrank oder Romance Fizz sind nette Beispiele. Um daraus noch ein liebevolles Souvenir für Ihre Gäste zu zaubern, drucken Sie das Rezept dazu klein aus und binden Sie es mit einer hübschen Schleife an die Gläser. Ihre Gäste mixen sich bestimmt Ihren Hochzeits-Cocktail zu Hause nach und erinnern sich dabei gerne an diesen schönen Tag.

Wie läuft die Feier ab?

Wie Sie den genauen Ablauf Ihrer Hochzeitsfeier organisieren, bleibt ganz Ihnen überlassen und hängt von den verschiedenen Elementen ab, die Sie in die Feier mit einbauen. Während ein einfacher Sekt-Empfang weniger komplex ist, besteht eine Abendveranstaltung mit Menü und Tanz aus vielen Komponenten. Deshalb empfehle ich Ihnen hier, den Ablauf zeitlich zu ordnen. Damit am Tag der Hochzeit alles reibungslos läuft. MEHR DAZU AB SEITE 30

Da jede Hochzeit einzigartig ist, gelten natürlich nicht dieselben Zeitabläufe gleichermaßen für jedes Fest. Ich gebe Ihnen hier zumindest eine grobe Übersicht, die Ihnen beim Planen der eigenen Hochzeit als Orientierungspunkt dient.

Viele Paare verlassen Ihre Hochzeitsfeier kurz nach der Zeremonie für kurze Zeit, um einige Hochzeitsfotos zu machen. Lassen Sie sich am besten in der Nähe Ihrer Feier fotografieren, damit Sie nicht zu viel Zeit verlieren. Während Sie glücklich in die Kamera lächeln, amüsieren sich Ihre Gäste mit Cocktails, Sekt und Fingerfoods. Bei leiser Musik tauschen sie sich hier erstmals fröhlich miteinander aus.

Noch während der Cocktail-Stunde kehrt das Brautpaar zurück und nutzt die Gelegenheit, so viele Gäste wie möglich zu begrüßen. Binden Sie nach Lust und Laune schon hier einige Spiele oder andere Hochzeitstraditionen in Ihre Feier ein. Wie wäre es mit dem gemeinsamen Zersägen eines Baumstammes?

Anschließend ruft der Location-Manager die Gäste zu Tisch. Er, eine Band oder der DJ kündigen das Brautpaar an. Ein Beispiel: »Und nun begrüßen Sie mit mir das junge Eheglück Stefanie und Thorsten Michels«. Die Frischvermählten betreten erst den Raum, wenn alle schon sitzen. Unter ausgelassenem Beifall nimmt das Brautpaar seinen Ehrenplatz am Brauttisch ein.

Wenn Sie sich für ein Büfett entschieden haben, lassen Sie es jetzt eröffnen oder nach der ersten Hochzeitsrede. Wenn Sie ein Menü bestellt haben, servieren die Kellner nun den ersten Gang. Hochzeitsreden, Spiele und darbieterische Einlagen Ihrer Freunde und Familie veranstalten Sie am besten zwischen den Gängen oder nach dem Essen. Sprechen Sie alles vorher mit dem Location- oder Catering-Manager ab, damit keine ungeplanten Verzögerungen entstehen und Ihre Gäste kein aufgewärmtes Essen bekommen.

Nach dem spielerischen Teil der Feier ist es Zeit, das Tanzbein zu schwingen. Den Anfang macht das Brautpaar alleine. Im Anschluss tanzt die Braut mit ihrem Vater und danach der Bräutigam mit seiner Mutter. Jetzt ist die Tanzfläche für alle Gäste eröffnet und der Spaß beginnt.

Um den Gästen kleine Ruhepausen vom Tanzen zu gönnen, bieten Sie Ihnen Intermezzi, kleine Pausen im Festablauf: Schneiden Sie Ihre Hochzeitstorte an oder lassen Sie das Dessert servieren. Den Brautstrauß jetzt zu werfen ist ebenfalls eine gute Idee. Versammeln Sie dazu alle unverheirateten Frauen auf der Tanzfläche, drehen Sie ihnen den Rücken zu und werfen Sie den Strauß auf gut Glück in die Menge. Der Brauch sagt, wer ihn fängt, heiratet als Nächste. – Wenn auch dieses letzte Hochzeitsritual hinter Ihnen liegt, ist nur noch ausgiebiges und vor allem ausgelassenes Feiern angesagt. Viel Spaß dabei!

Spiele

Auch wenn wir im Laufe der Zeit viele Bräuche und Details rund um die Hochzeit von unseren europäischen Nachbarn abgeschaut haben, so gibt es doch einen Bestandteil, der eine typisch deutsche Hochzeit ausmacht: die Spiele. Kein anderes Land feiert so ausgelassen und sieht selbst diesen wichtigsten Tag im Leben mit so viel Humor wie wir. Da aber meist Familie und Freunde das Paar mit Spielen überraschen, speziell für den großen Tag organisiert, halten wir uns dazu an dieser Stelle bedeckt. Lassen Sie sich überraschen.

Ob Sie Spiele in Ihr Hochzeitsprogramm einbauen, bleibt Ihnen überlassen. Gerade wenn Sie ein exklusives Fest in elegantem Rahmen feiern, eignen sich die Spiele vielleicht doch besser für den Polterabend. Sichern Sie sich ab, indem Sie Ihre Familie, Freunde, Trauzeugen und Brautjungfern rechtzeitig darüber informieren, ob Spiele veranstaltet werden oder nicht.

Nach der Feier

Kurz bevor sich die Party langsam dem Ende neigt, verabschiedet sich das Brautpaar von seinen Gästen. Lassen Sie sich von allen nach draußen geleiten. Sagen Sie dem Geleit Tschüss, bevor es dann mit dem Hochzeitsauto nach Hause, zum Hotel oder vielleicht sogar zum Flughafen geht. – Eine wunderschöne Atmosphäre schaffen Sie, wenn Sie an alle Gäste Wunderkerzen verteilen, die sie für Sie und Ihren Liebsten beim Abschied sprühen lassen können. Oder wie wäre es mit einem fliegenden Feuerwerk? Ihre Gäste binden dazu die Wunderkerzen mit einer Schnur an weiße Heliumballons und lassen sie in den Himmel steigen. Ein Funkenhimmel als grandiose Abschiedsgrüße für Sie beide.

Hochzeits-Notfallkasten

An dem wichtigsten und schönsten Tag Ihres Lebens ist eigentlich kein Platz für Pannen. Aber gerade wenn Sie sich wünschen, dass alles glattläuft, passiert doch oft etwas: Sie verschütten Rotwein auf dem Kleid. Eine Laufmasche verunstaltet Ihr Bein. Blasen machen den Tanz zu einer schmerzhaften Angelegenheit. Um auf alles vorbereitet zu sein, tun Sie gut daran, einen kleinen »Notfallkasten« dabeizuhaben. Am besten vertrauen Sie ihn einer guten Freundin an. Dann ist er immer zur Hand, wenn Sie oder Ihr Mann ihn brauchen. Hier noch ein paar Tipps, die Ihnen helfen. Damit Sie nicht enttäuscht den ganzen Tag auf Ihrem Sitzplatz kleben, der doch ein Ehrenplatz ist. Es ist immer noch Ihr Glückstag!

pinkbride SPEZIAL

HOCHZEITS-NOTFALLKASTEN

- Detaillierter Ablaufplan des Tages
- Liste mit Telefonnummern aller wichtigen Personen
- Pfefferminz-Bonbons
- Aspirin und andere Medikamente (gegen Magenschmerzen, Blähungen, Durchfall, Allergien usw.)
- Augentropfen, Kontaktlinsenlösung, extra Kontaktlinsen
- Extra Strumpfhose
- Klarer Nagellack
- Weiße Kreide
- Sekundenkleber
- Sicherheitsnadeln
- Nadel und Faden
- Schere
- Tampons, Damenbinden
- Puder
- Make-up
- Nagelfeile
- Lippenstift
- Haarklammern
- Mini-Haarspray
- Taschentücher
- Pflaster
- Blasenpflaster
- Kamm
- Mini-Schirm
- Münzen fürs Parken oder Trinkgeld
- Fusselbürste
- Stift

Laufmasche

Eine Laufmasche ist nur ein kleines Problem. Ein wenig klarer Nagellack oder Haarspray hält sie auf. Trotzdem ist es eine gute Idee, immer ein zweites Paar Strumpfhosen dabeizuhaben.

Kleine Flecken

Kleine Flecken auf dem Kleid lassen sich schnell mit etwas weißer Kreide kaschieren, damit sie nicht auffallen. So sehen Sie und andere später nichts auf den Fotos.

Make-up-Flecken

Am Hochzeitstag kommt eine Braut nicht nur mit dem eigenen Make-up in Kontakt. Bei den tausend Küsschen und Umarmungen freudiger Gäste geht auch manchmal etwas daneben. Gegen Make-up-Flecken auf dem Kleid ein klein wenig Mineralwasser daraufgeben und danach mit Salz bestreuen. Nicht reiben! Gegebenenfalls nach dem Trocknen mit Kreide abdecken.

Tintenflecken

Tinte von der Hochzeitsurkunde auf dem Kleid? Schnelle Abhilfe schafft ein wenig Haarspray auf ein Tuch oder ein Wattestäbchen gesprüht. Reiben Sie es vorsichtig über den Fleck und er sollte langsam verschwinden. Falls zur Hand, betupfen Sie den Fleck auch ganz vorsichtig mit einem Wattestäbchen, den Sie in neunzigprozentigen Alkohol getaucht haben.

Fettflecken

Fett geht es am besten mit Stärke an den Kragen: Fettfleck mit viel Speisestärke bestreuen und nach einer Viertelstunde vorsichtig abschütteln. Danach bürsten Sie den Rest mit einer weichen Bürste ab.

Wasserflecken

Falls ein Tränchen geflossen ist oder jemand ein halbes Glas Wasser über Ihr wunderschönes Kleid gekippt hat, behandeln Sie den Fleck am besten mit einem Dampfbügeleisen. Dämpfen Sie die feuchte Stelle. Aber bügeln Sie den hauchdünnen und empfindlichen Stoff auf keinen Fall! Wenn Sie es gedämpft haben, sieht später niemand einen unschönen Wasserrand.

KEINE GARANTIE

Abhängig von dem Material Ihres Kleids bleiben meine Tipps auch manchmal ohne Resultat. In diesem Fall hilft leider nur eine professionelle Reinigung.

Torte

HOCHZEITSTORTE

Mehrstöckige, traumhaft verzierte, blumengeschmückte süße Träume – das sind die Hochzeitstorten. Spektakuläre Gebilde aus Zucker, Mehl, Butter und Eiern, manchmal aufgepeppt mit Schokolade oder Früchten. Zuckermasse oder Marzipan-Decken, Schoko-Glasur oder Buttercreme bieten eine ideale Leinwand für das perfekte Kunstwerk des kreativen Torten-Profis.

Die Hochzeitstorte ist nicht nur Gaumenzauber, sondern auch ein Augenschmaus. Passend verziert, hat sie beste Karten, um sich ideal in jede Hochzeits-Deko mit einzufügen. Sie ist nicht nur das kulinarische Highlight Ihrer Feier, sondern auch ein spektakuläres Design-Element.

Wo fangen Sie an?

Wo Sie Ihre Hochzeitstorte beziehen, bleibt ganz Ihnen überlassen. Im Allgemeinen bieten sich verschiedene Möglichkeiten an: Wenn Sie Glück haben, gibt es in Ihrer Familie oder dem Freundeskreis einen begnadeten Tortenbäcker, dem Sie die Kreation des guten Stückes zutrauen. Ansonsten bieten fast alle Konditoren Hochzeitstorten an, wie Sie sie bestimmt schon oft in den Schaufenstern gesehen haben. Jetzt ist es endlich an der Zeit, das Lock-Werk unter die Lupe zu nehmen. Lassen Sie es sich nicht nehmen, so viele Torten wie möglich zu probieren. Damit Sie genau wissen, dass Sie die leckerste aller Torten gefunden haben. Mal ehrlich: Dieser süße Teil der Hochzeitsplanung macht sicherlich am meisten Spaß.

DIE WICHTIGSTEN PUNKTE

6–9 MONATE VORHER

- ○ Brautzeitschriften und Webseiten anschauen, um sich Inspirationen für die Hochzeitstorte zu holen
- ○ Sich von mindestens zwei Konditoren beraten lassen, damit Sie Geschmacks- und Preisvergleiche anstellen können (Wichtig: Probieren nicht vergessen)

4–6 MONATE VORHER

- ○ Ideen und Vorstellungen mit dem Konditor abklären, entsprechend Farben und Deko der Hochzeit
- ○ Hochzeitstorte bestellen

1 WOCHE VORHER

- ○ Liefertermin und den Lieferort dem Konditor bestätigen

Eine weitere Möglichkeit sind die Hochzeitstorten-Profis. Das sind Zuckerbäcker, die sich auf die etwas ausgefalleneren Hochzeitstorten im englischen oder amerikanischen Stil spezialisiert haben. Üblicherweise haben Konditoren selten Zeit, sich zwei bis drei Tage um das Backen und Gestalten einer einzigen Torte zu kümmern. Deshalb sind Sie bei der Suche nach etwas Ausgefallenerem bei den Hochzeitstorten-Profis bestimmt gut aufgehoben. Sie machen nichts anderes, als traumhafte Zucker-Kreationen zu entwerfen und sie mit sehr viel Liebe und Geduld zu dekorieren. Am schnellsten finden Sie diese wahren Torten-Künstler im Internet (oder auf unserer Service-Seite am Ende des Buches). Wenn Sie niemanden in Ihrer Nähe finden, liefern einige von ihnen auch deutschlandweit. MEHR DAZU AUF SEITE 231

Ob Sie einen begabten Zuckerbäcker in der Familie haben oder sich für einen Konditor entscheiden, am besten fangen Sie sechs Monate vor dem großen Tag an, sich um die Hochzeitstorte zu kümmern. Falls Sie zum Profi gehen, bestellen Sie die Torte mindestens vier Monate im Voraus, da gerade in der Hochzeits-Hochsaison viel los ist und die meisten Konditoren und Torten-Profis mit Arbeit gut eingedeckt sind.

Treffen Sie sich mit mehreren Konditoren und lassen Sie sich deren Arbeiten zeigen. Dabei sind das Design und Aussehen ebenso wichtig wie der Geschmack! Probieren Sie deshalb unbedingt, bevor Sie sich endgültig entscheiden. Erkundigen Sie sich auch nach möglichen Geschmacksvariationen, Lieferbedingungen und wie lange im Voraus der Bäcker Ihre Hochzeitstorte fertigstellt. Aufwendige Torten brauchen schon mal zwei bis drei Tage, bis sie vollkommen sind. Dann hoffentlich erst kurz vor der Feier. Und damit auch schön frisch. MEHR DAZU AUF SEITE 122

Was kostet das süße Highlight?

Der Preis der Hochzeitstorte richtet sich danach, wie groß das Stück wird und wie aufwendig die Deko ist. Planen Sie ein Stück Torte pro Gast ein, auch wenn Sie noch andere Desserts servieren. Die Hochzeitstorte lässt sich niemand entgehen. Sie kostet zwischen drei und acht Euro pro Person, je nach Design.

Natürlich gibt es auch hier einige Spar-Tipps. Bitten Sie Ihren Konditor, frische Blumen oder echtes Schleifenband zu verwenden, anstatt aufwendig von Hand modellierte Zuckerblumen und Schleifen. Aber Achtung: Im Allgemeinen wird von echten Blüten als Torten-Deko abgeraten. Wenn Ihr Herz aber daran hängt, sorgen Sie dafür, dass die Pflanzen ungespritzt sind und nicht in Kontakt mit Sahne, Buttercreme oder anderen Füllungen kommen.

Über Geschmack kann man nicht streiten

Es gibt unglaublich viele Geschmacksvariationen für Ihre Hochzeitstorte. Sie lieben Sachertorte? Erdbeertorte lässt Ihnen das Wasser im Mund zusammen laufen? Alles ist möglich! Vielleicht eignet sich ein gedeckter Apfelkuchen nicht unbedingt dazu, eine traumhafte, mehrstöckige Hochzeitstorte zu werden, aber abgesehen von ein paar kleinen Einschränkungen lassen sich fast alle Geschmacksvariationen umsetzen. Stellen Sie sich doch etwas zusammen: Beliebt sind natürlich immer Schokolade und Vanille, aber probieren Sie das doch mal kombiniert mit frischen Erdbeeren oder Himbeeren. Oder wie wäre es mit einem Rührteig mit weißer Schokolade, gefüllt mit Schokoladen-Mousse und frischen Himbeeren? Gerade wenn Ihre Torte außen weiß verziert ist, überrascht beim Aufschneiden ein dunkles Schokoladeninneres, kombiniert mit einer hellen Buttercreme aus Vanille oder weißer Schokolade.

Wenn Ihnen die traditionelle mehrstöckige Torte nicht zusagt, lassen Sie kleine Miniaturtorten für jeden Gast backen. Oder vielleicht einen großen herzförmigen Obstkuchen? Ihrer Fantasie sind keine Grenzen gesetzt. Informieren Sie Ihren Konditor über die Gestaltung der Hochzeit: Haben Sie eine bestimmte Farbe, die sich durch die Feier zieht und in der Deko widerspiegelt? Oder bestimmte Blumen, die Sie sich vom Konditor aus Zuckermasse wünschen? Inspirierend wirken auch Farbe und Details Ihres Hochzeitskleids. Nur aufpassen, dass Ihr Verlobter nicht dabei ist, damit Sie Ihm nicht schon verraten, wie Ihr Hochzeitskleid aussieht.

Leckere Zutaten

Bevor Sie sich um das Äußere kümmern, muss der Innenteil der Torte stimmen. Diese Entscheidung fällt oft nicht gerade leicht, da es sehr viele Geschmacksvarianten gibt. Um Ihrem Bäcker verständlich zu machen, was Sie sich vorstellen, ist es wichtig, dieselbe Sprache zu sprechen. Ich habe Ihnen hier eine Übersicht der wichtigsten Begriffe zusammengetragen.

Buttercreme

Buttercreme ist eine zartschmelzende Mischung aus Butter, Zucker und Ei, die sich sehr gut als Tortenfüllung eignet. Es gibt sie geschmacklich variiert und sie ist auch – je nach Geschick des Bäckers – nicht zu süß. Achten Sie jedoch auf die Jahreszeit und die Temperatur an Ihrem Hochzeitstag: Da Buttercreme leicht schmilzt, ist Ihre Hochzeitstorte an einem kühlen Ort gut aufgehoben.

Marzipan

Marzipan kommt ursprünglich aus dem Orient. Es ist ein Produkt aus Mandeln und Zucker. Es macht sich als Füllstoff und Hochzeits-Torten-Decke gut. Außerdem lässt es sich leicht zu dekorativen Elementen wie Obst oder Blumen formen. Die so entstandenen Gebilde mit Lebensmittelfarbe naturgetreu bestrichen, fügen sich vorzüglich und optisch leicht in Ihr Hochzeits-Design ein. Die Nachteile: Besonders filigran und fein sind Marzipan-Figuren nicht. Eine Marzipan-Decke bröckelt unter Umständen beim Anschneiden der Torte.

Zuckermasse/Fondant

Diese leicht modellierbare Zuckerpaste dünn ausgerollt, eignet sich perfekt als Überzug Ihrer Hochzeitstorte und bietet eine ideale Leinwand für weitere Dekorationen. Außerdem lassen sich aus Zuckermasse Deko-Elemente wie Blumen oder Schleifen bis ins kleinste Detail formen. Und sind so von echten kaum zu unterscheiden. Der Nachteil ist nur, dass Fondant eventuell etwas hart wird, was aber den Geschmack der Torte nicht negativ beeinflusst.

Bisquit

Sie lassen sich gerne leichtes, sandkuchenartiges Gebäck auf Ihrer Zunge zergehen? Dabei handelt es sich um Bisquit. Sehr beliebt und oft benutzt von Konditoren. Für mehrstöckige Torten ist es nicht unbedingt geeignet, da es sehr leicht ist und dem Gewicht eventuell nicht standhält: Falls Sie jedoch nicht auf Bisquit verzichten und trotzdem eine mehrstöckige Torte haben möchten, bitten Sie Ihren Konditor, eine Etagere oder eine Treppe zu verwenden. Mit diesen einzelnen Etagen aus Metall oder Kunststoff halten auch fragile Meistwerke problemlos größeres Gewicht aus.

Rührkuchen

Ihn sehen Sie am häufigsten als Teig für mehrstöckige Hochzeitstorten, da er besser seine Form behält und auch größerem Gewicht leichter standhält. Diesen Teig gibt es in fast allen erdenklichen Geschmacksvariationen, ist aber wohl am bekanntesten in Vanille, Schokolade oder Zitrone.

Ganache

Eine leckere Mischung aus Schokolade, Sahne und Butter – Ganache – eignet sich zum Füllen und Überziehen von Torten und schmeckt auch sehr gut kombiniert mit frischen Beeren. Einziger Nachteil: Genau wie Buttercreme ist auch diese süße teigige Lust-Ware sehr temperaturempfindlich.

Süße Traditionen

Um die Hochzeitstorte ranken sich viele Bräuche und Traditionen. Das festliche Gebäck symbolisiert Glück, Wohlstand und verheißt dem Paar eine süße Zukunft. Die typische Hochzeitstorte hat übrigens fünf Etagen. Jede symbolisiert einen Lebensabschnitt: Geburt, Konfirmation oder Kommunion, Heirat, Kindersegen und Tod.

Beim offiziellen Anschneiden der Torte umfassen beide Partner das Messer. Traditionell ist die zweite Etage das Ziel des romantischen Angriffes. Das Service-Personal schneidet die restliche Torte für die Gäste auf. Achten Sie darauf, wer beim gemeinsamen Anschneiden die Hand obenauf hat: Laut Volksmund wird derjenige auch in der Ehe das Sagen haben.

Nach dem Anschneiden »füttert« sich das Brautpaar gegenseitig mit einem kleinen Tortenstück – Symbol für das gegenseitige Füreinander-Sorgen der Eheleute.

Viele Paare frieren die oberste Etage Ihrer Torte ein, um sie am ersten Hochzeitstag zu essen. Nicht alle Torten eignen sich dafür. Vor allem Sahne- oder Buttercreme-Torten sind auch tiefgefroren nicht allzu lange haltbar. Ihr Hochzeitstag ist sicherlich kein Grund, sich den Magen zu verderben.

FRAGEN AN DEN KONDITOR

- Können Sie uns Fotos Ihrer Arbeiten zeigen?
- Wie viel Kuchen brauchen wir für die Anzahl unserer Gäste?
- Welche Deko-Möglichkeiten haben Sie?
- Welche Geschmacksvarianten bieten Sie an?
- Sind verschiedene Geschmacksproben möglich, bevor wir uns entscheiden?
- Was für Kosten kommen auf uns zu?
- Wie senke ich den Preis?
- Bis wann können wir das Design der Torte noch ändern?
- Stellen Sie die Hochzeitstorte auch nach einer Fotovorlage her?
- Kostet der Tortenständer extra oder ist er nur eine Leihgabe, die nach der Hochzeit wieder abzugeben ist?
- Kostet die Lieferung extra?
- Ist eine Anzahlung notwendig und wie hoch ist sie?
- Bis wann bezahlen wir den Restbetrag für die Torte?
- Akzeptieren Sie Stornierungen? Und kriegen wir unsere Anzahlung zurück?
- Verfügen Sie über Referenzen?

KONDITOR-INFO

Füllen Sie das Formular aus und machen Sie eine Kopie für Ihren Bäcker/Konditor.

HOCHZEIT VON

Name der Braut ____________________ Tel. ____________

Name des Bräutigams ____________________ Tel. ____________

E-Mail ________________________________

Hochzeitsdatum ____________________ Anzahl der Gäste ____________

KONDITOR

Firmenname ________________________________

Straße ________________________________

Stadt ____________________ PLZ ____________

Telefon ____________________ Handy ____________

Name des Konditors ________________________________

FEIER

Datum ____________________ Lieferzeit ____________

Örtlichkeit ________________________________

Kontakt vor Ort ________________________________

Straße ________________________________

Stadt ____________________ PLZ ____________

Telefon ________________________________

Bemerkungen ________________________________

____

HOCHZEITSTORTE

Beschreibung ________________________________

____

____

Besondere Zutaten ________________________________

____

____

Dekoration ________________________________

____

Farben ________________________________

____

Lieferkosten ________________________________

Gesamtkosten ________________________________

Drucksachen

Drucksachen

RSVP

WHILE YOU ARE IN NYC
RECEPTION
COCKTAILS, DINNER AND DANCING FOLLOWING THE CEREMONY
PIPA
APPETIZER
SALMON TARTARE
ENSALADA VERDE
ENTRÉE
GRILLED SIRLOIN STEAK
ROASTED MONKFISH
POLLO AL AJILLO
DESSERT

DRUCKSACHEN

Die Einladungen, die Sie an Ihre Gäste schicken, sind perfekt dazu geeignet, in jedem schon die Vorfreude auf den großen Tag zu wecken. Sie dienen nicht nur dazu, die wichtigsten Informationen und Details zu vermitteln, sondern bieten schon einen ersten Einblick in die Feier und den Stil der Hochzeit. Handgemachte Karten sind sehr beliebt. Viele Schreibwarenläden und Druckereien bieten Ihnen auch eine Auswahl an besonderen Materialien: handgeschöpftes Papier, Karten verziert mit Stoffen, Perlen oder Federn.

Seien Sie besonders kreativ. Lassen Sie Ihre Einladung für sich sprechen. Von traditionell bis ausgefallen, es gibt Einladungen für jeden Stil. Sie präsentieren Ihren Geschmack im besten Sinne. Lassen Sie sich Zeit bei der Suche und Sie werden sicherlich das Richtige finden. Kaufen Sie Ihre Einladungen entweder in gut sortierten Schreibwarenladen oder beauftragen Sie einen Grafikdesigner damit.

DIE WICHTIGSTEN PUNKTE

9–12 MONATE VORHER

- ○ In Schreibwarenläden, Zeitschriften und dem Internet ansprechende Einladungen ansehen

6–9 MONATE VORHER

- ○ Die Einladung formulieren
- ○ Die Gästeliste vervollständigen. Wie viele Einladungen brauchen Sie?
- ○ Sie planen lange im Voraus? Versenden Sie schon Ihre Save-the-date-Karten
- ○ Alle wichtigen Infos sammeln, die Sie beilegen (Anfahrtskizze, Hotelinformationen usw.)

4–6 MONATE VORHER

- ○ Verschiedene Angebote von Grafikdesignern einholen
- ○ Menü- und Tischkarten, Programme und Danksagungskarten drucken lassen
- ○ Fehler korrigieren vor dem endgültigen Druck
- ○ Sich den Liefertermin bestätigen lassen
- ○ Umschläge adressieren, frankieren
- ○ Falls Sie keine Save-the-date-Karten versenden wollen, verschicken sie jetzt zumindest langsam die Einladungen

4–8 WOCHEN VORHER

- ○ Versenden der Einladungen

NACH DER HOCHZEIT

- ○ Danksagungen verschicken

DAS GEHÖRT IN DIE EINLADUNG

EINLADUNG ZUR HOCHZEIT

- Name des Gastgebers (falls es nicht das Brautpaar selbst ist)
- Name der Braut
- Name des Bräutigams – mit vollständigem Namen und Titel
- Datum der Hochzeit mit Jahreszahl
- Termin und Ort der Trauung

EINLADUNG ZUR FEIER (FALLS DIE FEIER WOANDERS STATTFINDET)

- Ort der Feier
- Umschlag
- RSVP-Karte mit adressiertem und frankiertem Rückumschlag
- Anfahrtsskizze
- Hotelinformationen für Gäste von außerhalb

Wie schreiben Sie Ihre Hochzeitseinladung?

Thomas & Renate Kleinfeldt

LADEN HERZLICH EIN
ZUR HOCHZEIT IHRER TOCHTER

Stefanie

UND

Thorsten Michels

SOHN VON KLAUS & HELGA MICHELS

am

SAMSTAG DEN 3. JUNI 2006
UM 14:00 UHR
IN DER
BERGKIRCHE, BAMBERG
UND FESTLICHKEITEN AM ABEND IM SCHLOSSKELLER

UM ANTWORT WIRD BIS ZUM 30.APRIL GEBETEN
T&R KLEINFELDT · BEISPIELSTR. 12 · 10448 ANSCHAU

Die Einladungen werden meist in der dritten Person verfasst, da traditionell vor allem die Eltern der Braut zur Hochzeit ihrer Tochter einluden. Also »Herr und Frau Siebold laden zur Hochzeit ihrer Tochter ... ein«. Da heutzutage immer mehr Paare ihre eigene Hochzeit ausrichten, ist es durchaus angebracht, die Einladung individuell zu formulieren. Dazu haben Sie mehrere Beispiele auf den folgenden Seiten.

Die Regel sieht so aus: Jede Information der Einladung erhält eine eigene Zeile. Da jede Familie sehr individuell zusammengesetzt ist, legen Sie Taktgefühl an den Tag, wenn Sie Ihre Einladung formulieren. Auf den nächsten Seiten finden Sie dafür verschiedene Beispiele.

Wenn beide Elternpaare die Gastgeber sind

In vielen Fällen teilen sich die Eltern der Braut und die Eltern des Bräutigams die Kosten der Hochzeit. Deshalb nennen Sie auch beide.

Herr und Frau Thomas Kleinfeldt
und
Herr und Frau Klaus Michels
laden herzlich zur Hochzeit ihrer Kinder
Stefanie Kleinfeldt
und
Thorsten Michels
am Samstag, den 3. Juni 2006
um 14.00 Uhr
in der Bergkirche, Bamberg
und Festlichkeiten am Abend im Schlosskeller ein.
Um Antwort wird bis zum 30. April gebeten.
(Adresse eines Elternpaares, das für die eingehenden Antworten verantwortlich ist)

Wenn Eltern geschieden sind

Oft ergeben sich nach der Trennung der Eltern gerade bei Familienfesten schwierige Situationen. Hier steht ein Beispiel, wenn trotz der Differenzen beide Elternteile zur Hochzeit Ihrer Tocher laden:

Herr Thomas Kleinfeldt und Frau Susanne Kleinfeldt
laden herzlich zur Hochzeit ihrer Tochter
Stefanie
und
Thorsten Michels
am 3. Juni 2006
um 14.00 Uhr
in der Bergkirche, Bamberg
und Festlichkeiten am Abend im Schlosskeller ein.
Um Antwort wird bis zum 30. April gebeten.
(Adresse eines Elternteils, das für die eingehenden Antworten verantwortlich ist)

Wenn das Brautpaar selbst einlädt

Wenn das Brautpaar selbst einlädt, kann die Einladung auch individuell und gegen alle Traditionen gestaltet sein. Akzeptiert ist, was gefällt. Hier ein paar Beispiele:

Together forever!
Stefanie und Thorsten
laden herzlich zu ihrer Hochzeit
am 3. Juni 2006 um 14:00 Uhr
in der Bergkirche, Bamberg
und Festlichkeiten am Abend im Schlosskeller ein.
Um Antwort wird bis zum 30. April gebeten.

Wir trauen uns!
Diesen Tag möchten wir gemeinsam mit Euch erleben!
Die Trauung findet am
3. Juni 2006 um 14 Uhr
in der Bergkirche statt
Gefeiert wird im Schlosskeller
Wir freuen uns auf Euch
Stefanie & Thorsten
P. S.: Lasst uns bis zum 30. April wissen, ob Ihr kommt.

Anlässlich unserer Hochzeit
am 3. Juni 2006
laden wir herzlich ein.
Die Trauung findet um 14 Uhr
in der Bergkirche in Bamberg statt.
Anschließend feiern wir im Schlosskeller.
Lasst uns bis zum 30. April wissen, ob Ihr kommt.
Stefanie & Thorsten

DRESSCODE

Ist bestimmte Kleidung erwünscht? Vermerken Sie das auch in der Einladung: Bei einer eleganten Abendveranstaltung erwähnen Sie beispielsweise »Black-Tie« oder »Abendgarderobe erwünscht«. So jetzt haben Sie Ihr Bestes gegeben, damit sich keiner der Gäste unwohl fühlt, weil er nicht passend zum Anlass gekleidet ist.

Einladung zur Themenhochzeit

Themenhochzeiten sind immer gefragt. Ob man im Stil der Fünfzigerjahre heiratet, ein Ritterfest veranstaltet oder eine Strandhochzeit feiert – lassen Sie es Ihre Gäste durch die Einladung wissen. Hierbei zählen nicht nur schnöde Worte. Mit der richtigen Verpackung und deren Gestaltung stimmen Sie die Gäste auf Ihre Hochzeit ein.

Lasst Euch den Sand durch die Zehen rieseln!
Anlässlich unserer Hochzeit am
3. Juni 2006 laden wir herzlich ein.
Die Trauung findet um 14 Uhr
am Sylter Strand statt.
Anschließend feiern wir eine ausgelassene Beachparty.
Lasst uns bis zum 30. April wissen, ob Ihr kommt.
Stefanie & Thorsten

Anlässlich unserer Hochzeit am
3. Juni 2006 laden wir herzlich ein.
Die Trauung findet um 14 Uhr
in der Bergkirche in Bamberg statt.
Anschließend feiern wir ein rauschendes Fest
im Stil der Fünfziger Jahre im Schloßkeller.
Lasst uns bis zum 30.3. wissen, ob Ihr kommt.
Stefanie & Thorsten

FÜR DIE STRANDHOCHZEIT

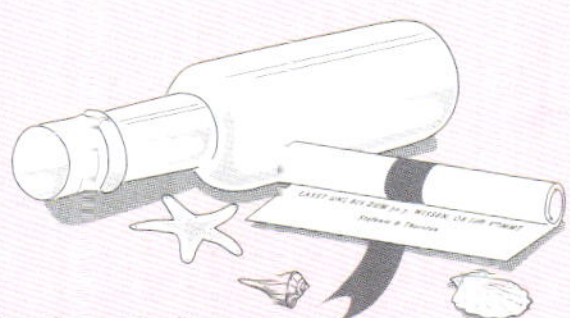

Um Ihre Gäste schon in die richtige Stimmung zu bringen, schicken Sie ihnen eine Flaschenpost. Die Einladung rollen Sie zusammen, verbinden sie mit einer hübschen Schleife und stecken sie mit ein wenig Sand und Muscheln in eine Flasche. Lassen Sie das Band heraushängen. Der Empfänger zieht Ihre Einladung dann ganz leicht heraus. Die Flasche verpacken Sie in einem Flaschenkarton (erhältlich bei der Post), bevor Sie sie an Ihre Gäste schicken.

EINE GUTE IDEE

Ein Familiensiegel oder ein Logo mit Ihren Initialen symbolisiert Ihre zukünftige neue Familie. Das nutzen Sie dann gleich auf Einladungen, Menükarten, Danksagungskarten, der Hochzeitstorte und dem neuen Familien-Briefpapier. Gut eignen sich auch Siegelstempel, mit denen Sie schöne Wachssiegel auf Ihre Drucksachen zaubern können. Ihre Gäste werden Augen machen.

Einladung zum Polterabend

Auch wenn traditionell für Polterabend-Gäste nur Mundpropaganda angesagt ist, rate ich Ihnen dennoch, Sie schriftlich zu informieren. Ihr Gäste haben sonst vielleicht gar keine Zeit. Fügen Sie zum Beispiel einfach noch einen Satz an das Ende Ihrer Einladung. Auch eine kleine separate Karte mit allem Wichtigen, beigelegt zu Ihrer schriftlichen Einladung, die über den Polterabend informiert, sieht gut aus.

Gepoltert wird am 1. Juni 2006 ab 18 Uhr in der Steffenstraße 13
oder:
Wir lassen es so richtig krachen und poltern am
1. Juni 2006 ab 18 Uhr in der Steffenstraße 13, Stuttgart.
(Anfahrtskizze liegt bei)

Wir heiraten!
Aber für das Vertreiben der bösen Geister seid Ihr zuständig.
Poltert soviel Ihr könnt!
Am 1. Juni 2006 ab 18 Uhr in der Steffenstraße 13, Stuttgart
(Anfahrtskizze anbei)

pinkbride SPEZIAL

SAVE-THE-DATE-KARTEN

Wenn Sie planen, Ihre Hochzeit in den Ferien oder an einem Feiertag zu zelebrieren, informieren Sie Ihre Gäste rechtzeitig. So hält sich jeder das Datum frei. Schicken Sie dazu eine hübsche Karte mit Datum und Anlass sechs bis neun Monate vorher an alle Gäste. Das garantiert Vorfreude und bunt gefüllte Kalenderblätter.

Bitte haltet Euch den 3.6.2006 für unsere Hochzeit frei. Einladung folgt.

Die Save-the-Date Karte muss nichts Teueres oder Ausgefallenes sein. Eine einfache Postkarte aus der Stadt, in der Sie feiern, oder eine Karte passend zur Einladung reicht vollkommen. Etwas kreativer sind Sie, wenn Sie eine Kalenderseite des Hochzeitsmonats verschicken, darauf das Datum kennzeichnen oder die Infos auf einen Kühlschrankmagneten drucken lassen.

RSVP-Karten (U. A. w. g.)

RSVP kommt aus dem Französischen: »répondez, s'il vous plait« – Um Antwort wird gebeten (U. A. w. g.). Die Bitte um Rückantwort ist sehr wichtig, um Ihre Gästeliste zu managen und genau zu wissen, wer denn nun zu Ihrer Hochzeit kommt Vor allem wenn Sie das Essen bestellen, die Tischordnung planen und die genauen Ausgaben berechnen möchten. – Normalerweise liegt die Karte mit einem frankierten, an Sie adressierten Rückumschlag der Einladung bei.

RSVP-KARTEN ENTHALTEN FOLGENDE INFOS:

- Ob die eingeladene Person kommt
- Ob Gäste Gerichte zur Auswahl haben: z. B. Fisch oder Fleisch
- Ob Lebensmittel-Allergien vorliegen
- Ob Einschränkungen vorliegen: Diät, Vegetarier, Veganer usw.
- Wie viele Personen kommen

Bis wann brauchen Sie die Zusagen oder Absagen?

Vergessen Sie nicht, Ihre Gäste davon zu unterrichten, bis zu welchem Datum Sie Ihre Antwort wünschen – normalerweise bis spätestens drei Wochen vor der Hochzeitsfeier. Da es leider aber immer ein paar Nachzügler gibt, greifen Sie ruhig zum Telefon. Sie wissen dann genau, ob sie bei Ihrem Fest anwesend sein werden.

Das Hochzeitsprogramm

Egal, ob Sie kirchlich heiraten oder eine freie Zeremonie bevorzugen, Hochzeitsprogramme sind eine nette Idee, um die Gäste über alle Elemente der Trauungszeremonie zu informieren. Denn je mehr die Gäste mit einbezogen sind, umso stimmungsvoller feiern Sie mit Ihnen das Fest Ihres Lebens. Dadurch erleichtern Sie es Ihren Gästen, an der Zeremonie wirklich teilzuhaben und alle bedeutungsvollen Elemente nachzuvollziehen. Hübsch gestaltet, sind Hochzeitsprogramme auch bezaubernde Souvenirs für Ihre Gäste.

DAS IST PROGRAMM

- Name der Kirche/Location
- Datum
- Name des Brautpaars
- Name der Trauzeugen, Brautjungfern, Blumenmädchen und Ringträger
- Abfolge der Zeremonie
- Namen der Sänger/Vortragenden
- Name des Pfarrers/Theologen
- Namen der begleitenden Musikanten
- Lesungen/Lieder, vielleicht sogar mit vollständigen Texten, wenn sie Ihnen viel bedeuten
- Anfahrtsskizze für die Locations der Feier
- Eventuell Danksagungen an die Eltern oder anderen Mithelfer, Widmungen oder persönliche Worte an die Gäste

Möchten Sie verstorbene Familienmitglieder ehren, indem Sie Ihnen ein paar schöne Gedanken oder ein Gedicht widmen? Danken Sie wichtigen Personen für Ihre Hilfe. Viele Paare nutzen das Hochzeitsprogramm auch dazu, mit ein paar persönlichen Sätzen am Ende ihren Eltern zu danken, dass Sie ihnen unter die Arme gegriffen haben. Oder Sie bedanken sich bei Ihren Gästen, weil sie gekommen sind.

Wie stellen Sie das Programm zusammen?

Warum entwerfen Sie Ihr Hochzeitsprogramm nicht selbst am Computer? Anschließend drucken Sie es aus. Probieren Sie auch mal verschiedene Papiersorten aus. Vielleicht handgeschöpftes Papier oder etwas Farbiges. Gehen Sie vorher sicher, dass das Papier mit Ihrem Drucker kompatibel ist. Vielleicht haben Sie in Ihrem Bekanntenkreis auch jemanden, der sich mit Grafikdesign etwas auskennt und Ihnen ein persönliches Hochzeitsprogramm zaubert? Wenn alle Striche reißen, kontaktieren Sie eben einen professionellen Designer. Fragen Sie auch mal in Ihrem Kopierladen nach. Dort knüpfen Sie mitunter gute Kontakte.

Am einfachsten ist es, wenn Sie ein Blatt Papier dafür verwenden, das in der Hälfte gefaltet ist. Eine Schleife zum Zusammenhalten macht sich gut als hübsches Detail. Wenn Sie mehr Informationen unterbringen möchten, eignet sich ein kleines Heftchen. Sie stellen es aus zwei Seiten Papier her, in der Mitte gefaltet und zusammengebunden oder geheftet.

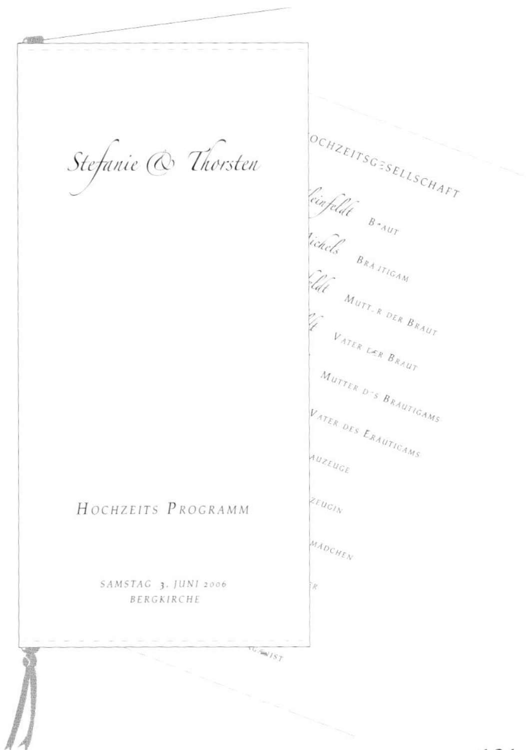

Arrangieren Sie die Programme in einem hübschen Korb oder auf einem Tablett nahe dem Eingang, damit sich Ihre Gäste selbst bedienen können. Oder bitten Sie jemanden, die Programme zu verteilen, wenn Ihre Gäste eintreffen.

pinkbride SPEZIAL

DIE PERSÖNLICHE NOTE

Der Hochzeitstag ist ein Tag voller Emotionen für alle Beteiligten. Aber vor allem die Eltern erleben ihn oft mit gemischten Gefühlen. Denn trotz aller Freude ist vielleicht ein winzig kleiner Wermutstropfen mit dabei. Um Ihren Eltern zu zeigen, wie dankbar Sie für alles und wie wichtig sie für Sie sind, überraschen Sie sie mit einer originellen Idee für Ihre Feier. Das gelingt zum Beispiel sehr gut durch ein Hochzeitsfoto Ihrer Eltern, das Sie beispielsweise in das Design des Kirchenprogramms einfügen. Damit demonstrieren Sie, dass Sie nun auch in den Hafen der Ehe eintreten und liebend gerne dem Vorbild Ihrer Eltern folgen.

Menükarten machen Appetit

Selbst gemacht oder professionell gedruckt, Menükarten sind ein wichtiger Bestandteil des kulinarischen Teils der Hochzeit. Denn wer sitzt schon gerne an einem elegant gedeckten Tisch, ohne zu wissen, was er auf den Teller bekommt?

Eine einzelne Menükarte auf jedem Tisch zeigt an, welche Leckerbissen Ihre Gäste bald erfreuen werden. Eleganter und persönlicher sind aber individuelle Menükarten auf jedem Platz. Binden Sie sie hübsch designt in die Tisch-Deko mit ein. Das klappt mit Papier im Farb-Schema der Hochzeit. Ein weißes, bedrucktes Blatt auf farbiges Papier mit interessanter Oberflächen geklebt, plus Schleife sieht toll aus.

Falls Sie sich Speisen ausgesucht haben, die auch etwas Bestimmtes für Sie bedeuten, so lassen Sie Ihre Gäste in wenigen Worten auf der Menükarte daran teilhaben. Gute Ideen sind immer Lieblingsspeisen des Paares oder etwas, das Sie an Ihren Urlaub erinnert.

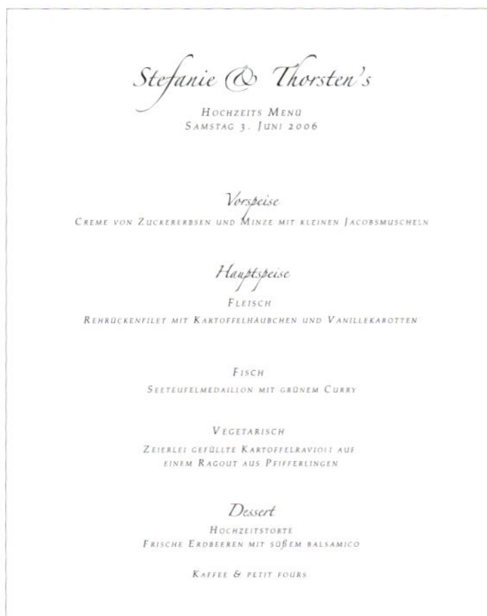
Stefanie & Thorsten's

Hochzeits Menü
Samstag 3. Juni 2006

Vorspeise
Creme von Zuckererbsen und Minze mit kleinen Jacobsmuscheln

Hauptspeise
Fleisch
Rehrückenfilet mit Kartoffelhäubchen und Vanillekarotten

Fisch
Seeteufelmedaillon mit grünem Curry

Vegetarisch
Zeierlei gefüllte Kartoffelravioli auf einem Ragout aus Pfifferlingen

Dessert
Hochzeitstorte
Frische Erdbeeren mit süßem balsamico

Kaffee & petit fours

Klassisch sind rechteckige Karten mit der Menü-Abfolge darauf. Sehen gut aus auf den Tellern oder anderswo in Ihrer Deko. Sie servieren Cocktails? Cocktail-Karten an der Bar sind todschick! Geben Sie den Getränken spezielle Namen, die Ihnen persönlich sehr viel bedeuten.

Wir sagen: »Danke!«

Die Hochzeitsfeier ist vorbei, der letzte Champagner getrunken, die Kerzen erloschen – und schon macht sich das Paar auf in die Flitterwochen. Aber auch die gehen leider irgendwann mal zu Ende – und schon sind Sie wieder in der wohlvertrauten Heimat. Wer jetzt denkt, dass alles, was mit der Hochzeit zu tun hatte, vorbei ist, hat sich geirrt, denn nun fängt der letzte Teil an: Nachdem all die lieben Freunde, Verwandten und Bekannten das Paar mit Geschenken und Glückwünschen überschüttet haben, liegt es nun an Ihnen, sich auch standesgemäß bei jedem zu bedanken – schriftlich versteht sich.

Kein Dankeschön wirkt besser und herzlicher als eine schöne, handgeschriebene Karte mit einem beigelegten Hochzeitsfoto. Eine klassische Variante ist eine Karte bedruckt mit einem einfachen »Danke«. Dazu Ihre neue Adresse oder Ihr neues Monogramm. Fertig! Auch Karten mit einem Hochzeitsfoto als Druck kommen gut an. Fügen Sie immer ein paar handschriftliche Sätze dazu. Dann sieht Ihr Dankeschön wirklich sehr persönlich aus.

Viele Paare gehen den einfachen Weg einer vorgedruckten Karte, die sie – oft kommentarlos – an alle schicken. Aber, um ehrlich zu sein, ist das etwas unpassend. Schließlich hat sich jemand wirklich Mühe gemacht, Ihnen eine Karte gekauft, liebe Gedanken und Grüße aufgeschrieben und vielleicht noch ein liebevoll ausgesuchtes Geschenk dazugeschickt. (Wenn ich mich jetzt anhöre wie Ihre Mutter, verzeihen Sie mir bitte – aber es hat schon seinen Grund!) In der heutigen anonymen Kommunikationsgesellschaft ist ein handgeschriebenes »Danke« wirklich Gold wert. Statt dem üblichen Werbemüll im Briefkasten oder superkurzer digitaler Nachricht aufs Mobiltelefon, zeigt eine handgeschriebene Karte die Dankbarkeit, die in der Geste stecken soll. Der Adressat wird es zu schätzen wissen, dass Sie sich die Zeit genommen haben, ihm persönlich zu danken. Wie wäre es mit einem beigefügten Hochzeitsfoto und persönlichem Gruß als nette Geste?

Natürlich ist es eine ziemliche Arbeit, so viele Karten von Hand zu schreiben, aber motivieren Sie sich selbst: Denken Sie daran, wie Sie sich fühlten, als Ihr Bekannter sich nicht bei Ihnen für das liebevoll ausgesuchte Geschenk bedankt hat. Also, nicht lange zögern und ran an die Arbeit.

Ich persönlich empfehle Ihnen: Verschicken Sie Ihre Danksagungen nicht später als sechs Wochen nach der Hochzeit! Sonst wirken Sie etwas phlegmatisch. Ihre Gäste verdienen Ihren Respekt auch nach der Feier Ihrer Traum-Hochzeit.

pinkbride SPEZIAL

TIPPS ZUR DANKSAGUNG

- Geteiltes Leid ist halbes Leid. Setzen Sie sich gemeinsam mit Ihrem Frisch-Angetrauten hin und nehmen Sie sich eine Stunde Zeit, um den ersten Schwung der Danksagungen zu erledigen. Dazu romantische Musik, ein paar Kerzen und Sie vergessen fast, dass es »Arbeit« ist.
- Legen Sie sich eine paar gute Stifte zurecht. Nein, nicht unbedingt einen Füllfederhalter. Kugelschreiber tun es auch. Denn nichts sieht schlimmer aus, als wenn Ihnen mitten in der Karte die Tinte ausgeht.
- Schreiben Sie die Danksagung in mindestens drei Sätzen. Erwähnen Sie wenn möglich das Geschenk und teilen Sie Ihren Lieben mit, wie Sie es nutzen werden.
- Nehmen Sie sich nicht zu viel vor: Schreiben Sie 5 Karten pro Tag – Sie werden sehen, das ist mehr als genug. Wenn man probiert, alle auf einmal zu erledigen, fallen die Grüße oft einheitlich und unpersönlich aus. So können Sie sich Zeit für jeden Einzelnen nehmen und ehrliche, originelle Worte finden.

Schreibblockade? Inspirationen für Danksagungen

Manchmal gibt es Momente, da fällt Ihnen so absolut gar nicht ein, was Sie in eine wohl formulierte Danksagung schreiben möchten? Vielleicht liegt es daran, dass Sie schon 15 Danksagungen hinter sich haben, oder weil das Geschenk gar nicht Ihren Geschmack getroffen hat. Wie können Sie sich denn bei dem Geschäftspartner Ihres Vaters bedanken, den Sie gar nicht kennen? Und wie bedanken Sie sich bei Tante Erna für den potthässlichen Porzellan-Pudel? Hier sind ein paar Inspirationen, damit Sie Ihrer Kreativität wieder freien Lauf lassen und für jeden die richtigen, wohlgesetzten Worte finden.

Szenario Nummer 1: Tante Erna hat Ihnen einen Porzellan-Pudel geschenkt, der sofort im Keller gelandet ist.

> Liebe Tante Erna,
> wir wollten uns doch noch mal herzlich für den kleinen Pudel bei Dir bedanken. – Endlich mal ein Hund, den auch Stefan mag, da er nicht immer mit ihm Gassi gehen muss. Es war so schön, Dich nach so langer Zeit endlich zu sehen. Aber jetzt lassen wir nicht wieder zehn Jahre vergehen und kündigen uns hiermit schon mal bei Dir zum Kaffee an.
> Ganz liebe Grüße, Deine Michaela & Stefan

Szenario Nummer 2: Sie haben ein Geschenk von dem alten Schulfreund Ihres Vaters bekommen, den Sie gar nicht kennen.

> Lieber Herr Schuhmacher,
> Stefan und ich möchten uns ganz herzlich bei Ihnen für die Steakmesser bedanken. Da macht es uns gleich doppelt so viel Freude, ein schönes Steak zu essen, wenn es sich wie Butter schneiden lässt. Es war schade, dass Sie nicht zu unserer Hochzeit kommen konnten. Ich hätte mich sehr gefreut, lustige Geschichten von Papis Schulzeit zu hören. So brav, wie er nämlich als verantwortungsvoller Vater immer tut, war er bestimmt nicht. Na ja, vielleicht können wir das irgendwann mal nachholen.
> Mit lieben Grüßen, Michaela & Stefan

Szenario Nummer 3: Tante Ingrid hat Ihnen einen Scheck geschickt.

> Liebe Tante Ingrid,
> vielen Dank für Dein großzügiges Hochzeitsgeschenk. Ich weiß, dass Du ja nicht so gerne Geld-Geschenke machst, aber da wir gerade unsere gemeinsame Wohnung einrichten, kam es uns wirklich sehr gelegen. Wir haben schon seit langem ein Auge auf einen bestimmten Teppich geworfen, der Dank Deiner Hilfe bald unser Wohnzimmer zieren wird.
> Herzliche Grüße von Michaela & Stefan

KEINE FLOSKELN

Klischees und banale Floskeln befördern jede noch so gut gemeinte Danksagung in die Langeweile. Manche Sätze hören sich ein wenig »abgelutscht« an. Verwenden Sie sie deshalb nicht unbedingt.

SO NICHT:

- Sie hätten sich doch nicht solche Mühen machen müssen.
- Vielen Dank für das tolle Geschenk.
- Das Geschenk ist wunderbar.
- Es ist das beste Geschenk, das wir jemals bekommen haben.
- P. S. Danke für das Geschenk

KLASSE ALTERNATIVEN:

- Die kuschelige Wolldecke wird sich toll auf unserer Couch machen.
- Unser Hochzeitsfoto sieht in dem eleganten Bilderrahmen super aus.
- Seitdem wir den neuen Messerblock haben, bekomme ich selbst meinen Mann kaum aus der Küche.

DRUCKSACHEN-BESTELLUNG

Füllen Sie das Formular aus und machen Sie eine Kopie für Ihren Drucker/Schreibwarenladen.

Papierprobe

HOCHZEIT VON

Name

Tel.

EINLADUNG

○ Einladung zur Hochzeit mit Umschlag — Anzahl

Papier — Farbe

Text

○ Anfahrtsskizze/Hotelinformation — Anzahl

Papier — Farbe

Text

○ Antwortkarte und Umschlag — Anzahl

Papier — Farbe

Text

○ Danksagungskarten — Anzahl

Papier — Farbe

Text

AUSSERDEM

○ Menü — Anzahl

○ Tischkarten — Anzahl

○ Platzkarten — Anzahl

○ Programm — Anzahl

LIEFERUNG

Lieferkosten

Gesamtkosten

Fashion

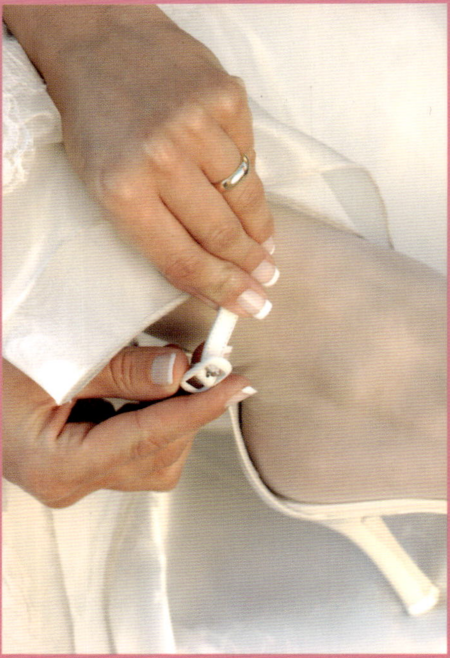

FASHION

Ein Hochzeitskleid ist DAS Kleid aller Kleider. Darauf haben Sie schon lange gewartet und nun ist es endlich so weit: Bald gehen Sie auf Brautkleidschau. Shopping liegt uns Frauen zwar im Blut, aber es gibt ein paar Tipps, die Ihnen dabei helfen, so stressfrei wie möglich an Ihr Traumkleid zu kommen.

Brautkleid – wo fangen Sie an?

Am besten beginnen Sie sechs bis zwölf Monate vor der Hochzeit, Ihr perfektes Brautkleid zu suchen. Es dauert manchmal mehrere Monate, bis Ihr bestellter Traum in Seide bei Ihnen eintrifft. Planen Sie also zeitlich großzügig.

Viele Brautläden beraten Sie nur nach Termin. Schließlich wünschen Sie sich doch Zeit und ein aufmerksames Ohr, oder? Also: Vorher schnell mal anrufen. Am besten ist es, unter der Woche auf Brautkleidschau zu gehen, da die Geschäfte am Wochenende oft überquellen. Erkundigen Sie sich nach dem besten Braut-Moden-Laden in Ihrer Nähe. Im Telefonbuch, im Internet oder bei Freunden, die vielleicht vom Service speziell eines Shops sehr begeistert waren.

DIE WICHTIGSTEN PUNKTE

9–12 MONATE VORHER

- ○ In Brautzeitschriften und Webseiten nach Inspirationen für das Hochzeitskleid und die Accessoires suchen
- ○ Einen Termin in ein bis zwei Brautfachgeschäften vereinbaren, um mit der Suche nach dem perfekten Kleid zu beginnen

6–9 MONATE VORHER

- ○ Hochzeitskleid bestellen
- ○ Accessoires wie Schleier, Schuhe, Schmuck oder Handschuhe kaufen
- ○ Suche nach Eheringen beginnen

2–4 MONATE VORHER

- ○ Eheringe kaufen und gravieren lassen
- ○ Anzug für den Bräutigam aussuchen
- ○ Das eingetroffene Brautkleid noch mal anprobieren. Eventuell ändern lassen

4–8 WOCHEN VORHER

- ○ Brautkleid abholen
- ○ Eheringe abholen

2–4 WOCHEN VORHER

- ○ Brautschuhe einlaufen

Nehmen Sie eine Freundin oder Ihre Mutter mit zum Shopping. Gerade wenn Sie sich für so etwas Wichtiges entscheiden, ist jede Hilfe kostbar. Aber denken Sie auch daran: Zu viele Köche verderben den Brei. Und zu viele gut gemeinte Ratschläge erschweren die Wahl auf jeden Fall. Ihren Zukünftigen lassen Sie aber lieber zu Hause. Er darf das Brautkleid nicht vor der Hochzeit sehen.

Schauen Sie sich in Zeitschriften Kleider an, die Ihnen gefallen, und bringen Sie sie der Verkäuferin mit. Sie gewinnt ein besseres Bild davon, was Sie sich vorstellen. Der Rahmen der Hochzeitsfeier gibt Ihnen auch schon eine gewisse Richtlinie, was die Wahl des Outfits betrifft. Wenn Sie zum Beispiel am Strand heiraten, ist ein leichtes, fließendes Kleid am besten. Wenn Sie ein rauschendes Fest feiern, ist vielleicht eher ein Ballkleid angebracht.

Auch wenn Sie sich schon auf eine bestimmte Silhouette festgelegt haben, probieren Sie mal andere Stilrichtungen aus. Etwas, das am Kleiderbügel kaum wirkte, erblüht möglicherweise gerade an Ihrem Körper zum absoluten Traum-Kleid. Probieren Sie jedoch nicht mehr als fünf bis sechs Kleider pro Termin an, da zu viel an einem Tag sehr verwirrend wirkt. Oft verlieben sich die Frauen schon unbewusst in eines der ersten Kleider, auf das sie nach wochenlanger Suche wieder zurückkommen.

Sich in Ihrem Traumkleid wohlzufühlen und sich gut darin zu bewegen, ist das A und O für Ihre gute Hochzeits-Laune. Auch falls Sie bis zur Hochzeit noch ein paar Kilo abnehmen wollen, verlassen Sie sich nicht darauf. Bestellen Sie lieber Ihr Kleid in Ihrer jetzigen Größe, da es immer einfacher ist, ein Kleid enger zu machen. Ein zwickendes Hochzeits-Kleid ist der Spaß-Killer Nummer eins.

Falls Ihr Kleid vorrätig ist, werden noch die letzten Korrekturen vorgenommen. Und dann nehmen Sie es eventuell auch schon gleich mit. In vielen Fällen nimmt das Service-Personal Ihre Maße auf und bestellt ein Kleid speziell für Sie, was manchmal Monate dauert. Wenn Sie es in Auftrag geben, zahlen Sie in der Regel das Kleid an. Den Restbetrag begleichen Sie, wenn Sie das Kleid abholen oder das erste Mal anprobiert haben. – Erfragen Sie, ob noch andere Kosten dazu kommen.

FEUCHTFRÖHLICHE SUCHE

Feiern Sie Ihre Kleidersuche mit einem Schlückchen Prosecco vor oder während dem Einkaufen, da macht es gleich noch mal so viel Spaß.

CHECKLISTE HOCHZEITSOUTFIT

Diese Liste bietet Ihnen die wichtigsten Details bei der Suche nach Ihrem perfekten Hochzeitsoutfit.

VOR DEM EINKAUF

- ◯ Schauen Sie sich viele Hochzeitszeitungen an und sammeln Sie Fotos von schönen Kleidern.
- ◯ Machen Sie einen Termin in 1–2 Brautläden.
- ◯ Bitten Sie Ihre Mutter oder beste Freundin zur Beratung mitzukommen.

ZUM BRAUTLADEN MITBRINGEN

- ◯ Bilder von Kleidern, die Ihnen gefallen
- ◯ Schuhe, die die ungefähre Absatzhöhe haben, wie Sie sie auch bei der Hochzeit tragen wollen
- ◯ Zeit und Ruhe
- ◯ Falls Sie ein Kleid ohne Träger in Erwägung ziehen: halterlosen BH nicht vergessen
- ◯ Haarspangen, um Haare hochzustecken

EINKAUFSLISTE

Suchen Sie sich von den folgenden Sachen alles aus, was Sie brauchen:

- ◯ Kleid
- ◯ Schleier
- ◯ Krönchen
- ◯ Schuhe
- ◯ Dessous (die auch zum Kleid passen)
- ◯ 2 Strumpfhosen (eine für den Notfall)
- ◯ Strumpfband
- ◯ Ohrringe
- ◯ Halskette
- ◯ Anderen Schmuck (Brosche, Armband ...)
- ◯ Haar-Accessoires
- ◯ Handtasche
- ◯ Schulterschal oder Stola
- ◯ Handschuhe
- ◯ Muff (sehr schön für Winterhochzeiten)

KAUF DES BRAUTKLEIDES

Wenn Sie Ihr Traumkleid gefunden haben, muss es meistens geändert oder in Ihrer Größe bestellt werden.

- ◯ Lassen Sie sich, wenn möglich, eine Stoffprobe von Ihrem Kleid geben, worauf Sie Ihre Schuhe und anderes genau abstimmen können.
- ◯ Machen Sie einen Termin für die erste Anprobe nach dem Ändern des Kleides.
- ◯ Bringen Sie Folgendes mit: Brautschuhe, passende Dessous, die Sie auch am Hochzeitstag anziehen werden.
- ◯ Falls das Kleid eine Schleppe hat, lassen Sie sich von der Schneiderin genau erklären, wie man diese hochsteckt.
- ◯ Bringen Sie Ihre Mutter/Freundin zur ersten Anprobe, damit sie lernt, wie man das Kleid hochsteckt, und Ihnen so am Hochzeitstag helfen kann.
- ◯ Erkundigen Sie sich, was Sie gegen Knitterfalten im Kleid tun können.
- ◯ Erkundigen Sie sich, was Sie im Notfall gegen Flecken im Kleid tun können.

NACH DEM EINKAUFEN

- ◯ Laufen Sie Ihre Hochzeitsschuhe ein.
- ◯ Kaufen Sie für den Blasen-Notfall bequeme Ersatzschuhe.
- ◯ Bewahren Sie Ihr Kleid bis zur Hochzeit in einem gut belüfteten, trockenen Raum auf.
- ◯ Suchen Sie eine Reinigung, die sich auf Hochzeitskleider spezialisiert hat.
- ◯ Lagern Sie Ihr Kleid nach der Reinigung dunkel und trocken.

AUSSERDEM FOLGENDES

- ◯ ____________
- ◯ ____________
- ◯ ____________
- ◯ ____________
- ◯ ____________

Erkundigen Sie sich vor dem Kauf, ob und wie das Geschäft versichert ist. Ansonsten riskieren Sie den Verlust Ihres Kleids, falls der Laden Konkurs anmeldet oder jemand Ihr Kleid beschädigt, während es noch im Laden hängt.

Um ganz sicherzugehen, schließen Sie einen Verkaufsvertrag (in vielen Fällen ist das Bestellformular ausreichend) ab. Darin steht, um welches Kleid es sich handelt, in welcher Farbe, in welchen Maßen, wann Sie es bestellt und wie viel Sie angezahlt haben. Außerdem noch der Liefertermin und die offenen Kosten.

Machen Sie am besten ein Foto von Ihrem Kleid. Das ist sehr hilfreich, wenn Sie mit Ihrem Friseur die Hochzeitsfrisur planen oder mit dem Floristen Ihre Deko-Ideen besprechen. Schließlich stehen passende Blumen Ihrem Kleid am besten.(Vorsicht, dass der Bräutigam das Foto nicht vor der Hochzeit sieht!)

Sobald das Kleid da ist, gehen Sie zur letzten Anprobe, damit es wie auf den Leib geschneidert sitzt. Denken Sie daran, zu diesem Termin Ihre Brautschuhe schon dabeizuhaben, damit das Kleid auch perfekt passt und die richtige Länge für Ihre Absatzhöhe hat. Und auch die geplanten Dessous, um sicherzustellen, dass genügend Platz für den BH ist.

Ein paar Tage vor der Hochzeit holen Sie dann das gute Stück ab. Hängen Sie es an einen luftigen, trockenen Platz, wo es niemand herzhaft drückt und weit ab von möglichen Flecken-Verursachern ist.

ANPROBE

Tragen Sie zur Anprobe des Kleides helle Unterwäsche, hautfarbene Strumpfhosen und, wenn möglich, einen trägerlosen BH.

Welche Silhouette passt zu Ihnen?

1 Etui – dieses Kleid überzeugt durch seine schlichte Eleganz und wirkt besonders an Frauen, die das Glück haben, mit einer Traumfigur gesegnet zu sein, da die fließenden Stoffe die natürlichen Kurven sanft umspielen.

2 Meerjungfrau – diese Silhouette verwandelt Sie zu einer märchenhaften Nixe mit bezaubernden Kurven. Aber auch wenn Sie von Natur aus eher der burschikose Typ sind, verleiht Ihnen diese Form sehr weibliche Hüften.

KLEIDERSILHOUETTEN

1 Etui 2 Meerjungfrau 3 Empire 4 A-Linie 5 Ballkleid

3 Empire – diese kurz unterhalb der Brust abgenähte Silhouette eignet sich am besten für Bräute mit kleiner Oberweite. Kleider im Empire-Stil wirken sehr graziös und elegant. Der Stil einer jungen Königin.

4 A-Linie – dieses Kleid, das oben sehr figurbetont, unten lang und ausgestellt ist, feierte seinen Durchbruch in den Sechzigerjahren. Ein beliebter Klassiker.

5 Ballkleid – wenn Sie es eher romantisch und feminin lieben, ist ein Ballkleid die richtige Wahl. Mit seinem eng anliegenden, oft als Korsage gestalteten Oberteil und dem weiten, voluminösen Rock passt diese Silhouette fast zu jeder Figur und vertuscht kleine Schönheitsfehler.

Welche Ausschnittformen passen zu Ihnen?

1 Schulterfrei – gilt als das klassischste Dekolleté der Hochzeitsmode und eignet sich besonders für Bräute mit breiteren Schultern. Nicht so gut für kleinere Oberweiten. Wichtig: halterloser BH!

2 Herzförmig – dieser Ausschnitt verleiht jedem Kleid eine romantische, feminine Note und steht besonders Frauen gut, die obenrum etwas großzügiger ausgestattet sind. Nicht ideal für kleine Oberweiten.

3 Quadratisch – wenn Sie eher ein dezentes Dekolleté bevorzugen, ist dieser Ausschnitt ideal für Sie und passt auch zu jeder Figur.

AUSSCHNITTFORMEN

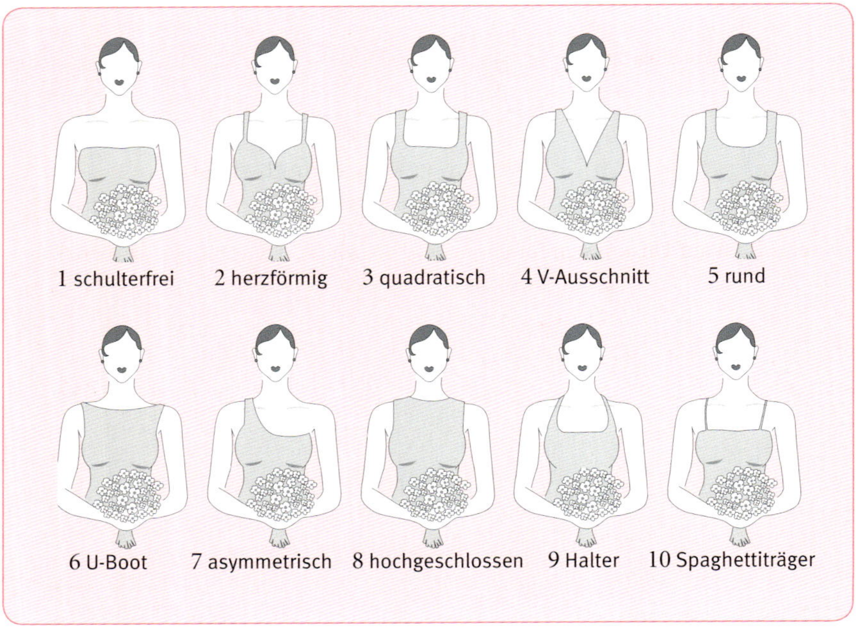

4 V-Ausschnitt – Bräuten mit B- oder C-Körbchen verlängert diese Form »optisch« den Hals.

5 Rund – dieser dezente Ballerina-Ausschnitt steht jeder Figur.

6 U-Boot – Bräute mit kleiner Oberweite fühlen sich mit diesem Dekolleté wohl. Nicht so gut geeignet für größere Büsten und breite Schultern.

7 Asymmetrisch – gut geeignet für schöne Schlüsselbeine und Schultern.

8 Hochgeschlossen – verlängert optisch den Torso. Nicht so gut bei breitem Hals.

9 Halter – besonders gut geeignet für schöne Schultern.

10 Spaghettiträger – wenn Sie gerne ein trägerloses Kleid tragen würden, aber Angst haben, dass etwas heraus fällt.

NICHT ZU VIEL HAUT

Falls Sie kirchlich heiraten, tragen Sie bitte ein nicht allzu offenherziges Kleid. Lieber eine Stola über die Schultern legen.

Ihr Kleid ist ein Familienerbstück – was machen Sie, damit es toll aussieht?

Sie verzichten auf Unsummen für ein neues Hochzeitskleid, wenn Sie das Glück haben, ein Kleid aus Familienbeständen zu besitzen. Oft sind das wahre Schätze, die ein geschickter Schneider schnell anpasst und modernisiert. Ihre Eltern sind immer noch glücklich verheiratet und das Hochzeitskleid Ihrer Mutter liegt noch auf dem Dachboden? Es gibt kein besseres Symbol immerwährender Liebe. Dieses Kleid fungiert nicht nur als »das Alte« während der Hochzeit, sondern auch als emotionaler Glücksbringer. – Ganz zu schweigen von der Tatsache, dass sich Ihre Mutter bestimmt sehr geehrt fühlt, wenn Sie sich entscheiden, in demselben Kleid Ihrem Partner das Jawort zu geben.

Wenn das Kleid im Keller oder Dachboden verstaut war, lassen Sie es erst mal an einem luftigen, trockenen Ort für einige Tage schön aushängen. Inspizieren Sie es genau, um zu sehen, ob das Kleid irgendwelche Flecken, Risse oder gar Mottenfraß hat. Falls Änderungen oder Reparaturen nötig sind, gehen Sie am besten zu einem professionellen Schneider. Falls es sich um ein antikes Kleid oder delikate Materialien handelt, erkundigen Sie sich, ob der Schneider für so spezielle Feinarbeiten auch ausreichend qualifiziert ist.

Nach dem Ändern bringen Sie das Kleid zu einer Reinigung, die in der Lage ist, solche zarten und delikaten Stoffe zu behandeln. Erkundigen Sie sich bei der Reinigung, ob Sie versichert sind, falls mit dem Kleid etwas geschieht, womit Sie nicht gerechnet haben, oder es nach der Reinigung ganz hinüber ist.

NACH DER HOCHZEIT

Lassen Sie das Kleid so schnell wie möglich reinigen und beschädigte Stellen ausbessern. Verpacken Sie es licht- und mottensicher. An einem gut gelüfteten, trockenen Platz gelagert, erfreuen sich vielleicht noch Frauen der nächsten Generation daran. In hübschen Braut-Kleid-Kartons und weißem Seidenpapier eingeschlagen mit Mottenstreifen oben drauf überlebt Ihr Kleid kommende Jahre.

FRAGEN AN IHREN BRAUTLADEN

VOR DEM ERSTEN BESUCH:

- Brauche ich einen Termin bei Ihnen?
- In welchen Preisklassen liegen Ihre Kleider?
- Ist mein Termin zeitlich begrenzt?
- Ist es möglich, dass ich mir alle Kleider Ihrer Kollektion direkt ansehe und anfasse? Oder bringt Ihr Personal mir die Kleider nach meinen Wünschen?

IM LADEN:

- Welcher Stil passt am besten zu meiner Figur?
- Ich heirate im Frühling/Sommer/Herbst/Winter. Welche Art von Kleid passt am besten zu dieser Jahreszeit?
- Inwieweit lässt sich das Design der Kleider individuell verändern? Zum Beispiel: eine Schleppe dranmachen oder abnehmen, ist das möglich?
- Gibt es das Kleid auch in anderen Farbtönen: Weiß, Creme, Champagner?
- Haben Sie dieses Kleid in meiner Größe da? (In diesem Fall sind Preise noch verhandelbar. Vor allem wenn Sie ein Vorführmodell vor sich haben.) Oder müssen Sie es vom Hersteller liefern lassen?
- Was ist im Preis inbegriffen?
- Sind die Änderungen im Preis enthalten?
- Wie lange dauert es, das Kleid zu bestellen?
- Wie sind Ihre Zahlungsmodalitäten? Bar, Kreditkarte, EC-Karte, Überweisung oder Ratenzahlung?
- Bin ich dazu verpflichtet, eine Anzahlung zu leisten? Wie hoch ist die Summe?
- Wann ist der Restbetrag fällig?
- Sind Sie versichert, falls Sie das Kleid beschädigen?
- Besorgen Sie mir ein Stück Stoff meines Kleids in der richtigen Farbe?
- Falls ich kurz vor der Hochzeit zu- oder abnehme, passen Sie das Kleid an?
- Dämpfen/bügeln Sie das Kleid nach den letzten Änderungen?
- Kennen Sie einen Laden, wo ich meine Accessoires bekomme?
- Welche Reinigung empfehlen Sie mir für das Kleid?

Der Schleier!

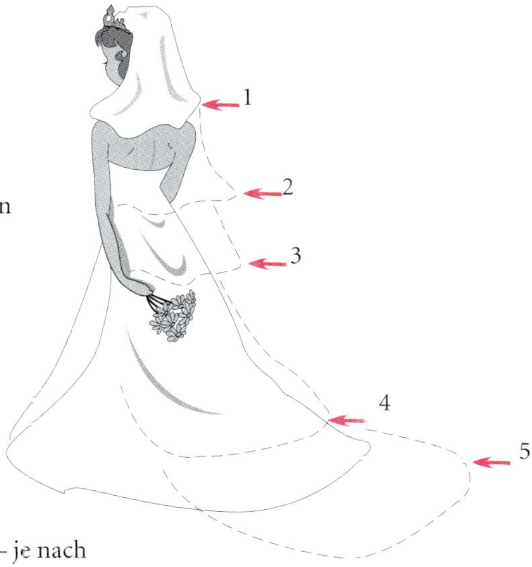

Ein Brautschleier ist eines der romantischsten Hochzeits-Accessoires, auf das viele Bräute nicht gerne verzichten. Wählen Sie einen Schleier aus, der zu Ihrem Kleid und dem Stil Ihrer Hochzeitsfeier passt. Die Regel besagt: Je förmlicher und eleganter die Hochzeit, desto länger der Schleier. Preislich variiert dieser zarte Kopfschmuck zwischen 20 und 150 Euro – je nach Material und Aufwand des zarten Accessoires.

1 Kurzschleier – ein kurzer Schleier, den Sie vor der Zeremonie vor dem Gesicht tragen und der Bräutigam oder Brautvater am Altar »lüftet«.

2 Kurzschleier (Ellenbogen) – ein klassischer Schleier, der bis zum Ellenbogen reicht, ein- oder mehrlagig zu kaufen ist und zu fast allen Kleidern passt.

3 Mittellanger Schleier (Fingerspitze) – dieser Schleier berührt die Fingerspitzen. Kombinieren Sie ihn mit einem Kurzschleier.

4 Langschleier (Boden) – oft zu sehen mit einem Kurzschleier. Dieser förmliche Schleier kann fast bis auf den Boden reichen.

5 Langschleier (Schleppe) – bei einer sehr förmlichen, eleganten Hochzeit bietet sich dieser bis zu fünf Meter lange Schleier an.

BABY-HIMMEL

Was tun mit dem Schleier nach der Feier? Manche Bräute heben ihn auf, bis das erste Kind kommt, und hängen ihn als Himmel über das Baby-Bett.

pinkbride SPEZIAL

DU BIST IMMER BEI MIR

Falls Sie noch den Brautschleier Ihrer Mutter oder Großmutter haben, lassen Sie ein Stückchen des Stoffes oder der Spitze an die Innenseite Ihres Kleids nähen. Dadurch ehren Sie Ihre Mutter oder Großmutter und drücken die Hoffnung aus, dass deren Eheglück sich auch auf Ihre Ehe auswirkt.

Schuhe, die ins Glück tragen

Frauen haben ja oft eine Leidenschaft für Schuhe, und da machen Bräute keine Ausnahme. Treffen Sie die Wahl der richtigen Fußbekleidung nicht leichtfertig. Denn nichts ist so spaßabtötend wie wund gelaufene Füße. Wenn Sie Schuhe anprobieren, achten Sie nicht nur darauf, wie sie aussehen und ob sie zum Stil des Kleids passen. Achten Sie auch darauf, dass Sie bequem sind. Entscheiden Sie sich für eine Absatzhöhe, die Sie gewohnt sind und mit der Sie gut laufen.

Laufen Sie die neuen Schuhe schon ein paar Wochen vor der Hochzeit ein, damit Sie keine Blasen bekommen. Falls Ihnen aber trotzdem nach dem vielen Tanzen die Füße wehtun, bringen Sie ein paar weiße Ballerina-Schläppchen oder Ähnliches mit, in die Sie später bei Bedarf schlüpfen.
Damit die Schuhe auch perfekt zum Kleid passen, hilft es, die Farben mithilfe einer Stoffprobe des Kleides genau aufeinander abzustimmen. Die Braut-Schuh-Mode bietet neben zeitlos klassischen Modellen auch solche, die aussehen wie die Schuhe aus aktuellen Frauen-Magazinen. Aber eben in Weiß.

Wenn Sie nicht unbedingt viel Geld für ein Paar Schuhe ausgeben möchten, die Sie nur einen Tag lang tragen, so versuchen Sie es doch mit Schuhen, die sich später einfärben lassen. Ihr Braut-Fachgeschäft berät Sie gerne und zeigt Ihnen bestimmt geeignete Modelle, die Sie auch nach Ihrem großen Tag noch oft tragen werden.

RUTSCHFESTE SOHLEN

Glatte Ledersohlen verwandeln das Herumlaufen und Tanzen in neuen Brautschuhen in eine gefährliche Schlitter-Fahrt. Dem ist schnell vorgebeugt: Bearbeiten Sie die Sohlen mit rauem Sandpapier. In letzter Sekunde haben Sie das Problem schnell gelöst, wenn Sie ein paar Kratzer mit einer Schere in die glatte Sohle ritzen. Nun können Sie ausschweifend das Tanzbein schwingen!

»Mit diesem Ring ...«

Die alten Römer waren die Ersten, die den Ring als Symbol der Ehe sahen; seine Form – ohne Anfang oder Ende – steht auch heute noch für ewige Liebe und zeigt aller Welt: Wir sind Mann und Frau.

Wo früher der einfache Goldring als einzig akzeptables Symbol des Ehebundes galt, nutzen Paare heutzutage prinzipiell jedes Design und jedes Metall. Ob beide Partner gleiche, ähnliche oder total unterschiedliche Ringe tragen, ist ebenfalls dem Brautpaar überlassen. Wie Sie sich auch entscheiden: Die Ringe sind das Zeichen Ihrer Ehe. Damit Sie lange Spaß daran haben, rate ich Ihnen zu einem zeitlosen Design.

Gold oder Platin?

Wählen Sie das Edelmetall für Ihre Eheringe entsprechend Ihrem Typ und Ihrem persönlichen Geschmack. Sind Sie ein eher dunkler Typ mit einem warmen Hautton und tragen auch gerne warme Farbtöne wie Rot, Orange, Braun oder Beige? Dann ist ein Ehering aus Gold für Sie passend. Achten Sie hierbei unbedingt auf die Legierung: 585er- oder 750er-Legierungen sind optimal belastbar.

PLATIN FÜR ALLERGIKER

Falls Sie empfindliche Haut haben, entscheiden Sie sich besser für einen Ring aus Platin. Das edle Metall ist durch einen sehr hohen Reinheitsgrad hypoallergen.

Sind Sie eher ein hellhäutiger Typ und tragen auch gerne kühle Farbtöne wie Blau, Grau oder Schwarz? Dann haben Sie mit einem Ring aus Platin das passende Schmuckstück gefunden. Als seltenstes aller Edelmetalle ist Platin zugleich das schwerste und härteste. Auch kombiniert mit anderen Schmuckstücken aus Gold sieht es immer edel aus.

Links oder rechts?

An welcher Hand steckt der Ring? In Deutschland sitzt der Verlobungsring normalerweise am linken Ringfinger. Der Ehering ziert die rechte Hand. Das ist aber nicht überall so. In Holland, Italien, Frankreich oder England tragen Paare Ihren Ehering links, was auf die Antike zurückgeht: Die alten Griechen glaubten, dass eine Ader von diesem Finger aus direkt zum Herzen führt.

Auf Nummer sicher: das Ringkissen

Vertrauen Sie Ihre Eheringe vor der Hochzeit Ihrem Trauzeugen an. Er holt sie im entscheidenden Moment hervor. Oder binden Sie die Ringe mit einer Schleife auf einem Ringkissen fest. Dieses kleine Kissen trägt normalerweise ein kleiner Junge, der Ringträger, vor der Braut in die Kirche.

Damit auch nichts schiefgeht und der kleine Rabauke mit Ihren Ringen keinen Unsinn anstellt, informieren Sie ihn vorher genau über seine Aufgabe. Er ist verantwortlich, bleibt aber weiterhin Kind: Binden Sie die Ringe fest an, damit nichts passiert und sie nicht durch die Kirchenreihen kullern.

Welche Gravur?

Ein einfacher Ring wird erst zum wahren Ehering, wenn er graviert ist. Traditionell verewigen die Paare mit der Gravur das Hochzeitsdatum und den Namen der oder des Liebsten. Aber zeigen Sie ruhig etwas mehr Kreativität, entgegen der alten Norm. Dank neuester Lasertechnik ist es möglich, jede gewünschte Symbolik eingravieren zu lassen. Sogar die eigene Unterschrift. Einfache Initialen, Liebesschwüre oder Kosenamen sind genauso passend wie kurze Sprüche oder die ersten Worte eines Gedichtes oder Ihres gemeinsamen Lieblings-Liedes.

ANREGUNGEN FÜR GRAVUREN

EINFACH

- Hochzeitsdatum
- Name des/der Liebsten
- Initialen
- Kosenamen (Spatzi, Mäuschen)

LIEBESSCHWÜRE

- Ich liebe Dich
- Auf ewig Dein
- Für immer
- In inniger Liebe
- Hand in Hand – ein Leben lang

FREMDSPRACHEN

- Amore Mio (Italienisch: Meine Liebe)
- Mon amour (Französisch: Meine Liebe)
- Je t'aime (Französisch: Ich liebe Dich)
- I love you (Englisch: Ich liebe Dich)
- Ti amo (Italienisch: Ich liebe Dich)
- Amor Vincit Omnia (Lateinisch: Liebe besiegt alles)
- Deus Nos Iunxit (Lateinisch: Gott hat uns zusammengebracht)
- Ani L'dodi V'dodi Li (Hebräisch, Das Lied der Lieder von Salomo 2:16: Mein Geliebter ist mein, und ich bin sein)

Was Altes, was Neues, was Geborgtes und was Blaues

Der Brauch, diese vier Kleinigkeiten in das Hochzeitsoutfit der Braut mit einzubinden, kommt aus dem alten England: »Something Old, Something New, Something Borrowed, Something Blue, A Sixpence in your Shoe«. Der Aberglaube »schreibt vor«, dass die Braut an ihrem Hochzeitstag etwas Altes als Symbol für Beständigkeit, etwas Neues für eine glückliche Zukunft, etwas Geborgtes für Freundschaft und Verlässlichkeit und etwas Blaues als Symbol für Liebe, Reinheit und Treue mit sich trägt. Normalerweise sind das Gegenstände, die die Braut von Freunden und Familie kurz vor dem Hochzeitstag zugesteckt bekommt oder die sie speziell zu diesem Zweck kauft.

Den Brauch des Pennys im Schuh (»... a Sixpence in your Shoe«) gibt es auch bei uns, weil er Reichtum und finanzielle Absicherung verspricht. Aber da eine Münze im Schuh den ganzen Tag lang nicht unbedingt bequem ist, verzichten die meisten Bräute darauf und stecken die Münze doch lieber in die Handtasche. Vielleicht klappt das dann trotzdem mit dem Reichtum und falls nicht, haben Sie zumindest etwas Trinkgeld für den Ober dabei.

VON JEDEM ETWAS

ETWAS ALTES

- Familienerbstücke: Brosche, Kette, Ohrringe
- Taschenspiegel
- Schleife vom Brautkleid der Mutter, an den Innensaum des Hochzeitskleids genäht
- Spitzentüchlein
- Alte Münze
- Hochzeitsfoto der Eltern

ETWAS NEUES

- Handtasche
- Armband
- Ohrringe
- Bauchnabelpiercing
- Dessous

ETWAS GEBORGTES

- Bibel der Großeltern
- Armbanduhr der Mutter
- Perlenkette der besten Freundin
- Glücksbringer
- Taschentuch der Großmutter
- Zehn Euro (als Notlösung in letzter Minute)

ETWAS BLAUES

- Strumpfband
- Blaue Blumen im Brautstrauß
- Schleife an den Innensaum des Hochzeitskleids genäht
- Dessous
- Lidschatten

OUTFITS FÜR TRAUZEUGEN UND BRAUTJUNGFERN

Falls Sie sich wünschen, dass Ihre Trauzeugen, Brautjungfern, Blumenmädchen und Ringträger eine bestimmte Kleidung tragen, die auf die Hochzeitsfarben abgestimmt ist, können Sie das hier planen. Auch wenn es in Amerika üblich ist, dass jeder für seine eigene Kleidung zahlt, ist das bei uns noch nicht ganz so weit verbreitet – vor allem wenn es Kleidungsstücke sind, die nur zu diesem Anlass getragen werden.

Wenn Sie also möchten, dass die Brautjungfern alle im gleichen Kleid erscheinen, besprechen Sie mit allen Beteiligten, was machbar ist – vor allem aus finanzieller Sicht. Vielleicht ist es ja auch möglich, alle Outfits aufeinander abzustimmen, ohne dass neue Kleider gekauft werden müssen. Das geht am einfachsten mit farblichen Accessoires: Männer tragen Schwarz und passend dazu einheitliche Krawatten, die Mädels einheitliche Paschminas zu farblich aufeinander abgestimmten Kleidern.

Anzahl	BRAUTJUNGERN	Beschreibung	Farbe
	Kleid		
	Schuhe		
	Kopfschmuck (Hut, Blumen, Haarspangen)		
	Schmuck		
	Blumen		

Anzahl	TRAUZEUGEN	Beschreibung	Farbe
	Kleid		
	Schuhe		
	Kopfschmuck (Hut, Blumen, Haarspangen)		
	Schmuck		
	Blumen		
	Anzug		
	Weste		
	Krawatte		
	Fliege		
	Einstecktuch		
	Schuhe		
	Reversgesteck		

Anzahl	BLUMENMÄDCHEN/RINGTRÄGER	Beschreibung	Farbe
	Kleid		
	Anzug		
	Krawatte		
	Schuhe		
	Kopfschmuck (Hut, Blumen, Haarspangen)		
	Blumen		

Fotografie

FOTOGRAFIE

Erinnerungen verblassen mit der Zeit, aber Fotos und Videos halten um einiges länger. Sie helfen, die schönsten Momente des Lebens jederzeit wieder aufleben zu lassen. Aus diesem Grund ist die Auswahl eines guten Hochzeitsfoto- oder Videografen ein sehr wichtiger Bestandteil Ihrer Hochzeitsplanung.

Wie finden Sie einen guten Foto-/Videografen?

Bitten Sie jemanden aus Ihrer Familie oder dem Freundeskreis, Bilder oder ein Video zu machen, was natürlich die kostengünstigere Alternative ist. Im Prinzip ist es jedoch besser, einen Profi zu engagieren. Am besten jemanden, der sich auf Hochzeiten spezialisiert hat. Das ist zwar eine kleine Investition. Aber eine, die sich »auszahlt«. Wirklich schöne und gelungene Hochzeitsfotos in Händen und an Wänden erfreuen Sie ein Leben lang. Und machen Kinder und Enkel neugierig.

Einen guten Foto-/Videografen finden Sie durch Empfehlungen von Bekannten, in Hochzeitszeitschriften oder im Internet. Treffen Sie sich unbedingt mit mehreren Anbietern, um sich ein gutes Bild über deren Arbeit und Stil zu machen. Lassen Sie sich auf jeden Fall Beispiele ihrer Arbeit zeigen und ihre Vorgehensweise erklären. Ein Auge für Details und Komposition sind hier von großer Wichtigkeit.

DIE WICHTIGSTEN PUNKTE

9–12 MONATE VORHER

- ○ Sich die Arbeiten von verschiedenen Foto- und Videografen ansehen
- ○ Sich über den richtigen Fotostil Gedanken machen: Portrait, Reportage, Farbfotos, Schwarz-Weiß?
- ○ Angebote von verschiedenen Foto- und Videografen einholen

6–9 MONATE VORHER

- ○ Fotografen buchen
- ○ Videografen buchen

2–4 MONATE VORHER

- ○ In Hochzeitszeitschriften nach Fotos suchen, die Ihnen gefallen, und Ihrem Fotografen zeigen
- ○ Die Gegend um Ihre Location herum erkunden, um den perfekten Platz für die Hochzeitsfotos zu finden

1 WOCHE VORHER

- ○ Den Termin mit Foto- und Videografen bestätigen
- ○ Liste der Fotos erstellen, die Sie am Hochzeitstag machen lassen

Um die besten Resultate zu bekommen, treten Sie Ihrem Foto-/Videografen locker und entspannt gegenüber. Das heißt, eine gute zwischenmenschliche Chemie ist sehr wichtig, damit die Szenen natürlich und nicht gestelzt wirken.

Sie wissen genau, was Sie wollen

Um Ihrem Fotografen mitzuteilen, was Sie sich wünschen, ist es am besten, genau informiert zu sein. Blättern Sie in Hochzeitszeitschriften und suchen Sie sich Fotos heraus, die Sie ansprechen. Mögen Sie fotojournalistische Schnappschüsse, die spontane Momente Ihrer Feier wiedergeben? Oder eher traditionelle Portrait-Fotos, die bis ins Detail inszeniert sind? Zeigen Sie Ihrem Fotografen, was Ihnen gefällt.

Referenzen, Referenzen, Referenzen

Bevor Sie sich endgültig für einen bestimmten Foto- oder Videografen entscheiden, lassen Sie sich Referenzen geben und kontaktieren Sie einige seiner vorherigen Kunden. Andere Brautpaare, die sich von ihm fotografieren ließen, wissen, ob er pünktlich war, professionell gearbeitet hat, ob sich das Paar über das Ergebnis freute und ob etwas nicht so gut lief. Wichtig ist es auch, zu erfahren, wie diskret und unauffällig er arbeitete. Ein Blitz-Licht-Gewitter gefällt keinem Gast.

Die wichtigsten Momente

Um sicherzugehen, dass alle wichtigen Momente im Kasten sind, geben Sie Ihrem Foto- und Videografen folgende Liste mit den wichtigsten Motiven und Personen schon vor der Hochzeit. Da natürlich jedes Fest individuell und einzigartig ist, fallen Ihnen bestimmt noch andere gute Bild-Motive ein. MEHR DAZU AB SEITE 153

SELBER FOTOS MACHEN

Um die Kosten für einen Fotografen zu begrenzen, ist es auch möglich, ihn nur für die Trauung und die Familienfotos danach zu engagieren. Die darauffolgende Feier dokumentieren Ihre Freunde und Familie-Mitglieder bestimmt liebend gern. Wie wäre es mit Einweg-Kameras auf allen Tischen? Ihre Gäste sind Ihre eigenwilligsten und vielfältigsten Fotografen. Sammeln Sie am Ende der Feier die Kameras ein und lassen Sie sie entwickeln – Sie erfreuen sich an lustigen Schnappschüssen aus den unterschiedlichsten Perspektiven.

FRAGEN AN DEN FOTOGRAFEN

FOTOGRAF ERSTES ANGEBOT

Name
Straße
Stadt PLZ
Telefon Handy

FRAGEN

- ○ Wie viele Hochzeiten haben Sie bisher fotografiert?
- ○ Was ist im Service inbegriffen?
- ○ Mit wie vielen Fotos können wir rechnen?
- ○ Was für Kosten kommen auf uns zu?
- ○ Sind Sie dafür ausgerüstet, drinnen und draußen zu fotografieren?
- ○ Müssen wir eine Anzahlung leisten?
- ○ Wann muss der Rest bezahlt werden?
- ○ Wie viele Fotos werden Sie machen?
- ○ Wie viele Stunden werden Sie uns begleiten?
- ○ Machen Sie nur Farbfotos oder auch Schwarz-Weiß-Aufnahmen?
- ○ Können wir die Fotos auch auf CD-ROM bekommen?
- ○ Falls Ihre Kamera kaputtgeht, bringen Sie eine Ersatzkamera mit?
- ○ Falls Sie krank werden, wer wird Sie vertreten?
- ○ Wie lange wird es dauern, bis wir die ersten Bilder sehen?
- ○ Können Sie uns die Negative geben?
- ○ Müssen wir die Abzüge über Sie bestellen?
- ○ Was kosten die Abzüge?
- ○ Machen Sie uns auch ein Hochzeitsalbum?
- ○ Können wir im Notfall vom Vertrag zurücktreten?
- ○ Können Sie uns Referenzen geben?

ANGEBOT

Stundenzahl
Anzahl der Fotos Kosten für Abzüge
Anfahrtkosten Kosten für Album
Gesamtkosten

FRAGEN AN DEN FOTOGRAFEN

FOTOGRAF ZWEITES ANGEBOT

Name

Straße

Stadt PLZ

Telefon Handy

FRAGEN

- ○ Wie viele Hochzeiten haben Sie bisher fotografiert?
- ○ Was ist im Service inbegriffen?
- ○ Mit wie vielen Fotos können wir rechnen?
- ○ Was für Kosten kommen auf uns zu?
- ○ Sind Sie dafür ausgerüstet, drinnen und draußen zu fotografieren?
- ○ Müssen wir eine Anzahlung leisten?
- ○ Wann muss der Rest bezahlt werden?
- ○ Wie viele Fotos werden Sie machen?
- ○ Wie viele Stunden werden Sie uns begleiten?
- ○ Machen Sie nur Farbfotos oder auch Schwarz-Weiß-Aufnahmen?
- ○ Können wir die Fotos auch auf CD-ROM bekommen?
- ○ Falls Ihre Kamera kaputtgeht, bringen Sie eine Ersatzkamera mit?
- ○ Falls Sie krank werden, wer wird Sie vertreten?
- ○ Wie lange wird es dauern, bis wir die ersten Bilder sehen?
- ○ Können Sie uns die Negative geben?
- ○ Müssen wir die Abzüge über Sie bestellen?
- ○ Was kosten die Abzüge?
- ○ Machen Sie uns auch ein Hochzeitsalbum?
- ○ Können wir im Notfall vom Vertrag zurücktreten?
- ○ Können Sie uns Referenzen geben?

ANGEBOT

Stundenzahl

Anzahl der Fotos Kosten für Abzüge

Anfahrtkosten Kosten für Album

Gesamtkosten

FOTOMOMENTE, DIE ES WERT SIND, FESTGEHALTEN ZU WERDEN

Kreuzen Sie die Fotos an, die Ihnen wichtig sind, und machen Sie eine Kopie für Ihren Fotografen.

Hochzeit von: Hochzeitsdatum:

VOR DER HOCHZEIT

- ◯ Braut/Bräutigam beim Zurechtmachen vor der Hochzeit
- ◯ Brautvater sieht die Braut zum ersten Mal in ihrem Hochzeitskleid
- ◯ Braut/Bräutigam auf dem Weg zur Trauung

ZEREMONIE

- ◯ Dekoration am Hochzeitsort
- ◯ Ankunft der Gäste
- ◯ Bräutigam am Altar wartend oder beim Einmarsch mit seinen Eltern
- ◯ Brautmutter/Brautjungfern/Blumenkinder/Ringträger beim Einmarsch in die Kirche
- ◯ Einmarsch der Braut
- ◯ Das Paar vor dem Altar
- ◯ Freunde/Familie/Musikanten, die Texte vortragen oder singen
- ◯ Das Jawort
- ◯ Der Austausch der Ringe
- ◯ Der Kuss
- ◯ Der Ausmarsch
- ◯ Reiswerfen (oder Blumenblätter, Konfetti, Blumen oder Ähnliches)
- ◯ Glückwünsche der Gäste
- ◯ Das dekorierte Brautauto
- ◯ Abfahrt des Paares nach der Kirche

FORMELLE FOTOS

- ◯ Braut (mit und ohne Brautstrauß)
- ◯ Bräutigam
- ◯ Das Hochzeitspaar
- ◯ Hochzeitspaar mit dem Priester/Pfarrer
- ◯ Das Paar mit der engsten Familie der Braut
- ◯ Das Paar mit der engsten Familie des Bräutigams
- ◯ Hochzeitspaar und beide Schwiegereltern
- ◯ Braut und ihre Trauzeugin/Brautjungfern
- ◯ Braut mit Blumenmädchen
- ◯ Bräutigam mit seinem Trauzeugen

PARTY

- ◯ Ankunft des Brautpaares
- ◯ Ansprachen
- ◯ Die einzelnen Tische mit den Gästen
- ◯ Tischdekoration
- ◯ Der erste Tanz des Brautpaares
- ◯ Braut tanzt mit ihrem Vater
- ◯ Bräutigam tanzt mit seiner Mutter
- ◯ Braut tanzt mit Schwiegervater
- ◯ Bräutigam tanzt mit Schwiegermutter
- ◯ Eltern der Braut tanzend
- ◯ Eltern des Bräutigams tanzend
- ◯ Gäste tanzend
- ◯ Die Hochzeitstorte
- ◯ Anschnitt der Torte
- ◯ Wurf des Brautstraußes/Strumpfbandes
- ◯ Schnappschüsse während der Party

WEITERE GUTE MOTIVE

- ◯ Detail vom Kleid
- ◯ Stillleben von Schleier, Schuhen und anderen Accessoires
- ◯ Der Brautstrauß
- ◯ Die Hände mit den Eheringen
- ◯ Tischkarten und weitere Deko
- ◯ Stillleben von Einladung und weiteren Drucksachen

AUSSERDEM FOLGENDE MOTIVE

- ◯ ______________________
- ◯ ______________________

FOTOGRAFEN-INFO

Füllen Sie das Formular aus und machen Sie eine Kopie für Ihren Fotografen.

HOCHZEIT VON

Name der Braut ______ Tel. ______

Name des Bräutigams ______ Tel. ______

E-Mail ______

Hochzeitsdatum ______

FOTOGRAF

Firmenname ______

Straße ______

Stadt ______ PLZ ______

Telefon ______ Handy ______

Name des Fotografen ______

TRAUUNG

Datum ______

Beginnt um ______ endet um ______

Örtlichkeit ______

Straße ______

Stadt ______ PLZ ______

Telefon ______

Bemerkungen ______

FEIER

Datum ______

Beginnt um ______ endet um ______

Örtlichkeit ______

Straße ______

Stadt ______ PLZ ______

Telefon ______

Bemerkungen ______

ANDERE TERMINE (z.B. Polterabend oder standesamtliche Trauung)

Datum ______

Beginnt um ______ endet um ______

Örtlichkeit ______

Straße ______

Stadt ______ PLZ ______

Telefon ______

FRAGEN AN DEN VIDEOGRAFEN

VIDEOGRAF ERSTES ANGEBOT

Name

Straße

Stadt PLZ

Telefon Handy

FRAGEN

- ○ Wie viele Hochzeiten haben Sie bisher gefilmt?
- ○ Können wir einige Ihrer Videos sehen?
- ○ Was ist im Service inbegriffen?
- ○ Wie lang wird das Video?
- ○ Werden Sie Mikrofone mitbringen (für die Zeremonie, Ansprachen und Interviews der Gäste)?
- ○ Sind Sie dafür ausgerüstet, drinnen und draußen zu filmen?
- ○ Werden Sie einen Assistenten mitbringen?
- ○ Wie viele Stunden werden Sie uns begleiten?
- ○ Bauen Sie nachträglich Effekte ein?
- ○ Können Sie das Video mit unserer Hochzeitsmusik unterlegen?
- ○ Bekommen wir den fertigen Film auf VHS oder DVD?
- ○ Falls Ihre Kamera kaputtgeht, bringen Sie eine Ersatzkamera mit?
- ○ Falls Sie krank werden, wer wird Sie vertreten?
- ○ Wie lange wird es dauern, bis wir das fertige Video sehen?
- ○ Was kosten Extrakopien des Videos?
- ○ Haben Sie spezielle Hochzeitsangebote?
- ○ Müssen wir eine Anzahlung leisten?
- ○ Wann muss der Rest bezahlt werden?
- ○ Können wir im Notfall vom Vertrag zurücktreten?
- ○ Können Sie uns Referenzen geben?

ANGEBOT

Stundenzahl Kosten für Extrakopien

Länge des Videos Anfahrtkosten

Gesamtkosten

FRAGEN AN DEN VIDEOGRAFEN

VIDEOGRAF ZWEITES ANGEBOT

Name

Straße

Stadt PLZ

Telefon Handy

FRAGEN

- ○ Wie viele Hochzeiten haben Sie bisher gefilmt?
- ○ Können wir einige Ihrer Videos sehen?
- ○ Was ist im Service inbegriffen?
- ○ Wie lang wird das Video?
- ○ Werden Sie Mikrofone mitbringen (für die Zeremonie, Ansprachen und Interviews der Gäste)?
- ○ Sind Sie dafür ausgerüstet, drinnen und draußen zu filmen?
- ○ Werden Sie einen Assistenten mitbringen?
- ○ Wie viele Stunden werden Sie uns begleiten?
- ○ Bauen Sie nachträglich Effekte ein?
- ○ Können Sie das Video mit unserer Hochzeitsmusik unterlegen?
- ○ Bekommen wir den fertigen Film auf VHS oder DVD?
- ○ Falls Ihre Kamera kaputtgeht, bringen Sie eine Ersatzkamera mit?
- ○ Falls Sie krank werden, wer wird Sie vertreten?
- ○ Wie lange wird es dauern, bis wir das fertige Video sehen?
- ○ Was kosten Extrakopien des Videos?
- ○ Haben Sie spezielle Hochzeitsangebote?
- ○ Müssen wir eine Anzahlung leisten?
- ○ Wann muss der Rest bezahlt werden?
- ○ Können wir im Notfall vom Vertrag zurücktreten?
- ○ Können Sie uns Referenzen geben?

ANGEBOT

Stundenzahl Kosten für Extrakopien

Länge des Videos Anfahrtkosten

Gesamtkosten

VIDEOGRAFEN-INFO

Füllen Sie das Formular aus und machen Sie eine Kopie für Ihren Videografen.

HOCHZEIT VON

Name der Braut ______ Tel. ______

Name des Bräutigams ______ Tel. ______

E-Mail ______

Hochzeitsdatum ______

FOTOGRAF

Firmenname ______

Straße ______

Stadt ______ PLZ ______

Telefon ______ Handy ______

Name des Videografen ______

TRAUUNG

Datum ______

Beginnt um ______ endet um ______

Örtlichkeit ______

Straße ______

Stadt ______ PLZ ______

Telefon ______

Bemerkungen ______

FEIER

Datum ______

Beginnt um ______ endet um ______

Örtlichkeit ______

Straße ______

Stadt ______ PLZ ______

Telefon ______

Bemerkungen ______

ANDERE TERMINE (z.B. Polterabend oder standesamtliche Trauung)

Datum ______

Beginnt um ______ endet um ______

Örtlichkeit ______

Straße ______

Stadt ______ PLZ ______

Telefon ______

VIDEO-MOMENTE, DIE ES WERT SIND, FESTGEHALTEN ZU WERDEN

Kreuzen Sie die Szenen an, die Ihnen wichtig sind, und machen Sie eine Kopie für Ihren Videografen.

Hochzeit von: ______________________ Hochzeitsdatum: ______________

VOR DER HOCHZEIT

- ○ Braut/Bräutigam beim Zurechtmachen vor der Hochzeit (mit Mikrofon?)
- ○ Brautvater sieht die Braut zum ersten Mal in ihrem Hochzeitskleid
- ○ Braut/Bräutigam auf dem Weg zur Trauung (mit Mikrofon?)

ZEREMONIE

- ○ Location drinnen und draußen
- ○ Ankunft der Gäste
- ○ Bräutigam am Altar wartend oder beim Einmarsch mit seinen Eltern
- ○ Brautmutter/Brautjungfern/Blumenkinder/Ringträger beim Einmarsch in die Kirche
- ○ Einmarsch der Braut
- ○ Das Paar vor dem Altar
- ○ Freunde/Familie/Musikanten, die Texte vortragen oder singen (mit Mikrofon?)
- ○ Das Jawort (mit Mikrofon?)
- ○ Der Austausch der Ringe (mit Mikrofon?)
- ○ Der Kuss
- ○ Der Ausmarsch
- ○ Reiswerfen (oder Blumenblätter, Konfetti, Blumen oder Ähnliches)
- ○ Glückwünsche der Gäste (mit Mikrofon?)
- ○ Interviews mit einzelnen Gästen
- ○ Das dekorierte Brautauto
- ○ Abfahrt des Paares nach der Kirche

FEIER

- ○ Ankunft des Brautpaares
- ○ Ansprachen (mit Mikrofon?)
- ○ Die einzelnen Tische mit den Gästen
- ○ Der erste Tanz des Brautpaares
- ○ Braut tanzt mit ihrem Vater
- ○ Bräutigam tanzt mit seiner Mutter
- ○ Braut tanzt mit Schwiegervater
- ○ Bräutigam tanzt mit Schwiegermutter
- ○ Eltern der Braut tanzend
- ○ Eltern des Bräutigams tanzend
- ○ Gäste tanzend
- ○ Die Hochzeitstorte
- ○ Anschnitt der Torte
- ○ Wurf des Brautstraußes/Strumpfbandes
- ○ Szenen während der Party
- ○ Spiele

AUSSERDEM FOLGENDE MOTIVE

- ○ ______________________
- ○ ______________________
- ○ ______________________
- ○ ______________________
- ○ ______________________
- ○ ______________________
- ○ ______________________
- ○ ______________________
- ○ ______________________
- ○ ______________________
- ○ ______________________
- ○ ______________________

Musik

MUSIK

Musik ist der Sound-Track Ihres Lebens und deshalb auch gerade an Ihrem Hochzeitstag sehr wichtig. Wählen Sie Lieder, die Ihnen als Paar etwas bedeuten und romantische Bilder in Ihrem Kopf abrufen. Den Tag mit Melodien zu unterlegen, die Sie später an die einzigartigen Augenblicke Ihres Traum-Tages erinnern, das ist jetzt angesagt. Viel Spaß dabei!

»Das war die beste Hochzeit, auf der ich jemals war!« Das ist ein Kompliment, das jede Braut gerne hört. Musik trägt enorm viel dazu bei, Ihren Tag so besonders zu gestalten und ihn zu einem vollen Erfolg werden zu lassen.

Fast jeder Moment Ihres Hochzeitstages kann von Ihnen musikalisch unterlegt werden. Besonders zwei Komponenten, die Zeremonie und die anschließende Hochzeitsfeier, sind mit angemessener musikalischer Begleitung noch schöner.

Ob Sie ein Streichquartett, eine Band oder einen DJ engagieren, bleibt ganz Ihnen überlassen. Budget, Stil der Feier, Location und andere jeweils persönliche Faktoren sind entscheidend dafür, was Sie sich aussuchen.

DIE WICHTIGSTEN PUNKTE

9–12 MONATE VORHER

- ○ Sich überlegen, welche Musik zum Stil/Budget Ihrer Hochzeit passt
- ○ Angebote einholen von: Band, DJ, Musikern
- ○ Sich mit Band/DJ/Musikern treffen und sich Musikbeispiele vorspielen lassen

6–9 MONATE VORHER

- ○ Band/DJ für Feier buchen
- ○ Mit dem Pfarrer/Theologen Ihre Musikwünsche für die Zeremonie besprechen
- ○ Musiker für Zeremonie buchen
- ○ Vertrag mit Band/DJ/Musikern mit allen wichtigen Details aufsetzen

2–4 WOCHEN VORHER

- ○ Eine Liste mit Liedern erstellen, die Sie bei der Feier hören beziehungsweise nicht hören möchten

1 WOCHE VORHER

- ○ Einen genauen Zeitplan der Hochzeit an Band/DJ/Musiker geben
- ○ Alle Termine noch einmal bestätigen

Musik für die kirchliche Trauung

Beim musikalischen Programm für Ihre Hochzeitszeremonie hilft Ihnen der Musikdirektor der Kirche oder der Organist. Der Organist der Gemeinde kennt sich perfekt mit seinem Instrument und den Gegebenheiten der Kirche aus, hat schon für viele Hochzeiten gespielt und berät Sie sicher sehr gut. Meist steht es Ihnen auch frei, zusätzliche Talente zu engagieren, die Ihre Hochzeit musikalisch bereichern: Klavierspieler, Streicher, Harfespieler, Gitarren-Ensembles, Solo-Sänger oder einen Chor.
MEHR DAZU AB SEITE 164

Eine Hochzeitszeremonie besteht normalerweise aus vier Elementen. Und dazu brauchen Sie viererlei Musik. Nachfolgend habe ich diese Abschnitte für Sie erklärt. Und zeige Ihnen schon mal eine Auswahl an Musikstücken, die Ihnen hilft, sich für besinnliche und feierliche Melodien in der Kirche zu entscheiden.

FRAGEN AN DEN MUSIKDIREKTOR

- Welche Musik ist erlaubt? Dürfen nur religiöse Lieder oder auch weltliche Musik gespielt werden?
- Dürfen wir nur mit dem Organisten der Kirche arbeiten oder können auch andere Musiker engagiert werden?
- Können Sie uns andere Musiker empfehlen, mit denen Sie schon mal gearbeitet haben?

Vor der Zeremonie

Bevor die eigentliche Trauung beginnt, dauert es eine Weile, bis sich alle Gäste eingefunden und Platz genommen haben. Dann heißt es, gespannt auf den großen Auftritt der Braut zu warten. Dezente Musik schafft hier die passende Atmosphäre und signalisiert Ihren Gästen, dass es Zeit ist, sich hinzusetzen.

Endlich: der Einzug der Braut

Je nachdem, wie förmlich und groß Ihre Hochzeit angelegt ist, gibt es verschiedene Wege, Ihren Einzug in die Kirche zu gestalten. Nachdem die Brautmutter Platz genommen hat, beginnt der Einzug der Braut. Etwaige Brautjungfern, Blumenmädchen oder Ringträger ziehen vor Ihnen in die Kirche ein. Begleitet von einem speziell dafür ausgesuchten Lied, das endet, wenn alle an Ihren Plätzen angekommen sind. Jetzt beginnt, was alle schon freudig und erregt erwartet haben: der Einzug der Braut, begleitet von dem Brautvater. Diesen bedeutenden Augenblick zelebrieren Sie bitte gebührend, denn jetzt sind die feuchten oder tränenreichen Blicke auf Sie gerichtet. Am bekanntesten sind hierzu natürlich der Brautchor von Wagner oder der Kanon in D-Dur von Pachelbel. Aber es gibt auch andere bewegende Stücke, die perfekt zu diesem Ereignis passen und die Sie meiner Liste auf der nächsten Seite entnehmen können.

Der feierliche Höhepunkt

Der musikalische Teppich, den Sie unter Ihre Hochzeit legen, symbolisiert Ihre Gefühle: Liebe, Freude und Dankbarkeit. Ob Sie eine rein instrumentalische Musik wünschen oder Lieder vortragen lassen – passend ist alles, was Ihnen für diesen Moment gefällt. Viele Kirchen erlauben jedoch nur religiöse Musik. Also sprechen Sie Ihre Wünsche vorher mit dem Pfarrer ab.

Auszug des Brautpaars

Es ist endlich so weit: Sie sind verheiratet! Zeit für den großen Auszug aus der Kirche, begleitet von freudiger Musik und dem Beifall Ihrer Gäste. Der Hochzeitsmarsch aus »Ein Sommernachtstraum« ist eine wunderschöne musikalische Idee für diesen einmaligen Moment.

MUSIZIERENDE STUDENTEN

Natürlich ist die Auswahl der Musiker von Ihrem Budget abhängig. Aber fragen Sie doch mal bei einer Musik-Hochschule in Ihrem Ort nach, ob jemand für Ihr Fest empfehlenswert ist. Musik-Studenten spielen qualitativ hochwertig, aber um einiges günstiger als professionelle Musiker.

Musik für die standesamtliche Trauung

Die unpersönlichen, farblosen Standesämter sind Schnee von gestern. Wenn Sie das Glück haben, sich in einem der vielen stilvollen Ämter das Jawort zu geben, sorgen Sie hier mit Musik wunderbar für eine festliche und vielleicht sogar grandiose Atmosphäre. Ob Sie Live-Musiker engagieren oder romantische Melodien per CD abspielen, hängt jeweils davon ab, was Ihr Standesamt zulässt. Wichtig: Unbedingt vorher mit dem Standesbeamten absprechen!

MUSIKVORSCHLÄGE FÜR DIE HOCHZEITSZEREMONIE

Hier habe ich für Sie die bekanntesten und bewegendsten Musikstücke für die Trauung zusammengestellt. Von sanften Klängen zur Einstimmung über die dramatische Untermalung für den großen Auftritt der Braut bis hin zu freudigen Melodien zum Auszug aus der Kirche finden Sie hier bestimmt etwas, das Ihnen zusagt.

VOR DER ZEREMONIE

- ○ Schafe können sicher weiden (BMV 208) – Johann Sebastian Bach
- ○ Bist Du bei mir (BMV 508) – Johann Sebastian Bach (G.H. Stölzel)
- ○ Air (BMV 1068) – Johann Sebastian Bach
- ○ Air aus »Wassermusik« – Georg Friedrich Händel
- ○ Blumenwalzer aus »Der Nußknacker« – Peter Iljitsch Tschaikowsky
- ○ Jesus bleibet meine Freude (BWV 147) – Johann Sebastian Bach
- ○ Canon in D-Dur – Johann Pachelbel

EINZUG DER BRAUT

- ○ Hochzeitsmarsch aus »Ein Sommernachtstraum« – Felix Mendelssohn-Bartholdy
- ○ Brautchor (Treulich geführt, ziehet dahin) aus »Lohengrin« – Richard Wagner
- ○ Rigaudon – Andre Campra
- ○ Trumpet Voluntary – John Stanley
- ○ Ouvertüre aus »Feuerwerksmusik« – Georg Friedrich Händel
- ○ Trumpet Voluntary (The Prince of Denmark's March) – Henry Purcell/Jeremiah Clarke
- ○ Canon in D-Dur – Johann Pachelbel
- ○ Rondeau – Jean-Joseph Mouret
- ○ Air on the G-string (BMV 1068) – Johann Sebastian Bach

ZEREMONIE

- ○ 9. Symphonie, Ode an die Freude – Ludwig v. Beethoven
- ○ Panis angelicus – Cesar Franck
- ○ Ave Maria (D 839) – Franz Schubert
- ○ Der Messias: Halleluja – Georg Friedrich Händel
- ○ Jesus bleibet meine Freude (BWV 147) – Johann Sebastian Bach
- ○ Air (BMV 1068) – Johann Sebastian Bach

AUSZUG DES BRAUTPAARES

- ○ Hochzeitsmarsch aus »Ein Sommernachtstraum« – Felix Mendelssohn-Bartholdy
- ○ Gloria in excelsis deo – Antonio Vivaldi
- ○ La Rèjouissance aus »Feuerwerksmusik« – Georg Friedrich Händel
- ○ Rondeau – Jean-Joseph Mouret
- ○ Hornpipe aus »Wassermusik« (HMV 349) – Georg Friedrich Händel
- ○ Rigaudon – Andre Campra

AUSSERDEM FOLGENDE LIEDER

- ○ ______________________
- ○ ______________________
- ○ ______________________
- ○ ______________________
- ○ ______________________
- ○ ______________________

ZEREMONIE – MUSIK-INFO

Füllen Sie das Formular aus und machen Sie eine Kopie für die Musiker Ihrer Hochzeitszeremonie.

HOCHZEIT VON

Name der Braut ____________________ Tel. ____________________

Name des Bräutigams ____________________ Tel. ____________________

E-Mail ____________________

Hochzeitsdatum ____________________

TRAUUNG

Datum ____________________

Beginnt um ____________________ endet um ____________________

Örtlichkeit ____________________

Straße ____________________

Stadt ____________________ PLZ ____________________

Telefon ____________________

Bemerkungen ____________________

MUSIKER FÜR DIE ZEREMONIE

Name ____________________

Straße ____________________

Stadt ____________________ PLZ ____________________

Telefon ____________________ Handy ____________________

Spielbeginn ____________________

Instrumente ____________________

____

____

MUSIK

Vor der Zeremonie ____________________

____

Einzug der Brautjungfern/Ringträger/Blumenmädchen ____________________

____

Einzug der Braut ____________________

____

Während der Zeremonie ____________________

____

Auszug des Brautpaares ____________________

Musik für die Hochzeitsfeier

Bevor Sie beginnen, die Musik zu planen, beantworten Sie sich folgende Fragen: Wie viele Gäste erwarten Sie? Wo findet die Feier statt? Tanzen Sie bis spät in die Nacht oder wird es eher eine Cocktail-Party mit samtenen Jazz-Klängen? Was ist Ihr Musik-Budget? Was für eine Atmosphäre möchten Sie schaffen? Welche Musik lässt Ihre Gäste und Zuhörer empfinden, wer Sie sind?

Band oder DJ?

Falls Sie ein rauschendes Fest mit über 100 Personen planen, wäre eine Band vielleicht das Richtige für Sie. Natürlich ist es auch immer eine Geldfrage, da eine Band nun mal kostspieliger ist als ein DJ. Live-Musik ist mitunter sehr mitreißend und verführerisch, sodass Ihre Gäste die Tanzfläche nicht mehr verlassen.
Wenn Ihnen aber der originale Sound Ihrer Lieblingslieder wichtig ist, rate ich Ihnen zu einem DJ. MEHR DAZU AB SEITE 168

BAND

PRO

- Bietet mitreißende Live-Musik
- Passt sich gut den Stimmungen der Gäste an
- Hat einen gewissen Stil und Präsenz
- Spielt instrumentale Soli als Hintergrundmusik zum Essen

KONTRA

- Bietet keine Original-Interpreten
- Besitzt eingeschränktes Repertoire
- Legt Spielpausen ein
- Ist kostspieliger, da auch alle Bandmitglieder essen und trinken
- Braucht viel Platz

DJ

PRO

- Ist kostengünstiger als Live-Band
- Spiel Lieder im Original
- Liefert Musik ohne Pausen
- Bietet große Auswahl an Liedern
- Braucht wenig Raum für das DJ-Pult

KONTRA

- Ist unpersönlicher als eine Live-Band
- Wirkt bei einer großen, formellen Hochzeit eventuell unpassend
- Sieht kühler aus als eine komplette Band
- Verwandelt Ihre Hochzeit in eine Disko

Der erste Tanz des Brautpaars

Traditionell ist der Hochzeitswalzer drei Minuten lang. Die erste Minute tanzt das frischverheiratete Paar alleine, danach, in der zweiten Minute, tanzt die Braut mit ihrem Vater und der Bräutigam mit seiner Mutter. In der dritten Minute wird wieder gewechselt und nun tanzt die Braut mit dem Vater ihres Liebsten, ihr Mann mit der Brautmutter und der Brautvater mit der Mutter des Bräutigams. Die restlichen Gäste dürfen nun auch das Tanzbein schwingen.

Im folgenden Ablauf ehrt die Braut ihren Vater mit einem Tanz. Entweder tanzen die beiden das ganze Lied alleine oder nach der Hälfte des Liedes zusammen mit den anderen Gästen. Auch dafür gibt es wunderschöne Lieder, deren Texte die Liebe der Tochter zu ihrem Vater ausdrücken und herzzerreißend schön sind. Danach tanzt der Bräutigam mit seiner Mutter alleine, eventuell nach demselben Schema wie vorher die Braut mit ihrem Vater. MEHR DAZU AB SEITE 171

Allen Traditionen zum Trotz gibt es auch andere Möglichkeiten, die ich für sehr schön und bedeutungsvoll halte: Das erste Lied gehört allein dem jungen Paar. Da drehen die beiden vielleicht alleine romantisch ihre Kreise oder rocken zu AC/DC ab – ganz, wie's gefällt. Wählen Sie ein Lied, das Ihnen als Paar etwas bedeutet. Ausdrucksvolle Texte und Melodien, zusammen mit dem verliebten Paar auf der Tanzfläche, lassen oft kein Auge trocken.

»VERBOTEN!«

Geben Sie Ihrer Band/DJ auch eine Liste der Lieder, die für Sie auf der Feier Tabu sind. Nichts ist schlimmer, als sich die gute Festtags-Laune durch ein ungeliebtes Lied verderben zu lassen.

Musikalisches Repertoire

Da auf einer Hochzeitsfeier normalerweise verschiedene Generationen anwesend sind, freuen sich Ihre Gäste ganz sicher darüber, wenn Sie Ihnen ein abwechslungsreiches Musik-Programm bieten. Auch wenn Sie selbst gerne die aktuellen Charts hören, bauen Sie trotzdem ein paar Klassiker mit ein, damit auch die ältere Generation das Tanzbein schwingt. Auf den nächsten Seiten finden Sie Musikvorschläge für jedes Alter. Sie insprieren Sie hoffentlich für Ihre eigene Musik-Liste. Gestalten Sie Ihren Traum-Tag so individuell wie möglich. Also vergessen Sie nicht, Ihre Lieblingslieder spielen zu lassen.

FRAGEN AN BAND/DJ

BAND/DJ ERSTES ANGEBOT

Name

Straße

Stadt PLZ

Telefon Handy

Manager

FRAGEN

- ○ Wie lange arbeiten Sie schon auf Hochzeiten?
- ○ Spezialisieren Sie sich auf eine bestimmte Musikrichtung?
- ○ Können Sie uns eine Liederliste zeigen?
- ○ Können wir Sie spielen hören/sehen?
- ○ Haben Sie eine CD mit den Musikern in der Besetzung, die auch bei der Hochzeit spielt?
- ○ Können Sie all unsere Musikwünsche erfüllen?
- ○ Welche Musikinstrumente beherrschen Sie?
- ○ Welche Voraussetzungen brauchen Sie zum Aufbau?
- ○ Wieviel Platz brauchen Sie?
- ○ Wieviel Zeit brauchen Sie zum Auf-/Abbau?
- ○ Wieviele Pausen werden Sie einlegen?
- ○ Was wird während den Pausen gespielt?
- ○ Falls Sie krank werden, wer wird Sie vertreten?
- ○ Welche Kleidung werden Sie tragen?
- ○ Wie viele Stunden müssen wir Sie mindestens engagieren?
- ○ Was kosten Überstunden?
- ○ Welche Angebote haben Sie?
- ○ Muss die Anfahrt extra bezahlt werden?

ANGEBOT

Stundenzahl Kosten für Anfahrt

Anzahl der Musiker Kosten für Miete der Ausrüstung

Gesamtkosten

FRAGEN AN BAND/DJ

BAND/DJ ZWEITES ANGEBOT

Name

Straße

Stadt PLZ

Telefon Handy

Manager

FRAGEN

- ○ Wie lange arbeiten Sie schon auf Hochzeiten?
- ○ Spezialisieren Sie sich auf eine bestimmte Musikrichtung?
- ○ Können Sie uns eine Liederliste zeigen?
- ○ Können wir Sie spielen hören/sehen?
- ○ Haben Sie eine CD mit den Musikern in der Besetzung, die auch bei der Hochzeit spielt?
- ○ Können Sie all unsere Musikwünsche erfüllen?
- ○ Welche Musikinstrumente beherrschen Sie?
- ○ Welche Voraussetzungen brauchen Sie zum Aufbau?
- ○ Wieviel Platz brauchen Sie?
- ○ Wieviel Zeit brauchen Sie zum Auf-/Abbau?
- ○ Wieviele Pausen werden Sie einlegen?
- ○ Was wird während den Pausen gespielt?
- ○ Falls Sie krank werden, wer wird Sie vertreten?
- ○ Welche Kleidung werden Sie tragen?
- ○ Wie viele Stunden müssen wir Sie mindestens engagieren?
- ○ Was kosten Überstunden?
- ○ Welche Angebote haben Sie?
- ○ Muss die Anfahrt extra bezahlt werden?

ANGEBOT

Stundenzahl Kosten für Anfahrt

Anzahl der Musiker Kosten für Miete der Ausrüstung

Gesamtkosten

FRAGEN AN BAND/DJ

BAND/DJ DRITTES ANGEBOT

Name

Straße

Stadt PLZ

Telefon Handy

Manager

FRAGEN

- ○ Wie lange arbeiten Sie schon auf Hochzeiten?
- ○ Spezialisieren Sie sich auf eine bestimmte Musikrichtung?
- ○ Können Sie uns eine Liederliste zeigen?
- ○ Können wir Sie spielen hören/sehen?
- ○ Haben Sie eine CD mit den Musikern in der Besetzung, die auch bei der Hochzeit spielt?
- ○ Können Sie all unsere Musikwünsche erfüllen?
- ○ Welche Musikinstrumente beherrschen Sie?
- ○ Welche Voraussetzungen brauchen Sie zum Aufbau?
- ○ Wieviel Platz brauchen Sie?
- ○ Wieviel Zeit brauchen Sie zum Auf-/Abbau?
- ○ Wieviele Pausen werden Sie einlegen?
- ○ Was wird während den Pausen gespielt?
- ○ Falls Sie krank werden, wer wird Sie vertreten?
- ○ Welche Kleidung werden Sie tragen?
- ○ Wie viele Stunden müssen wir Sie mindestens engagieren?
- ○ Was kosten Überstunden?
- ○ Welche Angebote haben Sie?
- ○ Muss die Anfahrt extra bezahlt werden?

ANGEBOT

Stundenzahl Kosten für Anfahrt

Anzahl der Musiker Kosten für Miete der Ausrüstung

Gesamtkosten

MUSIKVORSCHLÄGE FÜR DIE FEIER

Der erste Tanz des Brautpaares ist einer der Höhepunkte der Hochzeitsfeier. Um Ihnen die musikalische Planung zu erleichtern, habe ich für Sie die bekanntesten Lieder für die wichtigen Tänze des Abends zusammengetragen. Seien Sie so kreativ wie Sie wollen – das ist Ihre Hochzeit und spiegelt IHREN Stil wider.

KLASSISCHE WALZER

- ○ Walzer, Op. 410 – Johann Strauss
- ○ Kaiserwalzer, Op. 437 – Johann Strauss
- ○ Wiener Blut, Op. 354 – Johann Strauss
- ○ Hereinspaziert, Op. 518 – Carl Michael Ziehrer
- ○ Blumenwalzer aus Der Nussknacker – Peter Iljitsch Tschaikowsky
- ○ An der schönen blauen Donau, Op. 314 – Johann Strauss
- ○ Walzer As-Dur, Op. 39, Nr. 15 – Johannes Brahms

MODERNE WALZER

- ○ Kiss from a Rose – Seal
- ○ Turn me on – Norah Jones
- ○ Unchained Melody – Righteous Brothers
- ○ Three Times a Lady – Commodores
- ○ Have you ever really loved a woman? – Bryan Adams
- ○ Für mich soll's rote Rosen regnen – Hildegard Knef
- ○ Can you feel the love tonight – Elton John
- ○ Hijo de la Luna – Mecano

KLASSIKER FÜR DEN ERSTEN TANZ

- ○ At Last – Etta James
- ○ Love is all around – Wet Wet Wet
- ○ The way you look tonight – Frank Sinatra
- ○ Unforgettable – Nat King Cole und Natalie Cole
- ○ Can't Help Falling in Love – Elvis Presley
- ○ Everything I do – Bryan Adams
- ○ Endless love – Diana Ross & Lionel Richie
- ○ Nothing compares 2 U – Sinead O'Connor
- ○ What a difference a day made – Dinah Washington
- ○ Wonderful tonight – Eric Clapton
- ○ Wind beneath my wings – Bette Midler

TANZ VON VATER UND TOCHTER

- ○ Fly me to the moon – Frank Sinatra
- ○ My girl – Temptations
- ○ Times of your life – Paul Anka
- ○ You are so beautiful – Joe Cocker
- ○ Isn't she lovely – Stevie Wonder
- ○ What a wonderful world – Louis Armstrong
- ○ I wish you love – Dean Martin

TANZ VON MUTTER UND SOHN

- ○ In my life – The Beatles
- ○ I wish you love – Dean Martin
- ○ Dream a little dream of me – The Mamas and the Papas

MUSIKVORSCHLÄGE FÜR DIE FEIER (Fortsetzung)

Damit Ihre Hochzeit ein echter Stimmungsmacher wird, muss die Musik stimmen. Deshalb habe ich für Sie eine kleine Auswahl der bekanntesten Partyklassiker zusammengetragen und dabei für alle Altersgruppen etwas ausgesucht.

STIMMUNGSMACHER FÜR DIE FEIER

- ○ Celebration – Kool & the Gang
- ○ YMCA – The Village People
- ○ Build me up buttercup – The Foundations
- ○ We are family – Sister Sledge
- ○ Stayin' alive – Bee Gees
- ○ Sex Bomb – Tom Jones
- ○ White wedding – Billy Idol
- ○ Mambo No. 5 – Lou Bega
- ○ Marmor, Stein und Eisen bricht – Drafi Deutscher
- ○ Eine neue Liebe ist wie ein neues Leben – Jürgen Marcus
- ○ Herzlinein – Wildecker Herzbuben
- ○ Tanze Samba mit mir – Tony Holiday
- ○ Walking on Sunshine – Katrina & The Waves
- ○ The Shoop Shoop Song – Cher
- ○ You Sexy Thing – Hot Chocolate

STIMMUNGSMACHER FÜR DIE MÄDELS

- ○ I will survive – Gloria Gaynor
- ○ Respect – Aretha Franklin
- ○ Dancing queen – ABBA
- ○ It's raining men – The Weather Girls
- ○ Ladies night – Kool & the Gang
- ○ Girls just want to have fun – Cindy Lauper

AUCH FÜR DIE ÄLTERE GENERATION

- ○ The Way you look tonight – Frank Sinatra
- ○ I just called to say I love you – Stevie Wonder
- ○ Unforgettable – Nat King Cole & Natalie Cole
- ○ La Vie en Rose – Louis Armstrong
- ○ We have all the time in the world – Louis Armstrong
- ○ You're the first, the last, the everything – Barry White
- ○ In the mood – Glen Miller Band

ROMANTISCHE SONGS

- ○ Stand by me – Ben E King
- ○ Can you feel the love tonight – Elton John
- ○ Unchained melody – The Righteous Brothers
- ○ Endless love – Diana Ross und Lionel Richie
- ○ Wonderful Tonight – Eric Clapton
- ○ Have I told you lately – Rod Stewart

DER LETZTE TANZ

- ○ Last dance – Donna Summer
- ○ Hit the road, Jack – Ray Charles
- ○ New York, New York – Frank Sinatra
- ○ What a difference a day made – Dinah Washington

MUSIKWÜNSCHE

Füllen Sie das Formular aus und machen Sie eine Kopie für Ihren DJ oder Ihre Band.

HOCHZEIT VON

Name der Braut ____________________ Tel. ____________________

Name des Bräutigams ____________________ Tel. ____________________

E-Mail ____________________

Hochzeitsdatum ____________________

MUSIKWÜNSCHE

Während der Cocktailstunde

Während des Essens

Der erste Tanz des Brautpaares

Tanz der Braut mit ihrem Vater

Tanz des Bräutigams mit seiner Mutter

Während der Party

Auf keinen Fall spielen

DJ-/BAND-INFO

Füllen Sie das Formular aus und machen Sie eine Kopie für Ihren DJ oder Ihre Band.

HOCHZEIT VON

Name der Braut ______________________ Tel. ______________

Name des Bräutigams ______________________ Tel. ______________

E-Mail ______________________

Hochzeitsdatum ______________________

DJ/BAND

Name ______________________

Straße ______________________

Stadt ______________________ PLZ ______________

Telefon ______________________ Handy ______________

Kontakt ______________________

HOCHZEITSFEIER

Datum ______________________

Aufbauzeit von __________ bis __________ Kontakt vor Ort ______________

Abbauzeit von __________ bis __________

Örtlichkeit ______________________

Straße ______________________

Stadt ______________________ PLZ ______________

Telefon ______________________

Bemerkungen ______________________

____

AUSRÜSTUNG

Lichter ______________________

____

Mikrofone ______________________

____

Stromversorgung vor Ort ______________________

BEMERKUNGEN

Anzahl der Helfer/Bandmitglieder ______________________

Instrumente ______________________

Blumen

BLUMEN

Blumen gehören zu jeder Hochzeit. Ihr Duft hebt die Laune Ihrer Gäste. Ihre Schönheit lässt jeden Raum festlicher erscheinen. Aber wenn Sie nicht aufpassen, steigen die Kosten dafür ganz schnell ins Unermessliche, zum Beispiel, wenn Sie sich für ausgefallene Pflanzen begeistern oder Maiglöckchen im Winter haben möchten. Dank des weltweiten Blumenhandels ist fast alles möglich. Deshalb informieren Sie sich gut über die Preise und lassen Sie sich genauestens beraten.

Der Brautstrauß

Normalerweise kümmert sich der Bräutigam um den Brautstrauß und überrascht seine Braut am Tag der Hochzeit damit. Aber heutzutage ist es auch durchaus üblich, den Brautstrauß zusammen auszusuchen, damit er farblich und vom Stil her zum Kleid und zur restlichen Dekoration passt.

Wie viel Blumen brauchen Sie?

Dekorieren Sie Ihre Hochzeit so blumig, wie es Ihnen beiden gefällt. Minimalistisch mit wenigen Blumenakzenten, nur mit Blütenblättern dekoriert oder romantisch-verspielt mit Girlanden und Blüten, wohin das Auge schaut. Lassen Sie sich von

DIE WICHTIGSTEN PUNKTE

9–12 MONATE VORHER

- ○ Bei Kirchen/Locations/Restaurants auf Dekoration und Farben achten

6–9 MONATE VORHER

- ○ Brautzeitschriften, Blumenbücher zur Inspiration durchblättern
- ○ Anzahl der nötigen Gestecke, Sträuße, Girlanden usw. festlegen
- ○ Angebote von Floristen einholen
- ○ Florist buchen
- ○ Deko-Ideen besprechen

1 WOCHE VORHER

- ○ Liefertermin und Ort nochmals vom Floristen bestätigen lassen
- ○ Für den Empfang der Blumen vor Ort (Kirche, Location) sorgen

AM HOCHZEITSTAG

- ○ Blumen entgegennehmen
- ○ Brautstrauß werfen

Ihrer Location inspirieren und entscheiden Sie sich für Arrangements, die auch zum Ambiente passen. Bedenken Sie, was welche Blume kostet und was dann noch vom restlichen Budget übrig bleibt. Im Allgemeinen sind zehn Prozent des Gesamt-Budgets für die Blumen und Dekorationen angemessen.

Wo fangen Sie an?

Um herauszufinden, welcher Stil am besten zu Ihnen passt, fangen Sie damit an, Hochzeitszeitschriften oder ein paar Blumenbücher und Gartenzeitschriften durchzublättern. Jetzt geht es noch nicht im Einzelnen um die endgültige Blumenauswahl, sondern den »Look« Ihrer Hochzeit. Gefallen Ihnen romantische Arrangements oder eher moderne einfarbige Gebinde? Möchten Sie umgeben sein von einer Blumenpracht oder reichen Ihnen kleine zarte Akzente? Heben Sie die Bilder, die Ihnen ins Auge fallen, gut auf, damit Ihr Blumenhändler sofort versteht, was Ihnen gefällt. Auch Farben sind jetzt wichtig. Denken Sie an das Design der Hochzeit: Ein kontinuierliches Farbschema, angefangen von den Einladungen über den Brautstrauß bis hin zur Tischdeko lässt sich sehr gut mit Blumen ausdrücken. Wichtig: Bringen Sie Fotos von der Location, dem Hochzeitskleid oder den Kleidern der Brautjungfern mit. Dann stimmen Sie zusammen mit dem Blumenhändler alles farblich aufeinander ab.

BLUMEN, WOHIN DAS AUGE SCHAUT

- Brautstrauß
- Blumen für die Haare
- Blumen für das Braut-Auto
- Strauß, Körbchen oder Kranz für das Blumenmädchen
- Sträuße für die Brautjungfern

DEKO FÜR DIE KIRCHE

- Blumendekoration für die Bänke
- Altarblumen
- Blumenblätter zum Werfen

REVERSGESTECKE FÜR

- Bräutigam
- Vater der Braut
- Vater des Bräutigams
- Großväter
- Ringträger

DEKO FÜR DIE PARTY

- Arrangements für die Tische
- Gestecke für das Büfett
- Girlanden
- Topfpflanzen (z. B. kleine Bäumchen)

Frühling, Sommer, Herbst oder Winter?

Die Wahl der Blumen hängt natürlich auch von der Jahreszeit ab, in der Sie heiraten. Im Frühling bieten sich dezente Blüten in zarten Pastelltönen an. Zum Beispiel wirkt eine Kirschblüten-Hochzeit mit ihren Rosa- und Weißtönen wunderschön, während eine Sommer-Hochzeit knallig bunt zum Feiern einlädt. Zu einer Herbst-Hochzeit passen eher warme Töne mit grünen Akzenten. Oder wie wäre es mit einer strahlenden Winter-Hochzeit, dekoriert als Winter-Wunder-Land in Weiß, dunklen Grüntönen und silbernen Effekten? Lassen Sie sich von Ihrem Floristen zeigen, welche Blumen an Ihrem Hochzeitstag gerade blühen. Sie sind wesentlich günstiger.

DIE SPRACHE DER BLUMEN

• Lilie	Glaube, Reinheit
• Maiglöckchen	Unschuld/Rückkehr des Glücks
• Pfingstrose	Ich sprühe über vor Liebe
• Rose, rot	Die große Liebe
• Rose, weiß	Reinheit/Treue

Lassen Sie Profis ans Werk

Sie sind kein Blumenexperte? Aber dafür gibt es ja Floristen. Nutzen Sie seine Talente und lassen Sie sich am besten von mehreren Profis beraten. Dadurch bekommen Sie eine Menge neuer Ideen und Deko-Vorschläge, an die Sie vielleicht noch gar nicht gedacht haben. Am Ende entscheiden Sie sich für denjenigen, der Sie mit seinen Kreationen und Ideen am meisten überzeugt hat.

Überlegen Sie sich zusammen mit Ihrem Floristen, welche Atmosphäre Sie zaubern möchten: romantisch verspielt oder modern und luxuriös? Der Blumen-Experte gibt Ihnen bestimmt Tipps und begleitet Sie vielleicht sogar zu Ihrer Location, bis Sie die richtige Blumen-Deko gefunden haben. MEHR DAZU AB SEITE 178

MINI-STRAUSS

Falls Ihnen Ihr Brautstrauß zu schade zum Werfen ist, lassen Sie sich eine kleine Mini-Version im gleichen Look binden. Behalten Sie Ihren eigenen und werfen Sie den kleinen Strauß in die wartende Menge.

BLUMEN RICHTIG AUSWÄHLEN

- Passen Sie den Brautstrauß proportional Ihrer Körpergröße und Ihrem Hochzeitskleid an.
- Bringen Sie Stoffproben und Fotos des Brautkleides und der Brautjungfernkleider zum Floristen. Die Silhouetten und Farben der Sträuße lassen sich so genau auf das Outfit abstimmen.
- Heuschnupfen? Falls Sie, Ihr Liebster oder jemand im engsten Freundes- oder Familienkreis allergisch ist, wählen Sie besser Blumen, die wenig Pollen haben. Damit kein Dauernieser die Feier stört.
- Platte Blumen? Wenn Sie Ihre Hochzeitsfotos nach der Zeremonie machen, bestellen Sie eventuell ein zweites Reversgesteck für den Bräutigam. Je nachdem, wie sehr Ihre Gäste Ihren Frischgebackenen umarmt haben, sieht sein Herren-Sträußchen geknickt aus. Besonders anfällig sind Reversgestecke mit zarten Blüten.
- Wählen Sie die Tisch-Deko so, dass sich die Gäste sehen, ohne die Hälse verrenken zu müssen. Also entweder so hoch, dass sie leicht drunter durchschauen, oder so niedrig, dass jeder freie Sicht auf sein Gegenüber hat.
- Haben Sie schon mal knallgelbe Pollenflecken auf einem T-Shirt gehabt? Nun stellen Sie sich vor, dass so etwas auch mit Ihrem Hochzeitskleid passiert. Besonders Lilien sind in dieser Hinsicht sehr gefährlich. Bitten Sie Ihren Floristen, die Staubblätter der Blüten vorher zu entfernen.
- Damit Ihre Blumen nicht schon vor Ende der Feier die Köpfchen hängen lassen, entscheiden Sie sich für Blüten, die etwas stabiler und langlebiger sind. Damit die schöne Pracht auch den ganzen Tag hält, vermeiden Sie Hitze und direkte Sonnenstrahlen. Sobald Sie in der Hochzeits-Location ankommen, lassen Sie den Strauß vom Personal in eine Vase stellen – je kühler, desto besser.
- Die Kosten für Blumen wachsen Ihnen über den Kopf? Entscheiden Sie sich für einfache Tisch-Dekos in einer Farbe. Kombinieren Sie dazu ein Meer von Kerzen in verschiedenen Größen, kostengünstig übers Internet oder den Großhändler zu beziehen. Dazu noch ein paar Blütenblätter, schon haben Sie eine traumhafte romantische Atmosphäre gezaubert.
- Bei der Hochzeit heißt es nicht »je bunter desto besser«. Im Gegenteil. Versuchen Sie, so wenig unterschiedliche Farben wie möglich zu kombinieren. Ein Fest, das entweder nur mit weißen oder rosafarbenen Blumen dekoriert ist, sieht eindrucksvoller aus als viele bunte Blümchen kombiniert.
- Eine Rose ist eine Rose ist eine Rose ... ist ein Pfefferminzblatt? Ja. Verwenden Sie zur Deko nicht nur Blumen. Wie wäre es denn mal mit etwas ganz anderem. Basilikum, Rosmarin, Pfefferminz oder Lavendel vielleicht? Sieht wunderbar aus!

FLORISTEN-INFO

Füllen Sie das Formular aus und machen Sie eine Kopie für Ihren Floristen.

HOCHZEIT VON

Name der Braut | Tel.

Name des Bräutigams | Tel.

E-Mail

Hochzeitsdatum

FLORIST

Firmenname

Straße

Stadt | PLZ

Telefon | Handy

Name des Floristen

TRAUUNG

Datum

Lieferzeit | Kontakt vor Ort

Örtlichkeit

Straße

Stadt | PLZ

Telefon

Bemerkungen

FEIER

Datum

Lieferzeit | Kontakt vor Ort

Örtlichkeit

Straße

Stadt | PLZ

Telefon

Bemerkungen

ANDERE TERMINE (z.B. Polterabend oder standesamtliche Trauung)

Datum

Lieferzeit | Kontakt vor Ort

Örtlichkeit

Straße

Stadt | PLZ

Telefon

BLUMENBESTELLUNG

Füllen Sie das Formular zusammen mit Ihrem Floristen aus.

HOCHZEIT VON

Name der Braut ________________ Tel. ________

Name des Bräutigams ________________ Tel. ________

E-Mail ________________

Hochzeitsdatum ________________

Anzahl	FÜR HOCHZEITSGESELLSCHAFT Beschreibung	Preis
	Brautstrauß	
	Haar-/Kopfschmuck	
	Strauß für Trauzeugin	
	Sträuße für Brautjungfern	
	Kranz für Blumenmädchen	
	Korb für Blumenmädchen	
	Reversgesteck für Bräutigam	
	Reversgesteck(e) für Trauzeuge(n)	
	Reversgesteck für Ringträger	
	Reversgestecke für Familienmitglieder	
	Reversgestecke für Gäste	

Anzahl	FÜR DIE ZEREMONIE Beschreibung	Preis
	Dekoration für Bänke/Stühle	
	Dekoration für den Altar	
	Blütenblätter zum Werfen	

Anzahl	FÜR DIE FEIER Beschreibung	Preis
	Tischdekoration	
	Dekoration für Stühle des Brautpaares	
	Büfettdekoration	
	Dekoration für Torte	
	Dekoration für Eingang	
	Raumdekoration	

Anzahl	AUSSERDEM Beschreibung	Preis
	Dekoration für Brautfahrzeug	
	Kleiner Brautstrauß zum Werfen	

Geschenke

GESCHENKE

Dass Sie beide sich gefunden haben, ist an sich schon das größte Geschenk. Aber anlässlich Ihrer Hochzeit beschenken Sie auch andere reichlich. Sie werden sehen: Nicht nur geladene Gäste machen Ihnen mit einem persönlichen Geschenk eine Freude, sondern auch viele andere Bekannte, Freunde und Verwandte. Dabei kommt es auch schon mal vor, dass Sie zwei Toaster, drei Kaffeekannen und vier Kristallvasen erhalten. Um dem vorzubeugen, rate ich Ihnen zu einem Geschenktisch oder einer Geschenkeliste.

Was ist ein Geschenktisch?

Geschenktische bieten viele Kaufhäuser und Fachgeschäfte an. Auch im Internet sind sie schon verfügbar. Im jeweiligen Laden suchen Sie sich genau aus, was Sie noch brauchen, damit Ihr Haushalt komplett ist. Das jeweilige Geschäft aktualisiert den Geschenktisch. Damit bekommen Sie nichts doppelt geschenkt. Wenn Sie das so möchten, lassen Sie mehrere Geschenktische in mehreren Geschäften bestücken. Damit haben Sie alle Bereiche abgedeckt. – Denken Sie auch daran, Geschenke in allen Preisklassen auszuwählen. Damit jeder Ihrer Gäste auch das Passende für seinen Geldbeutel findet und auch eine gewisse Auswahl an Dingen hat. Geschenktische, die Sie via Internet bestellen und füllen lassen, sind vor allem für Gäste

DIE WICHTIGSTEN PUNKTE

4–6 MONATE VORHER

- ○ Überlegen, was Sie noch für den gemeinsamen Haushalt brauchen
- ○ Verschiedene Fachgeschäfte besuchen und sich erkundigen, wie Sie einen Geschenktisch erwerben
- ○ Ihre Wunschliste/Ihren Geschenktisch zusammenstellen

2–4 MONATE VORHER

- ○ Ihre Eltern, Trauzeugen und engsten Freunde über Ihre Wünsche ausführlich und detailliert informieren
- ○ Im Falle einer Geschenkeliste: Ihre Mutter/Schwiegermutter fragen, ob sie/sie die Liste verwaltet

NACH DER HOCHZEIT

- ○ Sich innerhalb von maximal sechs Wochen für alle Glückwunschkarten und Geschenke schriftlich bedanken von außerhalb sehr praktisch. Denn die Web-Geschäfte schicken dann einfach die Geschenke direkt zu Ihnen. Ihre Gäste haben ihre »Pflicht« getan und sehen entspannt und freudig Ihrer Hochzeitsfeier entgegen.

Unser Arbeitsblatt zu diesem Thema wird Ihnen eine gute Hilfestellung sein, um die Planung des Geschenktisches oder der Wunschliste in Angriff zu nehmen.
MEHR DAZU AB SEITE 184

Wunschzettel für die Gäste

Im Gegensatz zu einem Geschenktisch, der in einem oder mehreren Läden erstellt wird, sammeln Sie in der Geschenkeliste alle Ihre Wünsche, ohne an spezielle Geschäfte gebunden zu sein. Meistens verwaltet sie Ihre Mutter oder Schwiegermutter. Sie gibt Ihre Wünsche direkt an alle geladenen Gäste und Freunde weiter. Geben Sie so viele Informationen wie möglich an: Marke, Modellnummer, Farbe, Preis, Foto und wo Sie den jeweiligen Geschenkartikel gesehen haben. Die Geschenkeliste ist etwas arbeitsintensiv für den »Verwalter«. Aber sie wirkt persönlicher als ein Geschenktisch. Wichtig ist hierbei, dass Ihr Verwalter mit allen Gästen in Kontakt tritt und darauf achtet, dass nichts doppelt gekauft wird. MEHR DAZU AB SEITE 184

Was wünschen Sie sich?

Wenn Sie Ihre Hochzeitswünsche sammeln, bedenken Sie bitte Folgendes:

1. An Ihrer Hochzeit dürfen Sie sich komplette Geschirr- oder edle Besteck-Sets und andere Haushaltsgegenstände wünschen, die zu einem »Erwachsenen-Haushalt« gehören, die Sie sich aber selbst nicht kaufen. Deshalb überlegen Sie genau, was alles dazugehört, um einen perfekten Tisch zu decken. Was brauchen Sie in der Küche, wenn Sie mal was Besonderes kochen?

2. Wünschen Sie sich Geschirr für jeden Tag oder auch etwas Festliches für Feiertage und andere besondere Anlässe? Und denken Sie bei der Auswahl auch an das Praktische: Was gehört in den Geschirrspüler? Was waschen Sie von Hand, damit es bruchfrei bleibt?

3. Viele gerade ältere Gäste möchten etwas Einzigartiges mit bleibendem Charakter schenken: etwas aus Silber oder Kristall vielleicht. Suchen Sie sich deshalb entsprechende Einzelstücke aus: Silber-Besteck, Vasen, Kerzenhalter.

4. Sie wünschen sich eine neue Couchgarnitur, die Flitterwochen oder Ähnliches zur Hochzeit? Geben Sie dem Verwalter der Gästeliste ein Bild Ihres Wunschtraumes, das in kleine Einzelteile geteilt ist. Ihre Gäste erwerben jeweils einen Schnipsel. So bekommen Sie am Hochzeitstag von jedem symbolisch ein kleines Stückchen geschenkt, das Sie wie ein Puzzle zusammenlegen. Wenn Sie alle Stückchen zusammenhaben, ist das Geschenk finanziert.

Andere glücklich machen

Oft leben Paare heutzutage schon jahrelang zusammen, bevor sie sich zur Heirat entschließen oder heiraten vielleicht zum zweiten Mal. Da fällt es oft schwer, eine Geschenkeliste zusammenzustellen, da man eigentlich schon fast alles hat, was das Herz begehrt. Aber es gibt natürlich auch andere Alternativen, die nicht nur zu Zeiten von schlimmen Katastrophen, wie der Tsunami 2004 in Südostasien, bedeutungsvoll und hilfreich sein können. Anstelle der üblichen Geschenke können Hochzeitspaare auch ihre Gäste bitten, eine Spende für eine wohltätige Organisation Ihrer Wahl zu tätigen.

Die Auswahl der hilfsbedürftigen Organisationen ist riesig groß. Aber um sicherzugehen, dass das Geld auch an die richtige Stelle kommt, suchen Sie entweder Organisationen in Ihrer Gegend, die Sie selbst kennen wie Kinderheime oder Krankenhäuser. Oder wenden Sie sich an große Organisationen, die weltweit tätig sind und einen guten Ruf haben. Ich habe Ihnen hier eine Liste der wichtigsten Spenden-Empfänger zusammengetragen. Auf den jeweiligen Webseiten finden Sie genauere Informationen darüber, wie sie arbeiten, und die Spenden-Konto-Nummern, wenn Sie Geld überweisen möchten.

WOHLTÄTIGE ORGANISATIONEN

• Ärzte ohne Grenzen	www.aerzte-ohne-grenzen.de
• Caritas International	www.caritas-international.de
• Deutsches Rotes Kreuz	www.drk.de
• CARE	www.care.de
• Unicef	www.unicef.de
• SOS Kinderdörfer	www.sos-kinderdoerfer.de

GESCHENKE

Eine Wunschliste für die Hochzeitsgeschenke ist einer der unterhaltsamsten Teile der Hochzeitsplanung. Mit Hilfe dieser Liste können Sie sich schon mal überlegen, was Sie für das gemeinsame Leben noch brauchen können. Vermerken Sie hinter jedem Gegenstand die gewünschte Anzahl und den Markennamen.

GESCHIRR

	Anzahl	Marke
Tafelservice für 8–12 Personen, bestehend aus:		
○ Speiseteller		
○ Suppenteller		
○ Servierplatte, oval		
○ Beilagenschüssel, mittel		
○ Beilagenschüssel, groß		
○ Sauciere		
○ Dessertschalen		
○ Dessert-/Vorspeiseteller		
○ Pastateller		
Kaffeeservice für 8–12 Personen, bestehend aus:		
○ Kaffeetasse		
○ Kaffeeuntertasse		
○ Kuchenteller		
○ Teekanne		
○ Kaffeekanne		
○ Zuckerdose		
○ Milchkännchen		

GLÄSER

	Anzahl	Marke
○ Cognacschwenker		
○ Biergläser		
○ Martinigläser		
○ Saftgläser		
○ Schnapsgläser		
○ Sektgläser		
○ Wassergläser		
○ Weingläser für Rotwein		
○ Weingläser für Weißwein		
○ Latte Macchiato Gläser		
○ Cocktailgläser		

GESCHENKE (Fortsetzung)

BESTECK

	Anzahl	Marke

Besteckset für 6–12 Personen, bestehend aus:

- ○ Menügabeln
- ○ Menümesser
- ○ Suppenlöffel
- ○ Kaffeelöffel
- ○ Kuchengabeln
- ○ Käsemesser
- ○ Steakmesser
- ○ Vorspeisegabeln
- ○ Vorspeisemesser
- ○ Vorspeiselöffel
- ○ Obstmesser

VORLEGEBESTECK

	Anzahl	Marke

- ○ Buttermesser
- ○ Käsemesser
- ○ Fleischgabel
- ○ Kuchenheber
- ○ Salatbesteck
- ○ Servierlöffel verschiedener Größen
- ○ Suppenkelle
- ○ Saucenlöffel
- ○ Zuckerlöffel/Zuckerzange
- ○ Tranchierbesteck
- ○ Fischheber
- ○ Spargelheber
- ○ Schaumlöffel
- ○ Nudellöffel

BESONDERE BESTECKE

	Anzahl	Marke

- ○ Fischbesteck
- ○ Austerngabeln
- ○ Kaviarlöffel
- ○ Hummerbesteck
- ○ Asiatische Stäbchen (Chop Sticks)
- ○ Eierlöffel

GESCHENKE (Fortsetzung)

- ○ Longdrinklöffel
- ○ Espressolöffel
- ○ Kinderbesteck

MESSER	Anzahl	Marke
○ Messerblock		
○ Messerschleifer		
○ Fleischmesser		
○ Brotmesser		
○ Gemüsemesser		
○ Tomatenmesser		
○ Küchenmesser		

WEINZUBEHÖR	Anzahl	Marke
○ Korkenzieher		
○ Flaschenverschließer		
○ Sektflaschenverschluss		
○ Dekantiertrichter		
○ Dekantierflasche		
○ Kellnermesser		
○ Weinthermometer		
○ Weinkühler		

BACKZUBEHÖR	Anzahl	Marke
○ Backformen		
○ Teigschaber		
○ Teigroller		
○ Backschaufel		
○ Rührschüsseln		
○ Teigrad		
○ Backpinsel		
○ Spritzbeutel		
○ Silikonmatten		
○ Backblech		
○ Muffinform		
○ Auflaufform		

GESCHENKE (Fortsetzung)

KÜCHENZUBEHÖR	Anzahl	Marke
○ Brotkasten		
○ Messlöffel-Set		
○ Fleischhammer		
○ Salz- und Pfeffermühle		
○ Pizzaschneider		
○ Schälmesser		
○ Apfelentkerner		
○ Knoblauchpresse		
○ Kartoffelstampfer		
○ Orangenschäler		
○ Nussknacker		
○ Käsereibe		
○ Schneebesen		
○ Rührbesen		
○ Schraubdeckelöffner		
○ Dosenöffner		
○ Ofen-Thermometer		
○ Sieb		
○ Eierbecher		
○ Eieruhr		
○ Eierschneider		
○ Messbecher		
○ Marmeladendose		
○ Butterschale		
○ Vorratsdosen		
○ Fondue-Set		
○ Raclette-Set		
○ Salatschüsseln		
○ Salatschleuder		
○ Zahnstocherspender		
○ Zitronenpresse		
○ Saftpresse		
○ Karaffe		
○ Tablett		
○ Salz- und Pfefferstreuer		
○ Teestövchen		

GESCHENKE (Fortsetzung)

- ○ Untersetzer
- ○ Serviettenringe
- ○ Brotkorb
- ○ Obstschale
- ○ Flaschenkorb
- ○ Küchenwaage
- ○ Cocktailshaker
- ○ Bar-Set
- ○ Eiszange
- ○ Küchenrollenhalter

ELEKTRISCHE KÜCHENGERÄTE	Anzahl	Marke
○ Wasserkocher		
○ Toaster		
○ Mikrowelle		
○ Fritteuse		
○ Geschirrspülmaschine		
○ Kaffeemaschine		
○ Backmaschine		
○ Mixer		
○ Entsafter		
○ Küchenmaschine		
○ Espressomaschine		
○ Waffeleisen		

TÖPFE & PFANNEN	Anzahl	Marke
○ Kleine Non-stick-Pfanne		
○ Große Non-stick-Pfanne		
○ Gusseiserne Pfanne		
○ Bratentopf		
○ Reistopf		
○ Spaghettitopf		
○ Milchtopf		
○ Spargeltopf		
○ Schnellkocher		
○ Dämpfereinsatz		
○ Wok		

GESCHENKE (Fortsetzung)

TEXTILIEN/HANDTÜCHER

	Anzahl	Marke
Badezimmer		
○ Badehandtücher (groß und mittel)		
○ Waschlappen		
○ Gästehandtücher		
○ Bademäntel		
○ Badematten		
Schlafzimmer		
○ Bettbezüge		
○ Bettlaken		
○ Daunendecken		
○ Wolldecken		
○ Kissen		
○ Kissenbezüge		
Esszimmer/Küche		
○ Servietten		
○ Tischdecken		
○ Mitteldecken		
○ Unterdecken		
○ Geschirrtücher		
○ Platzdeckchen		
○ Topflappen		
○ Handtücher		

ALLGEMEINES

	Anzahl	Marke
○ Badezimmerwaage		
○ Bügelbrett		
○ Wärmflasche		
○ Gartenmöbel		
○ Gartenzubehör (Harke, Gieskanne etc.)		
○ Grill		
○ Grillbesteck		
○ Picknickdecke		
○ Picknickkorb		
○ Vasen		
○ Fotoalben/-rahmen		

GESCHENKE (Fortsetzung)

- ○ Kerzenhalter
- ○ Kunstwerke (Bilder, Skulpturen)
- ○ Lampen
- ○ Möbel
- ○ Pflanzen
- ○ Spiegel
- ○ Teppich
- ○ Staubsauger
- ○ Telefon
- ○ Anrufbeantworter
- ○ Bügeleisen
- ○ Digitale Kamera
- ○ Radio
- ○ DVD-Player
- ○ Elektrische Bohrmaschine
- ○ Fernseher
- ○ Videokamera
- ○ MP3-Player
- ○ Wäschetrockner
- ○ Rasenmäher
- ○ Weine für den Weinkeller
- ○ Koffer, Taschen
- ○ Gesellschaftsspiele

WEITERE WÜNSCHE	Anzahl	Marke
○		
○		
○		
○		
○		
○		
○		
○		
○		
○		
○		

Bräutigam

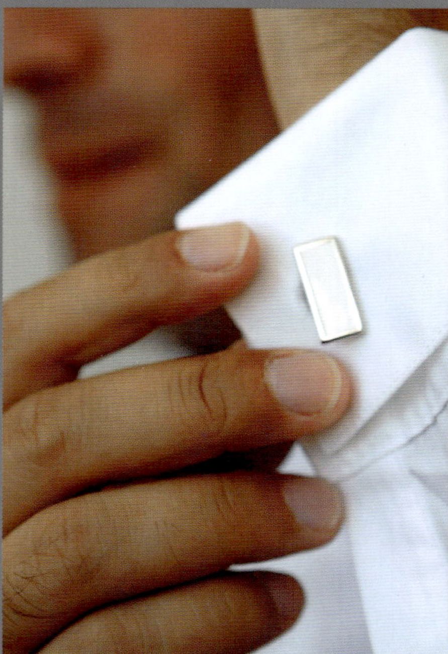

BRÄUTIGAM

Seien wir doch mal ehrlich: Bei der Hochzeit dreht sich ja eigentlich fast alles um die Braut. Sie ist diejenige, die sich schon in Kindheitstagen ihre Hochzeit ausgemalt und sich seither ihren Traumprinzen herbeigewünscht hat. Nun, da er da ist, heißt es für die Braut, ihre Kinderträume wahr werden zu lassen. Und was ist die Rolle des Bräutigams bei der ganzen Sache? Um dieses Thema etwas näher unter die Lupe zu nehmen, habe ich ihm, dem Göttergatten, ein ganzes Kapitel gewidmet. Hier wird ER darüber aufgeklärt, was es heißt, Bräutigam zu sein, und was seine Herzallerliebste in dieser stürmischen Vorbereitungszeit von ihm erwartet.

Was muss Mann tun?

In den meisten Fällen ist es die Braut, die sich vor allem um die Hochzeitsplanung kümmert. Aber heutzutage tendiert der Mann dazu, auch aktiv an ihr teilzunehmen. Wie auch immer Sie es handhaben, lassen Sie es Ihre Braut rechtzeitig wissen, um spätere Vorwürfe zu vermeiden. Auch wenn Sie sich lieber nicht einbringen möchten, sei es nun, weil Sie beruflich eingespannt sind. Oder weil Sie nur Bahnhof verstehen, wenn es um die Auswahl der Tisch-Deko oder der Blumen geht – Ihrer Braut ist es wichtig zu merken, dass auch Sie sich auf dieses große Ereignis freuen.

DIE WICHTIGSTEN PUNKTE

9–12 MONATE VORHER

- ○ Sich mit Ihrer Braut zusammen überlegen, in welchem Stil Sie heiraten
- ○ Gemeinsam ein realistisches Budget erarbeiten
- ○ Sich überlegen, wer Ihr Trauzeuge wird
- ○ Ihrer Braut beim Erstellen der Gästeliste helfen – mit einer Liste Ihrer Freunde und Familie

4–6 MONATE VORHER

- ○ Sie mögen Autos? Das Hochzeits-Fahrzeug arrangieren

2–4 MONATE VORHER

- ○ Ihren Anzug kaufen
- ○ Gemeinsam Eheringe kaufen
- ○ Eventuell Brautstrauß bestellen (vorher mit Ihrer Herzallerliebsten absprechen)
- ○ Schon mal an und über Ihre Hochzeitsrede (nach)denken

WÄHREND DER GESAMTEN PLANUNG

- ○ Geduld haben
- ○ Ihrer Braut helfen, wann immer es nötig ist – auch wenn gerade Fußball läuft

Ihre Geduld und Ihr uneingeschränktes Verständnis sind jetzt gefragt. Eine Hochzeit zu planen, ist sehr nervenaufreibend. Deshalb wechselt die Laune Ihrer Braut mitunter sekundenschnell von himmelhoch jauchzend bis zu Tode betrübt.

Als Sie beide den entscheidenden Schritt (den bejahten Antrag) gewagt haben, dachten Sie bestimmt nicht an den Stress, den es bedeutet, wenn Sie eine Hochzeit vorbereiten. Jetzt heißt es: Ruhe bewahren und Ihrer Braut so gut, wie es geht, helfen. Pink Bride's Handbuch für unsere perfekte Hochzeit bietet Ihnen zwar wesentliche Tipps, aber Sie sind für die Bereitstellung der starken Schulter verantwortlich.

Wenn Sie planen

Machen Sie sich gemeinsam Gedanken darüber, wie Sie heiraten, da der Stil das A und O der Planung ist. Danach kommt der finanzielle Teil: Setzen Sie sich in aller Ruhe zusammen, um ein Budget für die Feier zu erstellen. Dabei eine kleine Vorwarnung: Sie ist bestimmt um einiges teurer, als Sie es sich vorgestellt haben. Ja, Hochzeiten sind nicht billig! Aber diese Ausgabe lohnt sich auf jeden Fall, da es ein Tag sein wird, den Sie nie vergessen werden. Schließlich geht es darum, Ihre Liebe zu zelebrieren. Da dürfen Sie ruhig mal ein wenig großzügig sein.

Wenn das Budget erst mal steht, kommt die Gästeliste dran: Wen laden Sie ein? Hier heißt es, zwei Familien und Freundeskreise zu kombinieren, ohne dabei den Gäste- und Finanz-Rahmen zu sprengen. Schreiben Sie zunächst all Ihre Freunde und Familienmitglieder auf, die Sie gerne dabeihätten. Bereiten Sie sich auch schon mal darauf vor, einige Namen auf Ihrer Liste wieder zu streichen. Damit die Hochzeit nicht von Gästen überladen ist, schließen Sie BEIDE Kompromisse.

PROBLEM-FREUNDE

Überlegen Sie es sich lieber zweimal, ob Sie Ihre Saufkumpels und Exfreundinnen einladen wollen – beides verspricht Probleme.

Der größte theoretische Teil der Feier ist nun geplant. Jetzt heißt es – los und Locations besichtigen. Ob Sie gemeinsam auf Suche gehen oder Ihre Braut vorsondieren lassen, entscheiden Sie situationsbedingt. Nachdem die Location gebucht ist, fangen die ganzen netten Kleinigkeiten an, mit denen Frau normalerweise ein besseres Händchen hat. Auch wenn Sie persönlich Marzipan nicht von Fondant unterscheiden können. Auch wenn Sie nicht wissen, wie eine Hochzeitseinladung im Detail aussieht. Etwas gibt es immer, das mehr Ihrem Geschmack und Ihren Talenten entspricht. Sie sind ein passionierter Autoliebhaber? Wie wäre es dann, wenn Sie sich um das Hochzeitsfahrzeug kümmern? Oder Sie sind eher musikalisch veranlagt? Helfen Sie Ihrer Zukünftigen, indem Sie Musiker, Band oder DJ auswählen. MEHR DAZU AB SEITE 168

Bevor Sie sich endgültig für etwas entscheiden, besprechen Sie lieber alles noch mal mit Ihrer Partnerin. Auch wenn Sie es vielleicht gut meinen, fühlt sie sich sonst womöglich übergangen, wenn Entscheidungen ohne sie fallen. Das ist potentieller Zündstoff für Streitigkeiten, den Sie leicht vermeiden können.

Ansonsten steht noch aus, die Eheringe zu kaufen und natürlich Ihr eigenes Outfit. Die nächsten paar Seiten befassen sich näher mit dem Thema Männermode, damit Sie neben Ihrer Braut im Festtagsanzug glänzen. MEHR DAZU AB SEITE 196

Psychologie der Braut

Sobald Sie Ihrer Liebsten den Verlobungsring an den Finger gesteckt haben, verändert sich deren Sicht auf die eigene Person: Sie ist jetzt eine Braut. Was sie sich als Kind erträumt hat, realisiert sich nun endlich. Egal, wie harmonisch alles ist und wie sehr Sie es lieben, gemeinsam zu entscheiden: Die letzte Instanz ist immer die Braut.

Männer und Frauen sind anders. Das zeigt sich auch, wenn sie eine Hochzeit planen: Während Männer sich gerne ausschließlich mit einer Sache beschäftigen, sie zu Ende bringen und dann mit dem Nächsten beginnen, sind Frauen und besonders angehende Bräute anders gestrickt. Frauen haben in puncto Hochzeit eine Engelsgeduld und übernatürliche Ausdauer. Sie sind in der Lage, erstaunlich viele Sachen gleichzeitig zu erledigen, denn Braut-Sein ist ein Vollzeitjob. Jetzt dreht sich alles um den anstehenden großen Tag. Und in der Zeit bis dahin gibt es kaum ein wichtigeres Thema für Ihre Herzallerliebste. Freuen Sie sich an ihrer Freude. Sie ist einmalig!

NULL PROBLEMO

Meinungen gehen besonders in der Planungszeit auseinander und Diskussionen sind vorprogrammiert. Lassen Sie sich nicht beirren. Das bedeutet nicht, dass es zwischen Ihnen beiden Probleme gibt. Denn spätestens wenn der Hochzeitstag vorbei ist, beruhigt sich alles wieder.

Der wichtigste Tipp für den Bräutigam zu Beginn der Planungsphase: Zuhören! Lassen Sie Ihre Braut träumen und die Hochzeit in den schönsten Farben ausmalen. Falls Sie sich eher eine kleine Feier vorstellen und Sie ein Tanzkurs abschreckt, lassen Sie sie erst mal ausreden und zerstören Sie ihre Fantasie nicht sofort. Es ist viel klüger, sich langsam an Kompromisse heranzutasten, ohne einen Streit zu verursachen. Denn wie gesagt, Ihre Nerven brauchen Sie noch für die Hochphase der Hochzeit.

Das Hochzeitsauto

Ein Hochzeitselement, das der Bräutigam meist gerne übernimmt, ist die Organisation des Brautfahrzeuges. Vielleicht liegt das daran, dass es dabei nicht um Blumen, Schleifen und hübsche Kleinigkeiten geht, sondern um Metall, PS und Fahrvergnügen. Vor allem, wenn Ihnen Ihre Braut für Ihren alten VW zu kostbar ist, empfehle ich einen edlen Oldtimer, eine Limousine oder vielleicht sogar eine Hochzeitskutsche zu organisieren. Um Ihnen diese Aufgabe etwas zu erleichtern, habe ich für Sie die wichtigsten Punkte zusammengetragen.

Zuerst überlegen Sie sich bitte mit Ihrer Braut, wen Sie am Hochzeitstag von wo nach wo transportieren lassen wollen. Im einfachsten Fall holt jemand Ihre Braut vor der Zeremonie von zu Hause ab und fährt Sie beide nach der Trauung zur Location. Wenn Sie das Glück haben, jemanden mit einem originellen Fahrzeug in der Familie oder im Freundeskreis zu kennen, fragen Sie ihn, ob er für diesen Tag Ihren Chauffeur spielt. Ansonsten erkundigen Sie sich bei Autovermietungen vor Ort, welche Autos Ihnen zum Auswählen zur Verfügung stehen stehen. Es gibt auch viele Firmen, die sich besonders auf Oldtimer, Kutschen oder andere originelle Hochzeitsgefährte spezialisiert haben.

COOLE HOCHZEITSAUTOS

- Eine Limousine ist schon eine sehr elegante Sache und gerade Stretchlimos bieten sich an, wenn mehrere Personen mit zur Kirche fahren.
- Oldtimer oder tolle Classics – der Rolls-Royce ist ein Klischee. Klassische Modelle wie ein alter Mercedes oder gut erhaltener VW-Bus sind coole Alternativen.
- Ihre Braut sieht in Ihnen ihren Traumprinzen? Überraschen Sie sie mit einer märchenhaften Brautkutsche.
- Sie mögen es ausgefallen? Bei gutem Wetter ist eine Vespa oder vielleicht auch ein Motorrad mit Beiwagen eine lustige Idee.

FRAGEN AN DIE AUTOVERMIETUNG

- Welche Wagen sind an unserem Hochzeitsdatum zu haben?
- Was kosten die Modelle jeweils? Preis pro Tag/pro Stunde und Fahrer
- Gibt es ein festgesetztes Minimum?
- Gibt es ab einer bestimmten Zeit Rabatt?
- Was kosten die Überstunden?
- Übernehmen Sie die Dekoration des Wagens?
- Damit Sie wissen, welche Blumen-Deko Sie bestellen:
  Was sind die Dimensionen der Kühlerhaube? Wie breit/lang ist das Auto?

Lassen Sie sich auf jeden Fall mehrere Angebote machen und vergleichen Sie dann Preis und Service. Gerade wenn Sie ein Auto mit Fahrer mieten möchten, ist der Service extrem wichtig! Angesagt ist ein freundlicher und zuvorkommender Chauffeur, passend gekleidet zu Ihrem feierlichen Anlass. Lassen Sie sich die Angebote genau erklären und stellen Sie viele Fragen. Zu planen, wann der Chauffeur Sie wohin fährt, ist extrem wichtig, damit alles reibungslos läuft. Bestellen Sie den Wagen mindestens 15 Minuten früher als notwendig und bedenken Sie auch, dass ein blumengeschmücktes Auto sehr langsam fährt.

Wenn Sie Ihr Hochzeitsauto auswählen, denken Sie auch daran, dass Ihre Braut eventuell ein ausladendes Kleid anhat (was Sie ja nun mal leider nicht erfahren werden, bis Sie sie am Altar sehen). Deshalb fragen Sie vielleicht mal vorsichtig nach, ehe Sie sich für ein Tandem entscheiden.

Falls Sie das Fahrzeug selbst dekorieren, planen Sie genug Zeit dafür ein und bitten Sie ein paar Freunde um Mithilfe, damit am Hochzeitstag nicht allzu viel Stress auf Sie zukommt. Den haben Sie ohnehin. Die Nerven Ihrer Liebsten immer mal wieder zu beruhigen plus die eigenen, die Vorfreude auf den ersten Blick aufs Hochzeitskleid, die Feier und Ihr neuer Lebensweg zu zweit. Das ist genug. Deponieren Sie im Wagen auch eine Flasche Wasser, eine kleine Flasche Champagner, ein paar Servietten und zwei Sektgläser. Auf diesem Wege genießt Ihre Liebste unterwegs zur Trauung eine kleine Abkühlung. Bitte aber noch nicht zum Champagner greifen, warten Sie damit vielleicht besser bis nach der Trauung, so können Sie auf dem Weg zur Feier schon mal ganz privat anstoßen.

Das passende Geschenk

Natürlich denken Sie und Ihre Braut darüber nach, was Sie sich gerne schenken lassen, und erstellen eine Geschenk-Wunschliste. Denn schließlich möchten Ihre Gäste Ihnen an diesem besonderen Tag auch eine Freude bereiten. Aber auch Sie können anderen an Ihrem Hochzeitstag eine Freude machen.

An erster Stelle könnten Sie natürlich Ihre Braut beschenken. An Ihrem großen gemeinsamen Tag lassen Sie sich am besten etwas ganz Persönliches als Hochzeitsgabe einfallen. Suchen Sie etwas aus, das wirklich von Herzen kommt und Ihre zukünftige Gattin ein Leben lang begleiten kann. Wie wäre es mit einem hübschen Schmuckstück oder einem eleganten, silbernen Bilderrahmen? Wenn die Finanzen wegen der Hochzeit schon genug strapaziert sind, greifen Sie einfach zu Papier und Stift. In einem Liebesbrief teilen Sie Ihr mit, wie sehr Sie sich auf die Hochzeit und die kommenden Ehejahre freuen. Dass Sie schon ganz gespannt darauf sind, sie in der Kirche das erste Mal zu sehen, interessiert Ihre Braut mehr, als Sie ahnen. Beauftragen Sie einen Freund damit, ihr diesen Brief als Liebesbote vor der Hochzeit zu überreichen.

Auch Ihr Trauzeuge freut sich über ein kleines Geschenk für seine Hilfe. Da er wahrscheinlich Ihr bester Freund oder Bruder ist, wissen Sie bestimmt am besten, worüber er sich freut.

Kleider machen Leute – was tragen Sie?

Auch wenn die Braut normalerweise der große Hingucker auf jeder Hochzeit ist, kleiden Sie sich adäquat, damit Sie neben ihr nicht blass aussehen. Auch für den Bräutigam gibt es traumhafte Möglichkeiten, sich in Schale zu werfen, um bei jeder Feier angemessen gekleidet zu sein. Ob nun zur Hochzeit vormittags mit anschließendem Kaffee und Kuchen oder zur eleganten Abend-Hochzeit mit Fünf-Gänge-Menü und Tanz – jeder Hochzeitsstil verlangt die dazu passende Kleidung.

Ob maßgeschneidert oder »von der Stange«, ich empfehle Ihnen einen renommierten Herrenausstatter. Er berät Sie ausführlich. Auch wenn ein guter Anzug immer eine kleine Investition ist, bedenken Sie, dass Sie ihn später zu vielen weiteren Anlässen tragen: Bei all den Events und Ereignissen, an denen gut gekleidete Männer erwünscht sind. Machen Sie an Ihrem Hochzeitstag damit den Anfang. Ihre Braut wird stolz auf Sie sein, die Brautjungfern Sie anhimmeln.

Anzug

Förmlichkeit	★★
Uhrzeit	JEDERZEIT
Anlässe	JEDER

Smoking

Förmlichkeit	★★★★
Uhrzeit	NACH 19 UHR
Anlässe	GALA, ELEGANTE HOCHZEIT

Der Anzug

Ob zu einem Geschäftstreffen, zu einem Empfang, zum Standesamt oder zur Hochzeit – der Anzug ist ein wahrer Alleskönner. Einreihig sieht ein Anzug mit einer Weste gut an Ihnen aus. Zweireihig tragen Sie ihn nur mit Krawatte und Einstecktuch. Mit diesem Outfit fahren Sie meist richtig. Klassisch wirkt er in dunklen Tönen. Aber der modebewusste Mann bekennt schon mal Mut zur Farbe. Ein heller Hochzeits-Anzug zum Ehe-Fest im Sommer lässt das weibliche Herz höher schlagen.

Der Smoking

Der klassische Smoking ist einreihig und schwarz. Dazu kombinieren Sie ein weißes Hemd mit Doppelmanschetten und eine farblich passende Hose mit einem glänzenden Galon-Streifen an der Seite. Kummerbund oder Weste mit farblich passender Fliege und Einstecktuch bilden den Abschluss. Die farbenfroheren Varianten des Smoking eignen sich für etwas weniger förmliche Anlässe.

Cut

Förmlichkeit	★★★
Uhrzeit	MORGENS BIS 18 UHR
Anlässe	EMPFANG, TAGES-HOCHZEIT

Frack

Förmlichkeit	★★★★★
Uhrzeit	NACH 19 UHR
Anlässe	GALA, ELEGANTE HOCHZEIT

Der Cut

Auch »Morning Coat« genannt, diese klassische Form ist am besten für Festlichkeiten am Tage beziehungsweise bis 18 Uhr geeignet. Kombiniert wird der Cut mit einer gestreiften Stresemannhose, grauer Weste, weißem Hemd und silbergrauem Halsbinder (Krawatte oder Plastron). Das i-Tüpfelchen bildet der passende graue Zylinder auf Ihrem Kopf. Very British!

Der Frack

Ihre Hochzeit wird ein hochoffizieller Festakt? Dann ist dieser Edelste der Herrengarderobe gerade richtig. Zeitlose Eleganz, die Sie – der Tradition entsprechend – erst nach Sonnenuntergang tragen. Dazu gehören eine schwarze Frackhose mit doppeltem Galon-Streifen an der Seite, eine weiße Fliege, schwarze Lackschuhe, eine weiße, tief geschnittene Weste und das unverbesserliche Frackhemd. Bitte: NIE den Frack zuknöpfen und NIE auf den Schwalbenschwanz setzen.

Accessoires

Um den Look zu vervollständigen, braucht auch der Bräutigam die richtigen Accessoires: das kleine seidene Einstecktuch für die Brusttasche, dem Pochette, und das Reversgesteck passend zum Brautstrauß. Aber das sind noch nicht alle: Ein Frack sieht mit Taschenuhr edel aus. Der Smoking mit einer silbernen Armbanduhr (wenn möglich, mit schwarzem Lederarmband) und einfachen silbernen Manschettenknöpfen. Bei guten Herrenausstattern finden Sie vielerlei Manschettenknöpfe. Bitte gleichen Sie sie Ihrem übrigen Outfit und dem Hochzeits-Design an.

Auch bei den Halsbindern stehen Sie vor der Wahl: Krawatte, Schleife oder Plastron? Plas... was? Okay, ich gebe es zu: Wer nicht mit Abendgarderobe bewandert ist, braucht auch hier etwas Hilfe. Hier eine kurze Accessoires-Liste:

Krawatte

Gerade wer im Anzug arbeitet, kennt sich mit Krawatten aus. Für Ihre Hochzeit ersetzen Sie einfach die Krawatte durch Schleife oder Plastron. Es gibt heutzutage aber auch modisch-elegante Varianten des Halsbinders, die sich durchaus für Ihre Hochzeit eignen. MEHR DAZU AUF SEITE 201

Schleife

Die Schleife bindet der Mann selbst. Sie ist unverzichtbar, wenn Sie Smoking oder Frack tragen. Wenn Sie kein ruhiges Händchen zum Binden haben, kaufen Sie einfach eine mit Gummiband – das heißt dann »Fliege«. MEHR DAZU AUF SEITE 202

Plastron

Breiter als eine Krawatte, wirkt ein Plastron höchst elegant und sieht mit einer Perlennadel verziert gut aus. Tragen Sie das gute Stück zu Hemden mit elegantem Kläppchen- oder Haifischkragen. Das ideale Accessoire zum Cut. MEHR DAZU AUF SEITE 203

FINDEN SIE IHRE HEMDGRÖSSE

Maßband so um den Hals legen, dass noch ein Finger zwischen Hals und Band passt. Der gemessene Umfang in Zentimetern ist die Größe.

Pochette

Was ist ein eleganter Anzug ohne dieses seidene Einstecktüchlein? Stimmen Sie es farblich auf Ihren Halsbinder und Ihre Weste ab. Wie Sie es falten, bleibt Ihnen überlassen. Probieren Sie aus, was Ihnen gefällt.

Weste

Perfekt kombiniert zu einreihigen Anzügen peppt die Weste Ihr Outfit farblich auf oder durch gedeckte Töne klassisch dezent wirken. Sie entscheiden.

TON IN TON

Egal, für welches Outfit Sie sich entscheiden, vergessen Sie nicht die »Blume im Knopfloch«, das Reversgesteck. Und stimmen Sie es farblich auf den Brautstrauß ab. Genauso wie Weste und Halsbinder.

Kummerbund

Trotz des Namens gibt's hier keinen Grund zur Trauer. Ursprünglich geht der Name auf das hinduistische »Kamarband« (»Schärpe«) zurück. Die Schärpe zierte zunächst britische Uniformen, bevor sie Bestandteil des Smoking geworden ist. Wenn Sie sie tragen, wählen Sie sie farblich passend zur Schleife.

Strümpfe

Geht es auf Ihrer Hochzeit festlich hoch her, und Abendgarderobe ist erforderlich, tauschen Sie Tennissocken durch knielange Strümpfe aus feiner Seide oder Baumwolle aus. Die Farbe wählen Sie passend zu Ihren Beinkleidern.

Schuhe

Auch die Wahl des Schuhwerkes erfordert genaue Überlegung. Die Wirkung eines ansonsten perfekten Outfits kann durch die falschen Schuhe zerstört werden. Ein Fachverkäufer kann Ihnen sicher sagen, welcher Schuh am besten zu Ihrem Anzug passt. Haben Sie sich zum Beispiel für einen Cut entschieden, passt dazu ein klassisches Paar Oxford Schuhe wunderbar und sieht elegant aus. Wie Ihre Wahl auch ausfällt, eine Ledersohle ist ein »Must-Have«. Gummisohlen sind zwar praktisch, aber wenig galant. Außerdem können Sie damit nur sehr schlecht tanzen.

WIE SIE EINEN WINDSORKNOTEN BINDEN

Der Windsorknoten passt zu jeder Kragenform und jedem Anlass – ein zeitloser Klassiker.

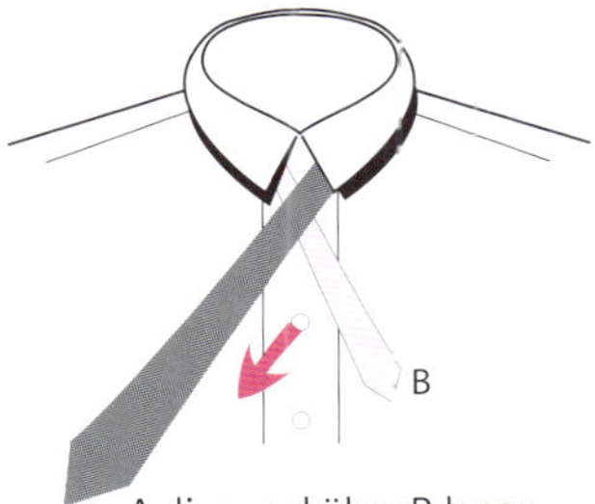

A diagonal über B legen,
A ist dabei etwas länger als B

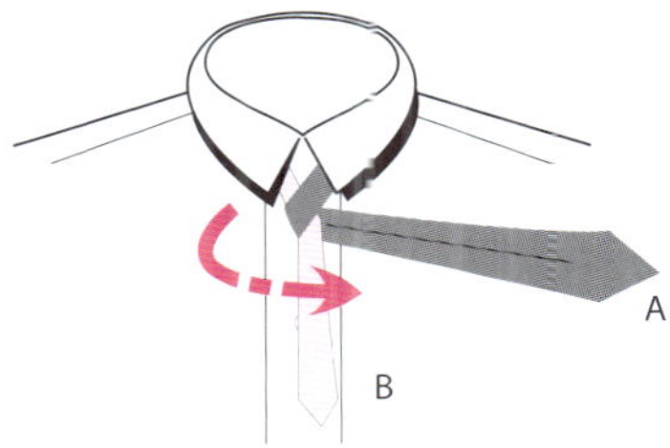

A unter B durchziehen

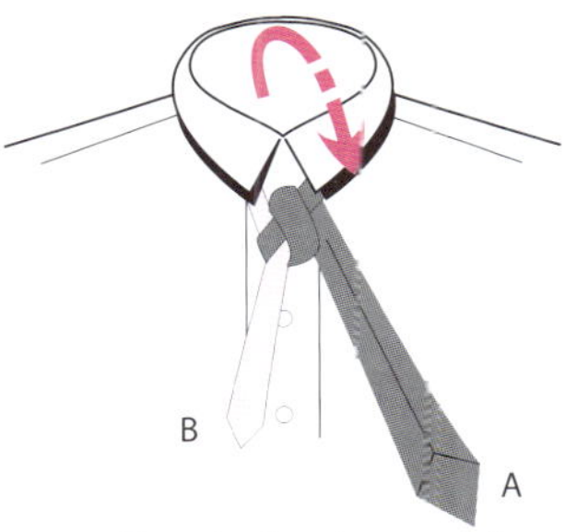

B nach oben legen und
hinten duch die Schlaufe ziehen

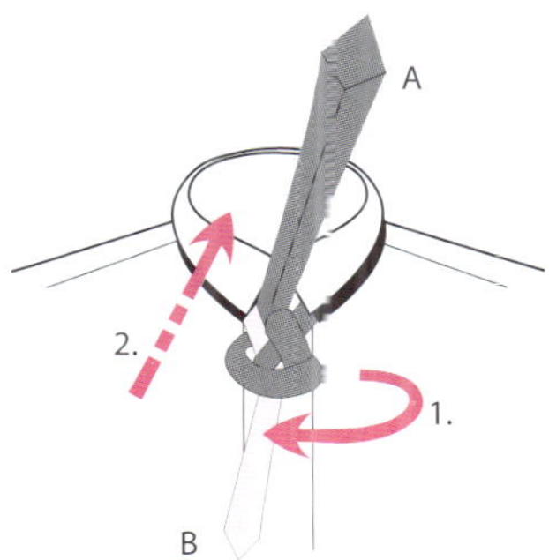

A zur anderen Seite falten und hinten
durch die Schlaufe nach oben ziehen

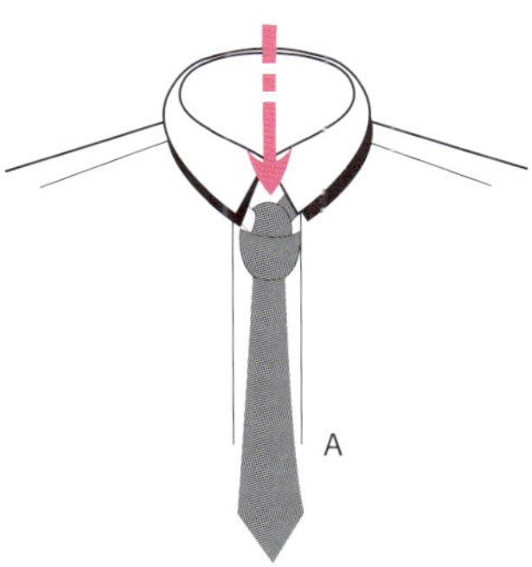

A nach vorne unter die
vorderste Schlaufe ziehen

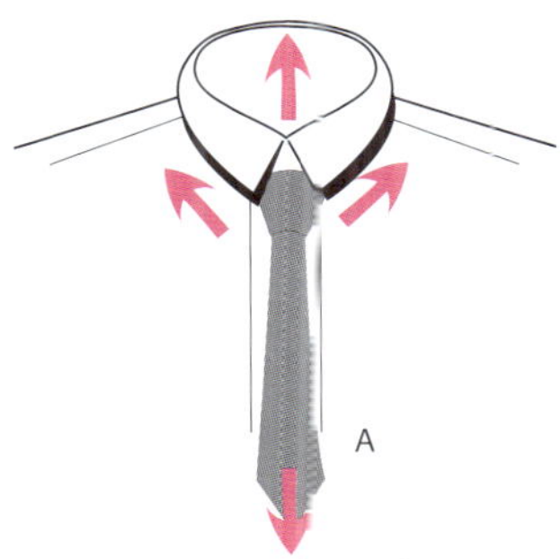

Das Ganze festziehen
und zurechtrücken

WIE SIE EINE SCHLEIFE BINDEN

Noch nie eine Schleife gebunden? Keine Panik, es ist einfacher als Mann denkt, und mit ein wenig Übung sind Sie schon bald ein Profi.

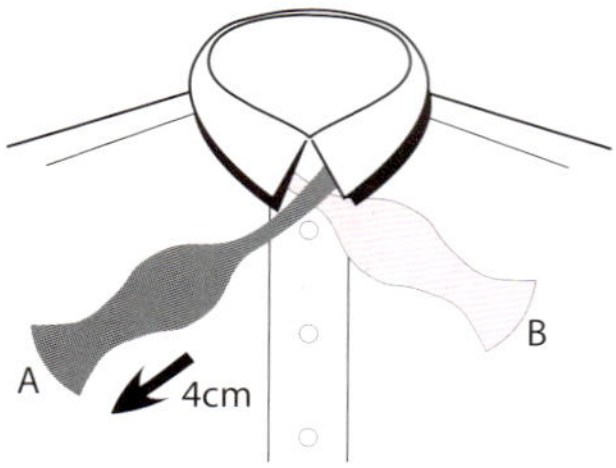

A ist 4cm länger als B

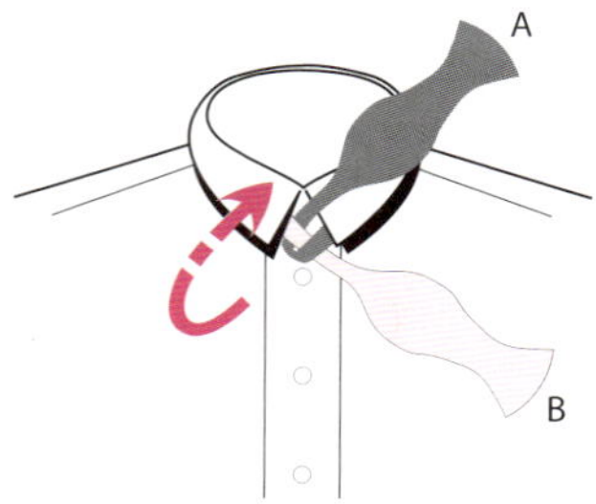

A unter B durch- und festziehen

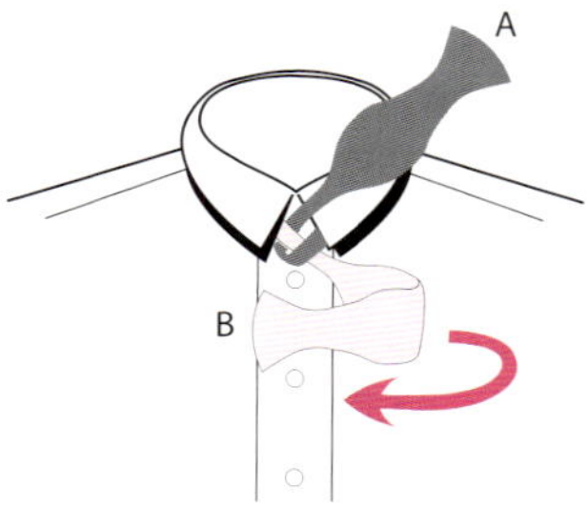

B zur Schlaufe formen

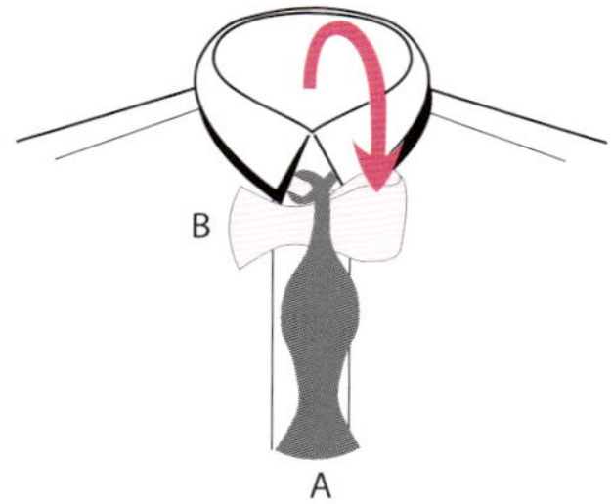

A über die B-Schlaufe schlagen

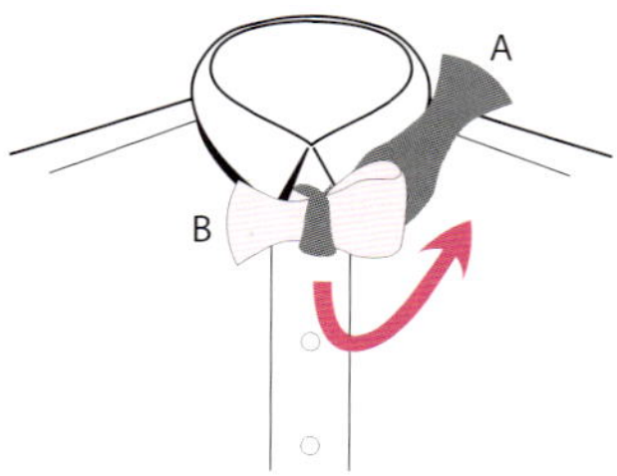

A unter B nach hinten ziehen
und zur Schlaufe formen

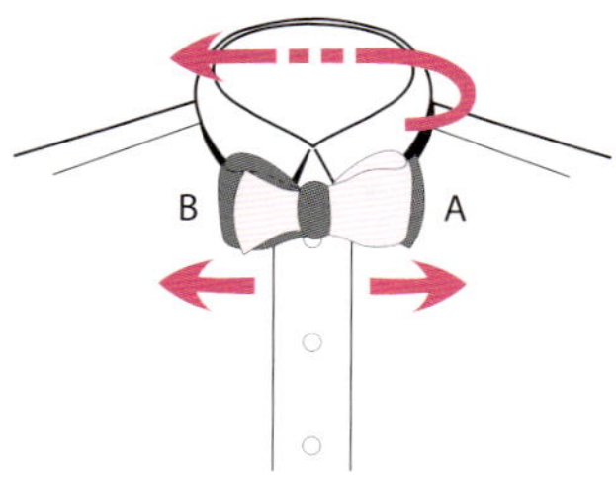

A-Schlaufe hinten durchziehen
und Schleife festziehen

WIE SIE EIN PLASTRON BINDEN

Der Plastron ist eine Mischung aus Schal und Krawatte und wird oft mit einer Perlennadel getragen. Heutzutage kauft man meist fertig gebundene Plastrons, aber falls Sie sich selber daran versuchen wollen, sehen Sie hier eine der Bindevarianten.

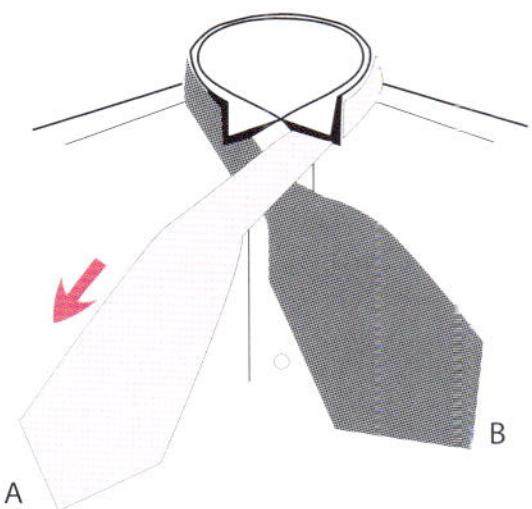

A diagonal über B legen,
A ist dabei etwas länger als B

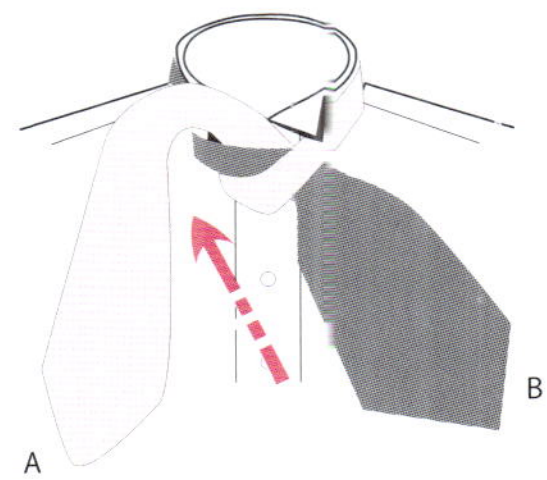

A unter B nach oben ziehen

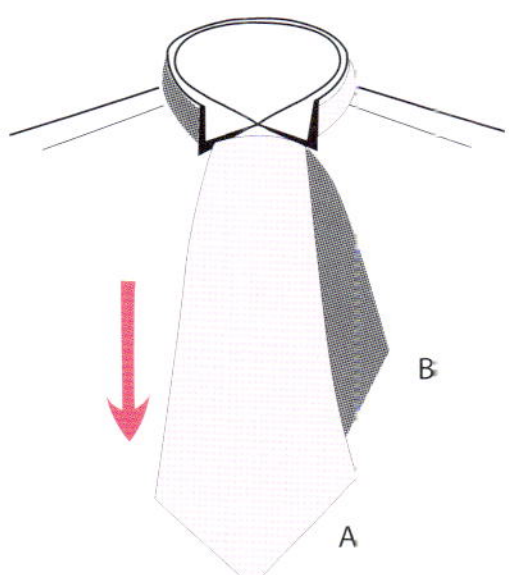

A nach vorne und
glatt nach unten ziehen

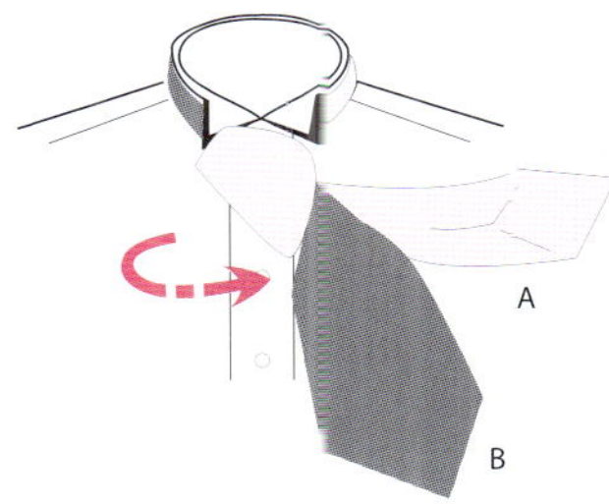

A hinter B falten

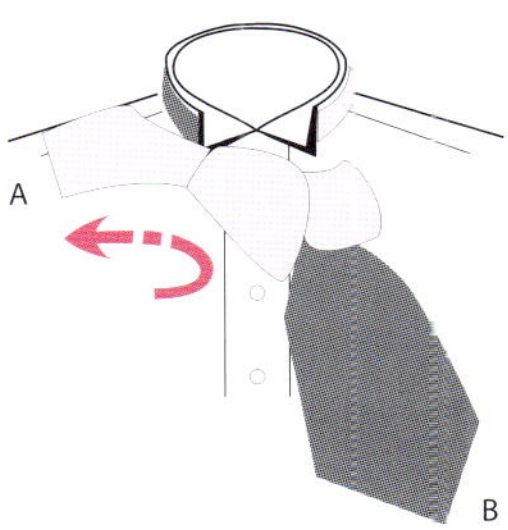

A von vorne durch die
entstandene Schlaufe ziehen

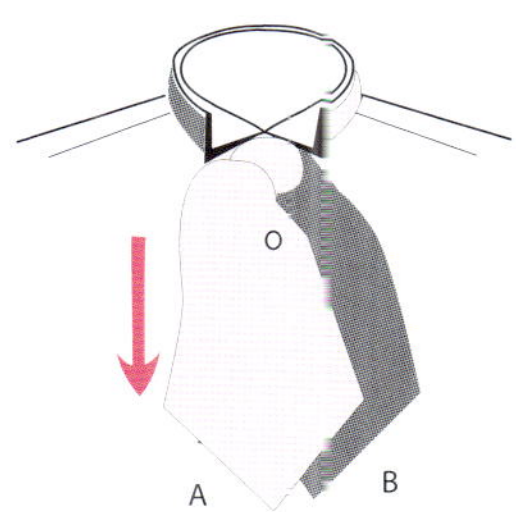

A glatt nach vorne ziehen und
A und B mit einer Nadel fixieren

ÜBERRASCHUNG

Falls Ihre Braut ihren Strauß selbst aussucht, lassen Sie ihr doch zusätzlich am Morgen der Hochzeit ein paar rote Rosen mit einem kleinen Liebesbrief liefern.

Der Brautstrauß

Oft kauft der Bräutigam dieses wichtige Braut-Accessoires. Als romantische Geste lässt er die Lieblingsblumen seiner Herzallerliebsten binden. Am Hochzeitsmorgen bringt ein Bote sie seiner Braut. Besprechen Sie vor allem die Blumenfarben vorher unbedingt mit Ihrer Zukünftigen. Sie möchte vielleicht den Strauß in die Deko einbinden oder einfach gerne wissen, ob er auch zum Kleid passt.

Wichtige Tipps zum Brautkleid

Am wichtigsten für Ihre Zukünftige ist das Brautkleid. Es beherrscht die Hochzeitsplanung. Schon lange bevor Sie überhaupt auf der Bildfläche erschienen sind, schielte sie heimlich auf die Schaufenster der Braut-Moden-Läden. Ihr Hochzeitstag bietet Ihr die einmalige Chance, sich wie eine Prinzessin zu kleiden und sich auch so zu fühlen. Egal, ob es ein voluminöser Traum aus weißer Seide ist oder eher ein schlichtes Kleid. Denn egal, wie attraktiv eine Frau im alltäglichen Leben ist: An ihrem Hochzeitstag wird sie die schönste Frau weit und breit sein.

Stunden-, tage-, ja wochenlang wird Ihre Zukünftige mit der Suche nach dem Kleid beschäftigt sein. Mehrfache Anproben, damit auch alles passt, genaues Abwägen der verschiedenen Accessoires – und all das streng geheim, damit Sie, der Bräutigam, das gute Stück bloß nicht vor der Hochzeit zu sehen bekommen.

Würdigen Sie dementsprechend das Kleid, wenn Sie es dann endlich sehen. Natürlich wird es sowieso ein sehr emotionaler Moment, wenn Sie Ihre Braut am Tag der Hochzeit vom Altar aus das erste Mal sehen. Schämen Sie sich nicht ihrer Gefühle und vielleicht sogar Tränen. Denn gerade darum geht es ja heute: Um Ihre Liebe zueinander. Sie haben sich mit dem Herzen füreinander entschieden.

Lassen Sie es sich auch nicht nehmen, Ihrer Braut (und dem Kleid) so oft wie möglich bewundernde Blick zuzuwerfen. Ihre Braut erwartet das am Hochzeitstag von Ihnen. Dazu gibt es auch einige Verhaltensregeln:

1. Regel

Nicht auf das Kleid oder die Schleppe treten. Gerade bei längeren oder bauschigen Brautkleidern erweist sich das mitunter als schwierig. Falls es doch passiert, stellen Sie sich jetzt schon mal innerlich auf böse Blicke seitens Ihrer Liebsten ein.

2. Regel

Wenn Sie Ihre Braut umarmen, achten Sie darauf, den Schleier unter keinen Umständen zu ziehen! Legen Sie Ihre Hand vorsichtig UNTER den leichten Stoff. Und schon steht einem romantischen Moment nichts mehr im Weg.

3. Regel

Die meisten Brautkleider sind aus hauchfeinen Stoffen, die in einem unbedachten Moment schnell Feuer fangen. Vor allem, da die meisten Bräute es nicht gewohnt sind, sich in solch ausladenden Kleidern zu bewegen, achten Sie bitte umso mehr darauf, dass Ihre Liebste nicht zu nah an irgendwelche Brandherde kommt.

Die Hochzeitsrede

Wenn die Hochzeitsfeier in vollem Gang ist, die ersten Gänge serviert sind, der Brautvater einige rührende Worte gesprochen hat, heißt es meist: Bühne frei für Ihre Hochzeitsrede! Auch wenn sie nicht dazu verpflichtet sind, so erwartet es Ihre Braut

pinkbride SPEZIAL

DIE WICHTIGSTEN PUNKTE DER HOCHZEITSREDE

- Den Gästen für ihr Kommen danken
- Den Eltern für die Hochzeit danken
- Den Braut-Eltern für ihre tolle Tochter danken
- Ihren Eltern danken. Für alles, was sie für Sie getan haben
- Den Trauzeugen, Brautjungfern, Blumenmädchen und dem Ringträger danken
- Eine kurze Anekdote über Ihre Beziehung erzählen (Wichtig: Es darf amüsant sein, aber mit Taktgefühl!)
- Ihrer Braut Komplimente oder eine Liebeserklärung machen
- Die Gäste auffordern, mit Ihnen auf Ihre Braut anzustoßen

doch insgeheim von Ihnen. Am besten bereiten Sie sich ein paar Tage vor der Hochzeit darauf vor und schreiben sich ein paar Ideen auf. Im Allgemeinen rate ich Ihnen nicht dazu, die gesamte Rede Wort für Wort vorzuschreiben. Denn sonst kommt sie vielleicht eher steif und unromantisch rüber. Beginnen Sie Ihre Hochzeitrede mit einem Zitat über die Liebe oder die Ehe. Ein paar Anregungen dazu finden Sie im letzten Kapitel. MEHR DAZU AB SEITE 213

Natürlich ist ein wenig Lampenfieber vor diesem Moment total normal! Versuchen Sie aber nicht, sich vorher Mut anzutrinken! Ein betrunkener Bräutigam ist so ungefähr das Peinlichste für eine Braut in dieser Situation. Oder verbringen Sie gerne schon die erste Nacht als Ehemann auf der Couch?

Der erste Tanz

Nachdem die Hürde der Hochzeitsrede hinter Ihnen liegt, kommt der Moment, den die meisten Männer fürchten: Ihr erster Tanz. Nur keine Panik!

Wenn Sie mit Ihrer Liebsten einen Tanzkurs besucht haben, zeigen Sie jetzt, was Sie gelernt haben. Aber auch diejenigen, die sich eher als Tanzmuffel bezeichnen, machen eine gute Figur, solange sie diese Tipps beherzigen: Selbst wenn Sie nur im einfachsten Wiegeschritt von links nach rechts pendeln, schauen Sie Ihrer Braut verliebt in die Augen und flüstern Sie Ihr zärtlich ins Ohr. Jeder Zuschauer, Ihre Braut mit eingeschlossen, wird hingerissen sein und keiner wird merken, wenn Sie Ihrer Liebsten auch mal auf die Zehen treten.

Das Anschneiden der Torte

Das Anschneiden der Hochzeitstorte durch das Brautpaar gehört mit zu den beliebtesten Hochzeitsritualen. Danach füttert sich das Paar gegenseitig jeweils mit einem kleinen Happen des süßen Gebäckes. Vorsicht: Aus Amerika und England kommt die Unsitte, dabei seinem Partner das Tortenstück ins Gesicht zu drücken. Davon rate ich Ihnen auf jeden Fall ab. Denken Sie an die Couch in der Hochzeitsnacht, und zwar mit Ihnen darauf! Sie glauben doch nicht, dass Ihre Braut stundenlang ihr Make-up perfektioniert, nur um es dann von Tortencreme ruinieren zu lassen? Keine gute Idee! Aber falls Sie darauf bestehen, reicht ein kleiner Stupser auf die Nasenspitze vollkommen aus.

Das Werfen des Strumpfbandes

Ebenso wie die Braut ihren Strauß in die Menge der Single-Mädels wirft, bringt der Bräutigam das Strumpfband seiner Hochzeits-Prinzessin unter die unverheirateten Männer. Das Ganze läuft folgerndermaßen ab: Lassen Sie einen Stuhl auf die Mitte der Tanzfläche stellen, auf dem Ihre Braut Platz nimmt. Band oder DJ spielen dazu ein sexy Lied, wie zum Beispiel Joe Cocker's »You can leave your hat on«. Jetzt ziehen Sie Ihrer Liebsten ebenso sexy das Strumpfband vom Bein.

Wenn Sie das spitzenbesetzte Etwas ergattert haben, lassen Sie es entweder vom DJ/Trauzeugen versteigern oder Sie werfen es blind in die Gruppe der unverheirateten Männer auf der Tanzfläche. Der Fänger findet seine Braut sehr bald ...

Jetzt wird gespielt

Hochzeit im deutschsprachigen Raum, das heißt: Spiele, Spiele, Spiele! Freunde und Familie bereiten sie häufig sehr aufwendig vor: Tests, die die Ehefähigkeit des Paars auf die Probe stellen, stehen oft auf dem Spielplan. Aber auch humorvolle Auftritte unterhalten alle. Hochzeitsbräuche wie das gemeinsame Zersägen eines Baumstammes stehen Ihnen vielleicht genauso bevor, wie die kleinen Streiche, die Sie noch zu Hause erwarten. Wenn Ihnen so etwas absolut nicht liegt, besprechen Sie das am besten mit Ihrer Braut und informieren Sie alle Gäste darüber.

Setzen Sie Ihr schönstes Lächeln auf, falls Sie Ihre Gäste trotzdem an Ihrem Hochzeitstag mit spontanen Spielereien oder Vorträgen überraschen. Haben Sie Spaß bei der Sache. Ihre Gäste sind auch noch da. Und gute Laune ist ansteckend!

Lieber Bräutigam,

jetzt wissen Sie eigentlich fast alles, was Mann für seine eigene Hochzeit braucht. War doch gar nicht so schlimm, oder? Für die Unsicheren unter Ihnen habe ich trotzdem noch einen Spickzettel auf der nächsten Seite, der noch einmal alle wichtigen Punkte zusammenfasst. MEHR DAZU AUF SEITE 208

Lassen Sie mich wissen, wie es gelaufen ist, oder schicken Sie mir Ihre Kommentare via E-Mail an folgende Adresse: FEEDBACK@PINKBRIDE.COM

Viel Spaß bei der Hochzeit!
Alexandra Dionisio, Pink Bride

SPICKZETTEL FÜR DEN BRÄUTIGAM

Die folgende Liste bietet Ihnen einen Überblick über alle wichtigen Details, die Mann bei der Hochzeitsplanung berücksichtigen sollte.

9–12 MONATE VORHER

- ○ Zusammen mir Ihrer Braut überlegen, in welchem Stil Sie heiraten
- ○ Gemeinsam ein realistisches Budget für die Hochzeit erarbeiten
- ○ Beim Erstellen der Gästeliste helfen, indem Sie Ihrer Braut eine Liste Ihrer Freunde und Familie geben

6–9 MONATE VORHER

- ○ Adressen von den Gästen »Ihrer Seite« zusammensuchen, um die Einladungen verschicken zu können
- ○ Beim Standesamt die Hochzeit anmelden
- ○ Hochzeitsreise planen

4–6 MONATE VORHER

- ○ Hochzeitsfahrzeug arrangieren
- ○ Urkunden/Dokumente für die standesamtliche Trauung zusammenstellen
- ○ Hochzeitsreise gemeinsam buchen
- ○ Gemeinsames Probeessen für die Feier und das Menü festlegen
- ○ Sich eventuell bei einem Notar wegen eines Ehevertrages beraten lassen
- ○ Urlaub beim Arbeitgeber beantragen
- ○ Gemeinsam Geschenkeliste erstellen

2–4 MONATE VORHER

- ○ Anzug und alle dazugehörigen Accessoires kaufen
- ○ Gemeinsam Eheringe kaufen
- ○ Eventuell Brautstrauß bestellen

2–4 WOCHEN VORHER

- ○ Überraschungsgeschenk für die Braut kaufen
- ○ Junggesellenabschied feiern

1 WOCHE VORHER

- ○ Hochzeitsrede schreiben
- ○ Zum Friseur

AM HOCHZEITSTAG

- ○ Sichergehen: Wer hat die Ringe?
- ○ Ankunft 30 Minuten vor der Zeremonie
- ○ Ausweis einstecken

SHOPPINGLISTE

- ○ Anzugjacke
  Größe Farbe
- ○ Anzughose
  Größe Farbe
- ○ Hemd
  Größe Farbe
- ○ Weste
  Größe Farbe
- ○ Schuhe
  Größe Farbe
- ○ Kummerbund Farbe
- ○ Halsbinder Farbe
- ○ Einstecktuch Farbe
- ○ Gürtel Farbe
- ○ Hosenträger
- ○ Manschettenknöpfe
- ○ Strümpfe

Wissenswertes

NACH DER HOCHZEIT

Jetzt ist es endlich soweit: Sie sind verheiratet! Herzlichen Glückwunsch! Monatelang haben Sie diesem Moment entgegen gefiebert und haben viele Stunden und Tage mit der Planung verbracht. Aber noch ist nicht alles vorbei. Nein, ein paar Kleinigkeiten können Sie noch erledigen und damit das Hochzeitsgefühl eine Weile länger genießen.

DER TAG DANACH

- ○ Laden Sie Ihre Gäste von außerhalb vor der Abfahrt noch zu einem Brunch im lockeren Rahmen ein. So können Sie die Hochzeit zusammen ausklingen lassen und sich in Ruhe verabschieden, bevor die Gäste nach Hause und die Brautleute in die Flitterwochen fahren.
- ○ Kontrollieren Sie zum letzten Mal Gepäck und Reisedokumente vor den Flitterwochen.
- ○ Geben Sie Freunden einen Schlüssel zu Wohnung/Haus, damit die Blumen versorgt werden und der Briefkasten in Ihrer Abwesenheit geleert wird.
- ○ Geben Sie das Hochzeitskleid und den Anzug in die Reinigung. Wenn Sie Ihr Kleid aufbewahren wollen, sollte es licht- und mottensicher verpackt werden und an einem trockenen, gut durchlüfteten Ort aufbewahrt werden.

DIE WOCHE DANACH (ODER NACH DEN FLITTERWOCHEN)

- ○ Schauen Sie Ihre Hochzeitsbilder in Ruhe durch, schwelgen Sie in der Erinnerung an das tolle Fest, und suchen Sie sich die schönsten Bilder für das Hochzeitsalbum aus. Denken Sie daran, Extraabzüge für die engste Familie und Freunde zu bestellen. Die freuen sich bestimmt darüber. Extraabzüge für:

  – Eltern – Großeltern – Trauzeugen – Ringträger
  – Geschwister – Brautjungern – Blumenkinder – Danksagungskarten
- ○ Wenn Sie es bisher noch nicht gemacht haben, dann ist es jetzt allerhöchste Zeit eine komplette Liste mit allen Geschenken und deren Gebern auf zu stellen. Das erleichtert das Schreiben der Dankeskarten enorm.

INNERHALB DER NÄCHSTEN SECHS WOCHEN

- ○ Zeit für die Danksagungskarten. Lassen Sie sich diese entweder passend zu den Einladungen drucken, oder kaufen Sie sich einfache Klappkarten in den Hochzeitsfarben, die Sie denn mit einem Foto von der Hochzeit bekleben können. Es ist auch eine schöne Idee, sich bei den Gästen zu bedanken, indem Sie ein Foto des Gastes zusammen mit dem Brautpaar mitschicken.
- ○ Nutzen Sie die Liste der Geschenke, um einen genauen Überblick zu behalten, wem Sie schon geschrieben haben, und wer noch fehlt.
- ○ Sie haben jetzt einen neuen Namen? Lassen Sie es alle wissen:

  – Versicherungen – Arbeitgeber – Finanzamt – Bank
- ○ Vergessen Sie nicht neue Dokumente zu beantragen:

  – Ausweis – Führerschein – Reisepass – EC- und Kreditkarte

WISSENSWERTES

Es gibt viele Infos und Fakten, die mit dem Thema Hochzeit zu tun haben, aber nicht zwingend notwendig für jede Planung sind. Einiges habe ich hier für Sie zusammengetragen: Namensänderung, Legalitäten, Infos zum Thema Diamanten, Versicherungen oder Bräuche. Stöbern Sie ein wenig herum – Sie finden bestimmt vieles, was Sie interessiert!

Zehn schnelle Tipps zum Entspannen

Wird der ganze Rummel vor der Hochzeit mal wieder zu viel, brauchen Sie wirksame Anti-Stress-Mittelchen, die Sie schnell wieder ausgleichen. Versuchen Sie es doch mal mit einem dieser Tipps. Bei Extrem-Stress hilft es auch, alle beliebig zu kombinieren.

1. Tief durchatmen – das hört sich genauso einfach an, wie es ist: Augen schließen, tief durch die Nase ein- und den leicht geöffneten Mund wieder ausatmen. Dabei tief in den Bauch hineinatmen und sich nur auf den Atem konzentrieren. Alles von sich abfallen lassen. Das Ganze zehnmal wiederholen.

2. Gehen Sie eine Viertelstunde stramm spazieren oder joggen Sie zusammen mit Ihrem Verlobten.

3. Verwöhnen Sie sich und gönnen Sie sich eine entspannende Massage oder eine gründliche Maniküre.

4. Ein kleiner Einkaufsbummel, nur so zum Spaß, wirkt Wunder.

5. Nehmen Sie sich vor, einen Abend nicht über die Hochzeit zu reden, und genießen Sie ein romantisches Abendessen zusammen mit Ihrem Verlobten in Ihrem Lieblingsrestaurant.

6. Auf und davon – machen Sie einen spontanen Kurzurlaub, fahren Sie einfach übers Wochenende mal raus aus der Stadt und kümmern Sie sich um nichts anderes als um sich selbst und Ihren Partner.

7. Süße Versuchung – gerade bei uns Frauen wirkt ein Stückchen Schokolade wahre Wunder. Denn es setzt Glückshormone frei, die denen eines Orgasmus gefährlich

nahe kommen. (Pink Bride garantiert dafür natürlich nicht. Aber der Schokoladen-Verbrauch in meinem Büro lässt tief blicken.)

8. Machen Sie mal etwas ganz Neues. Probieren Sie etwas aus, das Sie vorher noch nie gemacht haben. Gehen Sie zum Yoga-Unterricht oder versuchen Sie sich im Bauchtanz. Die Ablenkung und der Reiz des Neuen lässt Sie all Ihren Stress vergessen.

9. Knuddeln Sie Ihren Partner mal wieder richtig lang und ausgiebig. Eine ausgiebige Kuschelstunde lädt selbst die leersten Batterien in Ihnen sehr schnell wieder auf. Das wirkt auf Sie beide wunderbar entspannend und ist gleichzeitig einfach schön.

10. Ein paar Stunden alleine mit einem guten Buch, dazu eine schöne Entspannungsmusik und eine flauschige Decke sind alles, was Sie brauchen, um es sich so richtig gemütlich zu machen und die Seele baumeln zu lassen. Wenn Sie sich noch ein paar Kerzen anzünden, wird es dann so richtig heimelig.

Wichtige Standpunkte

Bevor Sie den Bund fürs Leben schließen, sollten Sie sicher gehen, dass Sie zumindest bei den wichtigsten Aspekten des Lebens auf einen Nenner kommen. Setzen Sie sich zusammen und besprechen Sie Ihre Einstellungen, Wünsche und Hoffnungen zu jedem der folgenden Themen. Seien Sie so offen und ehrlich, wie möglich. Hier geht es um IHRE Zukunft.

PUNKTE MIT KLÄRUNGSBEDARF

- GELD – der Scheidungsgrund Nummer eins! Was sind potenzielle Probleme?
- KARRIERE – wie vereinen wir Beruf und Familie?
- KINDER – ja oder nein? Wie viele? Religion? Erziehung?
- SEX – gibt es Probleme? Welche Erwartungen haben wir?
- TREUE – was ist akzeptabel und was nicht?
- FAMILIE – Schwiegereltern und Geschwister – wie ist das Verhältnis?
- HAUSHALT – wer macht was? Wie teilen wir die Arbeit auf?

Namensänderung

Haben Sie schon über Ihren zukünftigen Namen nachgedacht? Nehmen Sie den Namen Ihres Ehepartners an oder nicht? Oder wie wäre es mit einem Doppelnamen? Seit 1994 gibt es in Deutschland ein »geschlechtsneutrales« Namensrecht: Das Ehepaar nimmt den Nachnamen des Bräutigams oder der Braut als gemeinsamen Namen an.

Sie haben sich für einen Doppelnamen entschieden? Dann kann allerdings nur ein Partner seinen »alten« Namen dem neuen Nachnamen vor- oder nachstellen. Dieser Doppelname wird allerdings nicht an die Kinder weitergegeben. Der Nachwuchs wird den gemeinsamen Namen der Eltern tragen.

Wenn Sie beide Ihren jeweiligen Nachnamen behalten möchten, ist das auch möglich. Allerdings wird das bei gemeinsamen Kindern komplizierter. Für die Kleinen entscheiden Sie sich für einen der Nachnamen, entweder den väterlichen oder den der Mutter. Dieser Name gilt dann ebenso für alle nachfolgenden Kinder. Daran sind Sie gesetzlich gebunden.

Wie Sie sich auch entscheiden, denken Sie daran, alle wichtigen Ämter oder Institutionen über Ihre Namensänderung zu informieren.

WER MUSS BESCHEID WISSEN?

INFORMIEREN SIE

- Arbeitgeber
- Finanzamt
- Steuerberater
- Kirchliche Einrichtungen
- Vermieter
- Bank
- Post
- Versicherungen
- Abonnements
- Clubs, Vereine, Verbände
- Telefonanbieter
- Elektrizitätswerk

NEUE DOKUMENTE BEANTRAGEN

- Ausweis
- Reisepass
- Führerschein
- Kfz-Zulassung
- Kreditkarten
- EC-Karten
- Versicherungskarten
- Namensschilder nicht vergessen!

Rechtliches rund um die Ehe

Mit einer Ehe bekennen Sie sich nicht nur zu Ihrer gegenseitigen Liebe. Sie binden sich auch vertraglich aneinander: Es geht um Rechte und Pflichten gegenüber dem Anderen. Manche Paare entscheiden sich – wegen der hohen Scheidungsraten – für einen Ehevertrag. Während Sie sich auf den glücklichsten Tag im Leben vorbereiten, denken Sie bestimmt nicht gerne und leicht an eine spätere Scheidung. Aber trotz allem ist ein Ehevertrag in manchen Fällen ausgesprochen ratsam. Besprechen Sie Ihre Gedanken offen miteinander und holen Sie sich eventuell Rat bei einem Rechtsanwalt.

Zugewinngemeinschaft

Sobald Sie sich das Jawort gegeben haben, befinden Sie sich rechtlich in einer Zugewinngemeinschaft. Es sei denn, Sie haben einen Ehevertrag zu anderen Konditionen abgeschlossen. Hier bleibt jeder Partner Alleineigentümer seines Vermögens, auch wenn er es jeweils nach der Heirat erworben hat. Wenn Sie sich scheiden lassen, vergleicht das Gericht das Vermögen beider Ehepartner. Hat einer der beiden einen höheren Vermögenszugewinn (dazu gehören Geld, Grundbesitz, Rente, Aktien usw.), erhält die Hälfte davon der jeweils andere Partner. Erbschaften oder Schenkungen zählen nicht zum Zugewinn, sondern zum Anfangsvermögen des erbenden Ehepartners. Er hat es nicht zu teilen.

Die Gütergemeinschaft

Falls Sie zusammen mit einem Anwalt einen Ehevertrag aufgesetzt haben, der eine Gütergemeinschaft vorschreibt, verschmelzen bei der Ehe die Vermögen (und Schulden) beider Partner zu einem Ganzen. Es gehört beiden gleichermaßen. Lassen Sie sich scheiden, teilt der Richter das gesamte Vermögen der Ehepartner in zwei gleiche Hälften auf.

Gütertrennung

Bei der Gütertrennung besitzen beide Partner weiterhin das jeweils eigene Vermögen (und die eigenen Schulden), das sie auch vor der Eheschließung schon besessen haben. Lassen sie sich dann einmal scheiden, kommt es weder zu einem Zugewinnausgleich noch zu einem Versorgungsausgleich. Im Klartext heißt das, dass jeder nur das bekommt, was auch ihm/ihr gehört. Keiner hat Anspruch auf Renten oder Ausgleichszahlungen des Partners und kommt für sich selbst auf.

Die schönsten Zitate über die Liebe

Schöne Worte über die Liebe lassen sich gut in jede Hochzeit einarbeiten. Sei es nun als Stimmungsgeber für die Einladung, Ausgangspunkt des Eheversprechens, als Leitsatz des Programms oder als Aufhänger für die Hochzeitsrede. Mit meiner Sammlung der schönsten Zitate finden Sie bestimmt die richtigen Worte.

Die Liebe ist ein Stoff, den die Natur gewebt und die Phantasie bestickt hat.

› Voltaire ‹

Küsse sind das, was von der Sprache des Paradieses übrig geblieben ist.

› Joseph Conrad ‹

Es gibt nichts Edleres und Bewundernswerteres, als wenn zwei Menschen, die sich gut verstehen, zum Ärger ihrer Feinde und zur Freude ihrer Freunde als Mann und Frau zusammenleben.

› Homer ‹

Liebe: die Kraft, nicht nur die eigene, sondern auch die Unvollkommenheit eines anderen lebenslang zu ertragen.

› Ron Kritzfeld ‹

Ein heiteres Ehepaar ist das Beste, was sich in der Liebe erreichen lässt.

› Thomas Niederreuther ‹

Wenn einem die Treue Spaß macht, dann ist es Liebe.

› Julie Andrews ‹

Ein Tropfen Liebe ist mehr als ein Ozean Verstand.

› Blaise Pascal ‹

Frau: ein Mensch, bevor man sie liebt, manchmal auch nachher; sobald man sie liebt, ist sie ein Wunder.

› Max Frisch ‹

Ein Kuss ist eine Sache, für die man beide Hände braucht.

› Mark Twain ‹

Die Liebe besteht zu drei Viertel aus Neugier.
› Giacomo Casanova ‹

Schön ist eigentlich alles, was man mit Liebe betrachtet.
› Christian Morgenstern ‹

Liebe ist der Entschluss das Ganze eines Menschen zu bejahen,
die Einzelheiten mögen sein, wie sie wollen.
› Otto Flake ‹

Liebe mich dann, wenn ich es am wenigsten verdient habe,
denn dann brauche ich es am meisten.
› Anonym ‹

Wenn auf der Erde die Liebe herrschte,
wären alle Gesetze entbehrlich.
› Aristoteles ‹

Die großen Tugenden machen einen Menschen bewundernswert,
die kleinen Fehler machen ihn liebenswert.
› Pearl S. Buck ‹

Liebe macht nicht blind. Der Liebende sieht nur weit mehr als da ist.
› Oliver Hassencamp ‹

Liebe besteht nicht darin, dass man einander anschaut,
sondern dass man gemeinsam in dieselbe Richtung blickt.
› Antoine de Saint-Exupery ‹

Eine liebende Frau: eine Sklavin, die ihrem Herrn die Ketten anlegt.
› George Bernard Shaw ‹

Liebe ist eine tolle Krankheit –
da müssen immer gleich zwei ins Bett.
› Robert Lembke ‹

Liebe ist ein Käfig mit Gitterstäben aus Glück.
› Claudia Cardinale ‹

Um einen Liebesbrief zu schreiben, musst du anfangen, ohne zu wissen, was du sagen willst und endigen, ohne zu wissen, was du gesagt hast.
› Jean-Jacques Rousseau ‹

Liebe: das triebartig beim homo sapiens als Zwangsvorstellung auftretende Phänomen, trotz Milliardenvorkommens von Individuen des anderen Geschlechtes nur mit einem einzigen Exemplar dieser Gattung leben zu können.
› Ron Kritzfeld ‹

Liebe: ein Handel, wo beide Parteien gewinnen.
› Christoph Lichtenberg ‹

Einen Menschen lieben, heißt einwilligen, mit ihm alt zu werden.
› Albert Camus ‹

Frauen lieben die einfachen Dinge des Lebens – zum Beispiel Männer.
› Robert Lembke ‹

»ICH LIEBE DICH« – NICHT NUR AUF DEUTSCH

• Afrikaans	Ek het jou life	• Katalanisch	T'estimo
• Arabisch	Behibak	• Kurdisch	Ez te hezdikhem
• Bulgarisch	Obicham te	• Kroatisch	Volim te
• Dänisch	Jeg elsker dig	• Latein	Amo te
• Englisch	I love you	• Persisch/Farsi	Du stet daram
• Esperanto	Mi amas vin	• Polnisch	Kocham cie
• Finnisch	Minä rakastan sinua	• Portugiesisch	Te amo
• Französisch	Je t'aime	• Rumänisch	Te iu besc
• Hawaiianisch	Aloha au ia oe	• Russisch	Ya lyublyu tebya
• Hebräisch	Ani ohev otach Ani ohevet otcha	• Spanisch	Te quiero
		• Thai	Khao raak thoe
• Hindu	My tumse pyaar kartha hun	• Tswana	Keyagorata
		• Türkisch	Seni seviyorum
• Holländisch	Ik hou van jou	• Vietnamesisch	Toi yeu em
• Italienisch	Ti amo	• Walisisch	Rwy'n dy garu di
• Japanisch	Ai shite imasu	• Yiddisch	Ikh hob dikh lib
• Kantonesisch	Ngo Oi Lei	• Zulu	Ngiyakuthanda

Für die Ewigkeit: Diamanten

»Diamonds are a girl's best friend« – und für Verlobungsringe, Eheringe oder das besondere Geschenke ist dieser edelste aller Schmucksteine ideal geeignet. Nicht jeder Diamant ist hochwertig und es gibt sehr große Qualitätsunterschiede. Dazu kommt noch ein großes, breit gefächertes Angebot: die Entscheidung fällt da schwer. Daher schadet es nie, die Edelsteine etwas genauer unter die Lupe zu nehmen.

Worauf achten Sie beim Diamantenkauf?

Die Qualität von Diamanten bestimmen die sogenannten »4C«. Der Ausdruck kommt aus dem Englischen und steht für Cut (Schliff), Color (Farbe), Clarity (Reinheit) und Carat (Gewichtseinheit). Die 4C sind Thema der nächsten Seiten.

Cut (Schliff)

Auf den ersten Blick glauben Sie vielleicht, dass Größe und Farbe des Diamanten beim Kauf am wichtigsten sind, aber das stimmt nicht ganz: Wie viel der Stein kostet, hängt weitestgehend davon ab, wie präzise er geschliffen ist. Das perfekte geometrische Zusammenspiel genau berechneter Facetten reflektiert das einfallende Licht optimal und lässt den Stein in allen Farben des Regenbogens funkeln. Ob Sie sich nun für einen runden oder ovalen Diamanten entscheiden: die Form an sich besagt nichts über die Qualität des Steines und ist reine Geschmackssache.

DIAMANT-FORMEN

Full Cut/Brillant-Schliff

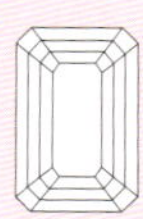

Emerald-Cut/Smaragd-Schliff

Pear Shape/Tropfen

Marquise/Navette

Oval

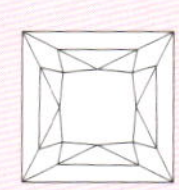

Princess

Die Qualität des Schliffs beeinflussen verschiedene Komponenten: Höhe und Größe der Tafel (der oberen, flachen Fläche des Steines) und Tiefe der Kalette (der unteren Spitze des Steins). All diese Merkmale wirken sich direkt auf den Preis, die Brillanz und das Feuer des Diamanten aus.

Viele Menschen glauben, dass alle Diamanten Brillanten sind. Aber Diamant ist eben nicht gleich Brillant. Ein Brillant ist ein geschliffener Diamant im Brillantschliff, das heißt, dass er rund geschliffen ist und mindestens 56 Facetten hat.

Color (Farbe)

Diamanten gibt es eigentlich in fast allen Farben – nicht nur farblos, wie oft fälschlich angenommen. Gerade in den letzten Jahren ist die Nachfrage nach farbigen Diamanten rasant gestiegen. Als zum Beispiel Ben Afflek Jennifer Lopez einen Heiratsantrag machte, schenkte er ihr einen pinkfarbenen, 6,1-karätigen Diamanten des berühmten New Yorker Juweliers Harry Winston.

Farblose Diamanten sind jedoch die klassische Variante und immer gefragt. Bei einem absolut farblosen Diamanten durchdringt weißes Licht den Stein mühelos und tritt in Regenbogenfarben, dem Feuer, wieder aus.

Wenn Sie sich für einen farblosen Diamanten entscheiden, rate ich Ihnen zu einem Diamanten in der Farbgruppe G bis J. Mit bloßem Auge erkennen Sie und andere fast keinen Farbunterschied. Und Sie sparen ein Vermögen verglichen mit dem Preis für die perfekten Farbvarianten D, E und F.

FARBEINTEILUNG

• D, E, F	Farblos (Weiß) ★★★★★
• G bis J	Fast farblos ★★★★
• K, L, M	Sehr leicht gelblich ★★
• N bis R	leicht gelblich ★
• S bis Z	Hellgelb ★★★
• Z+	Ausgefallene Farben ★★★★★ (Blau, Rosa, Gelb, Braun, Lila ...) Manche davon entstehen natürlich, andere unter Bestrahlung

Clarity (Reinheit)

Die meisten Diamanten haben sehr kleine, natürliche Einschlüsse, die das Feuer und den Preis des Steins beeinflussen. Je weniger und kleiner diese Einschlüsse sind, desto besser durchdringt das Licht den Stein und umso hochwertiger ist er.

Ein geschliffener Diamant ist »lupenrein«, wenn er sich für den geübten Fachmann bei zehnfacher Vergrößerung mit einer Diamantenlupe als absolut transparent und frei von Einschlüssen erweist.

Die anderen sogenannten »Untergrade« basieren auf Größe, Position und Anzahl der inneren und äußeren Merkmale im Stein. Der niedrigste Untergrad weist auf Einschlüsse hin, die Sie mit dem bloßen Auge nicht feststellen. Im Allgemeinen rate ich zu Steinen des Reinheitsgrades VS. Ob der Stein nun Einschlüsse hat, die unter der Lupe zu erkennen sind, ist mir persönlich nicht so wichtig, solange sie nicht mit bloßem Auge zu sehen sind.

REINHEITSGRADE

• IF (INTERNALLY FLAWLESS)	★★★★★ Lupenrein: keine Einschließungen bei zehnfacher Vergrößerung zu erkennen. Extrem selten und dementsprechend teuer.
• VVS (VERY VERY SMALL INCLUSIONS)	★★★★ Sehr, sehr kleine innere Merkmale: bei zehnfacher Vergrößerung schwer zu erkennen. Extrem gute Qualität.
• VS (VERY SMALL INCLUSIONS)	★★★★ Sehr kleine innere Merkmale: bei zehnfacher Vergrößerung nicht allzu schwer zu erkennen. Sehr gute Qualität.
• SI (SMALL INCLUSIONS)	★★★ Kleine innere Merkmale: bei zehnfacher Vergrößerung leicht zu erkennen. Gute Qualität.
• P1 (1ST PIQUÉ)	★★ Deutliche Einschlüsse: mit bloßem Auge schwer zu erkennen.
• P2 (2ND PIQUÉ)	★ Große Einschlüsse: mit bloßem Auge nicht allzu schwer zu erkennen.
• P3 (3RD PIQUÉ)	Grobe Einschlüsse: mit bloßem Auge leicht zu erkennen.

Carat (Gewichtseinheit)

Carat ist die Gewichtseinheit für Diamanten. 1ct = 0,2 Gramm – nicht zu verwechseln mit Karat, was die Reinheit von Gold bezeichnet.

Diamantenverlobungsringe sind nicht nur in den USA und England sehr trendy, sondern mittlerweile auch in Deutschland. Ob Ihr Ring mit vielen kleinen Diamanten besetzt ist, einen kleinen Akzent hat oder von einem leuchtenden Einkaräter gekrönt ist, Diamanten symbolisieren perfekt die ewige Liebe. Egal, wie groß die Edelstücke sind.

Alternativen zum Diamanten

Wenn Ihnen Diamanten nicht gefallen oder sie einfach auch nicht in Ihr Budget passen, bieten Geburtssteine eine gute Alternative. Sie symbolisieren den Geburtsmonat der Trägerin und sind so eine etwas individuellere Lösung.

GEBURTSSTEINE

• Januar	Granat	• Juli	Rubin
• Februar	Amethyst	• August	Peridot
• März	Aquamarin	• September	Saphir
• April	Diamant	• Oktober	Opal, Turmalin
• Mai	Smaragd	• November	Topas
• Juni	Perle, Mondstein	• Dezember	Türkis

Die Fassung

Natürlich ist nicht nur der Stein wichtig, sondern auch die Fassung. Sie macht den Stein zum Schmuckstück an Ihrem Finger. Hierbei achten Sie, lieber Bräutigam, darauf, dass das Design Ihrer Liebsten wirklich gefällt. Was mag sie? Was steht ihr? Altmodisch oder modern, schlicht oder extravagant – Sie haben die Qual der Wahl. Je ausgefallener aber die Fassung, und damit der Ring, desto schwieriger ist es, ihn täglich zu tragen. Wenn Sie einen Ring kaufen, stellen Sie sich vor, wie Ihre Liebste ihn Tag für Tag trägt. Passt ihre Hand mit ihm daran noch in einen Handschuh? Und so weiter. Achten Sie auch darauf, dass der Stein nicht zu weit herausragt. Denn je prominenter der Stein, desto leichter bleibt Ihre Beste an allem hängen. Ist das schön?

Flitterwochen

Da wir auf Seite 209 gerade über Entspannung geredet haben, mache ich hier einfach mit dem Kapitel Flitterwochen weiter. Nach den aufregenden und vielleicht auch etwas anstrengenden Monaten der Hochzeitsplanung haben Sie sich wahrlich eine Auszeit verdient. Sei es nun auf einer Südseeinsel, in den Straßenschluchten von New York oder in einem romantischen Hotel in Ihrer Nachbarschaft. Geflittert werden kann, wo Sie mögen und wie die Finanzen es gestatten.

Die erste Entscheidung ist immer die schwerste: Wohin soll es denn überhaupt gehen? Bevor Sie mit den Recherchen anfangen, überlegen Sie sich, wie viel Geld Sie als Reisebudget zur Verfügung haben. Dann können Sie sich entspannt überlegen, wohin die Reise sie führen soll und was Sie dort unternehmen wollen. Wie wäre es mit einem sonnigen Strandurlaub? Oder doch lieber zum Wandern in die Berge? Safari oder eine Kreuzfahrt? Gehen Sie mit Ihrem Verlobten ins Reisebüro und lassen Sie sich die neuesten Kataloge zeigen.

Es gibt Reiseveranstalter, die sich auf Hochzeitsreisen spezialisiert haben. Sie stellen Ihnen romantische Reisepakete zusammen, so, wie Sie es sich vorstellen. Schauen Sie auch mal ins Internet und vergleichen Sie dort auf schnellem Wege die Angebote. Dort finden Sie auch die Webseite der Hotels mit vielen Bildern. MEHR DAZU AB SEITE 221

DIE WICHTIGSTEN PUNKTE

6–9 MONATE VORHER

- ○ Möglichkeiten für die Hochzeitsreise erkunden
- ○ Urlaub beantragen

4–6 MONATE VORHER

- ○ Hochzeitsreise buchen
- ○ Eventuell Reisepass/Visum beantragen

2–4 MONATE VORHER

- ○ Gültigkeitsdauer der Pässe prüfen
- ○ Alle vorhandenen Visa kontrollieren
- ○ Eventuell impfen lassen
- ○ Reiseapotheke zusammenstellen

1 WOCHE VORHER

- ○ Reservierungen bestätigen
- ○ Nötige Einkäufe erledigen

KURZ VOR DER HOCHZEIT

- ○ Eventuell Geld wechseln
- ○ Koffer packen
- ○ Alle Reisedokumente bereitlegen

FLITTERWOCHEN – WOHIN FAHREN WIR?

Wohin soll es gehen? Um Ihnen die Entscheidung etwas leichter zu machen, können Sie hier zusammen Ihre Träume und Vorstellungen besprechen und schon mal erste Reiseziele ins Auge fassen. Am besten wäre ein Ort, den Sie beide nicht kennen und den Sie zusammen erkunden.

REISESTIL

- ○ Entspannung
- ○ Aktivität
- ○ Romantik
- ○ Party

REISEZIEL

- ○ Strand
- ○ Land
- ○ Berge
- ○ Stadt

AKTIVITÄTEN

○ Schwimmen	○ Wandern	○ Radfahren	○ Reiten
○ Golf	○ Tennis	○ Segeln	○ Skifahren
○ Shopping	○ Kultur/Gechichte	○ Party/Tanzen	○ Safari
○ Abenteuer	○ Angeln	○ Extremsport	○ Schloss/Burg
○ Tauchen	○ Spa/Beauty	○ Yoga	○ Faulenzen

JAHRESZEIT

○ Januar – März	○ April – Juni	○ Juli – September	○ Oktober – Dezember
HÖHERE TEMPERATUREN (gut für sommerlichen Urlaub)			
○ Florida	○ Europa	○ Europa	○ Hawaii
○ Karibik	○ Südafrika	○ Südafrika	○ Karibik
○ Südamerika	○ Indonesien	○ Indonesien	○ Südamerika
○ Malediven	○ Australien	○ Pazifische Inseln	○ Malediven
○ Nordafrika	○ Pazifische Inseln	○ Hawaii	○ Nordafrika
○ Indien	○ Hawaii		○ Indien
○ Thailand			○ Thailand
○ Neuseeland			○ Neuseeland
○ Australien			○ Australien
			○ Pazifische Inseln
NIEDRIGE TEMPERATUREN (gut für winterlichen Urlaub)			
○ Europa	○ Europa	○ Australien	○ Europa
○ Nordamerika		○ Neuseeland	○ Nordamerika

Ob Sie letztendlich die Hilfe eines Reisebüros in Anspruch nehmen oder alles selbst im Internet buchen, hängt davon ab, wie bequem Sie sind und wo Sie hinreisen. Je schwieriger und komplexer die Reise wird (bei langen Anfahrten mit mehrmaligem Umsteigen, Sprachbarrieren oder entlegenen, ausgefallenen Reisezielen), desto mehr rate ich Ihnen dazu, sich einem Reiseagenten anzuvertrauen. Wenn Sie sich für einen entscheiden, hören Sie auf Ihren Bauch.

UNBEDINGT EINPACKEN

FÜR DEN FLUG

- Reisepass und Flugtickets
- Eventuell Impfausweis
- Augenmaske – damit Sie bei langem Flug gut schlafen können
- Feuchtigkeitscreme – damit die Haut bei der trockenen Flugzeugluft nicht austrocknet
- Ein gutes Buch

FÜR DEN URLAUB

- Reiseapotheke
- Krankenversicherungskarte
- Sonnenschutz
- Sonnenbrille
- Adapter
- Fotoapparat
- Führerschein

Tipps zur Buchung

1. Frischverheiratete Ehepaare bekommen während der Flitterwochen oft besondere Vorzüge. Informieren Sie das Reisebüro, die Fluglinie und das Hotel über Ihre Heirat.

2. Erkundigen Sie sich unbedingt nach Reiserücktrittsversicherungen. Von einem gebrochenen Bein bis hin zu Naturkatastrophen – mitunter kommt was dazwischen. Sichern Sie sich deshalb ab.

3. Falls Sie eine lange anreisen, fliegen Sie ein oder zwei Tage nach der Hochzeit, damit Sie sich noch ein wenig Zeit haben, sich vorzubereiten.

4. Fragen Sie immer nach einem Zimmer in ruhiger Lage. Nichts stört die Romantik mehr als der Weckruf eines Presslufthammers.

5. Planen Sie, bestimmte Unternehmungen zu machen? In manchen Fällen lohnt es sich dafür Reservierungen durchzuführen - damit Sie auch sicher dabei sind.

HOCHZEITSTAGE UND WICHTIGE JUBILÄEN

Einer der schönsten Tage Ihres Lebens, Ihr Hochzeitstag, jährt sich. Und natürlich sollte so ein besonderer Tag auch geehrt werden. Dazu gehören nicht unbedingt teuere Geschenke, aber Sie sollten sich ein wenig Zeit füreinander nehmen und diesen Tag richtig genießen. Eine gute Gelegenheit, die Kontinuität Ihrer Liebe zu feiern und sich noch einmal an Ihr Eheversprechen zu erinnern. Lassen Sie die vergangenen Jahre Revue passieren und freuen Sie sich auf die gemeinsame Zukunft. Blättern Sie mal wieder im Hochzeitsalbum und schwelgen Sie in Erinnerungen.

Hier ein paar Ideen und Anregungen, um Ihrem Hochzeitstag die ganz besonder Note zu verleihen.

DIE ERSTEN 10 JAHRE

0 Jahre — Der Hochzeitstag, auch grüne oder weiße Hochzeit genannt

1 Jahr — Papierhochzeit: Dieses Jahr ist bestimmt wie im Fluge vergangen. Lust auf was Verrücktes? Kramen Sie doch noch mal Ihr Hochzeitskleid und den eleganten Anzug aus dem Schrank und genießen Sie ein Essen bei Kerzenschein in der »alten« Pracht. Falls Sie eine mehrstöckige Hochzeitstorte hatten und die obere Etage eingefroren haben, ist es jetzt auch an der Zeit, diese gemeinsam genüsslich zu verzehren.
Geschenkideen: ein Liebesbrief, ein selbst gemachtes Fotoalbum des ersten Jahres als Mann und Frau, elegantes Briefpapier mit den neuen Initialen, Eintrittskarten zu einem tollen Event (Theater, Kino, Konzert ...)

2 Jahre — Baumwollhochzeit

3 Jahre — Lederne Hochzeit: Nach einigen Höhen und bestimmt auch einigen Tiefen ist Ihre Beziehung schon etwas wettergegerbt, aber daher auch um einiges belastungsfähiger.
Geschenkideen: ledergebundenes Tagebuch, Aktentasche oder Schreibtischunterlage mit Monogramm. Sie mögen es unkonventionell? Wie wäre es mit einer sexy Lederhose?

4 Jahre — Seidenhochzeit: Zart wie die Fäden der Seidenraupe sind die ersten Jahre der Ehe. Zeit für tolle Dessous oder Bettwäsche – und das ist bestimmt nicht nur ein Geschenk für die Gattin, sondern auch der Herr Gemahl wird seine Freude daran haben.

5 Jahre — Hölzerne Hochzeit: Wie Holz ist auch Ihre Ehe schon herangewachsen und auf dem besten Wege, stark wie ein Baum zu werden.

6 Jahre — Zinnhochzeit: Auch wenn Zinn wirklich nicht das härteste aller Metalle ist, so symbolisiert dieser Jahrestag doch eine gewisse Stabilität und Festigkeit der Beziehung.

HOCHZEITSTAGE UND WICHTIGE JUBILÄEN (Fortsetzung)

7 Jahre	Kupferne Hochzeit: Kupfer glänzt nur richtig, wenn es auch regelmäßig poliert wird. Ansonsten wird es stumpf und bekommt eine Patina. Und das hat noch keiner Ehe gut getan. Aber das mit dem »verflixten siebten Jahr« ist wirklich nur eine Bauernweisheit.
8 Jahre	Blechhochzeit
9 Jahre	Keramikhochzeit
10 Jahre	Rosenhochzeit: Herzlichen Glückwunsch! Sie haben Ihren ersten runden Hochzeitstag. Geschenkideen: Lassen Sie heute mal Rosen auf Ihre Frau regnen! Aber denken Sie daran: Jede Rose hat auch ein paar Dornen. Denn Rosen und Dornen gehören genauso zusammen wie Liebe und Schmerz.

11 BIS 20 JAHRE

11 Jahre	Stahlhochzeit
12 Jahre	Nickelhochzeit
12½ Jahre	Petersilienhochzeit: Zwischen Ihrem Jawort und den 25 Jahren der Silberhochzeit steht die Petersilienhochzeit. Zu diesem Anlass wird aber nicht offiziell geladen, sondern die Gäste erscheinen auf eigene Initiative und bringen, abgesehen von Kuchen oder anderen Speisen, auch ein kleines Petersilienpflänzchen als Geschenk mit.
13 Jahre	Veilchenhochzeit
14 Jahre	Elfenbeinhochzeit
15 Jahre	Gläserne oder kristallene Hochzeit: Durch 15 Jahre Ehe haben Sie mittlerweile eine gewisse Klarheit und Transparenz erreicht. Bestimmt sind Sie dabei auch ein paar Mal durchs Feuer gegangen, aber trotz allem nicht als Paar zerbrochen. Darauf herzlichen Glückwunsch! Stoßen Sie doch auf sich selbst an, mit einer guten Flasche Champagner und ein paar neuen Champagnergläsern.
16 Jahre	Saphirhochzeit
17 Jahre	Orchideenhochzeit
18 Jahre	Türkishochzeit
19 Jahre	Perlmutthochzeit
20 Jahre	Porzellanhochzeit: Wie das »gute Porzellan«, das behütet an einem sicheren Ort aufbewahrt wird, soll auch die Ehe weiterhin behütet werden. Denn auch wenn es meist als wertvoller als Glas oder Kristall angesehen wird, so zerbricht es doch ebenso leicht. Geschenkidee: neues Geschirrset

HOCHZEITSTAGE UND WICHTIGE JUBILÄEN (Fortsetzung)

21 BIS 30 JAHRE

21 Jahre	Opalhochzeit
22 Jahre	Bronzehochzeit
23 Jahre	Titanhochzeit
24 Jahre	Satinhochzeit
25 Jahre	Silberne Hochzeit ist der erste Hochzeitstag, der auch im großen Stil gefeiert wird, denn schließlich hat Ihre Ehe nun schon ein Vierteljahrhundert überdauert. In manchen Familien herrscht der Brauch, ein kleines Silberkrönchen als Familienerbstück von Generation zu Generation weiterzugeben. Es bleibt nur so lange in Ihrem Besitz, bis das nächste Paar diesen Ehrentag erreicht.
26 Jahre	Jadehochzeit
27 Jahre	Jutehochzeit
28 Jahre	Nelkenhochzeit
29 Jahre	Samthochzeit
30 Jahre	Perlenhochzeit: Genau wie Perlen über Jahre hinweg in der Muschel heranwachsen und größer und schöner werden, so ist auch Ihre Ehe herangewachsen und mit jedem Jahr kostbarer geworden. Als Schmuckstück gilt: Je öfter Perlen getragen werden, desto schöner werden sie. Geschenkideen: Als Geschenk eignet sich natürlich eine schöne Perlenkette. Aber denken Sie daran: In vielen Kulturen sind Perlen ein Symbol für Tränen, und man darf sie aus diesem Grund nie verschenken. Um mögliches Unglück abzuwenden, muss die Beschenkte einen symbolischen Preis dafür zahlen (ein paar Cent reichen vollkommen).

31 BIS 40 JAHRE

32 Jahre	Seifenhochzeit
33½ Jahre	Knoblauchhochzeit
34 Jahre	Bernsteinhochzeit
35 Jahre	Leinwandhochzeit: Bevor Fotos die gemalten Bilder ersetzten, war es Brauch sich zum 35. Jahrestag von einem Maler auf Leinwand portraitieren zu lassen. Da das Modellsitzen eine langwierige Angelegenheit ist, könnten Sie vielleicht einen Termin beim Fotografen machen und sich professionell ablichten lassen. So ein schönes Foto ist nicht nur eine Freude, sondern auch ein ideales Geschenk für die Familie.
36 Jahre	Mondhochzeit
37 Jahre	Malachithochzeit

HOCHZEITSTAGE UND WICHTIGE JUBILÄEN (Fortsetzung)

31 BIS 40 JAHRE

37½ Jahre	Aluminiumhochzeit: Wie auch Aluminium, so rostet Ihre Liebe nach 37½ Jahren Ehe bestimmt nicht mehr.
38 Jahre	Feuerhochzeit: Sie haben die Feuertaufe einer langen Ehe bestanden. Geschenkideen: Diesen Anlass könnten Sie mit einem eigenen Feuerwerk feiern. Suchen Sie sich einen Pyrotechniker in Ihrer Nähe und die Funken werden sprühen. Wenn Ihnen das etwas zu viel wird, setzen Sie sich doch gemütlich vor den Kamin und genießen Sie bei einem Gläschen Wein den Abend.
39 Jahre	Sonnenhochzeit
40 Jahre	Rubinhochzeit: Das glühende Feuer des Rubins gilt als Symbol der Liebe und des Feuers, das sie entfacht. Geschenkidee: Wie wäre es, zu diesem Jahrestag eine rubinrote Rose im Garten zu pflanzen?

41 BIS 50 JAHRE

41 Jahre	Birkenhochzeit
42 Jahre	Granathochzeit
43 Jahre	Bleierne Hochzeit: Bleigießen ist nicht nur was für Silvester. Vielleicht erhaschen Sie so einen kleinen Blick auf die nächsten 43 Jahre.
44 Jahre	Sternenhochzeit: Holen Sie Ihrer Liebe die Sterne vom Himmel! Ob Sie den Tisch mit Sternen dekorieren oder einen Stern nach Ihrem Partner benennen. (Ja, das geht wirklich: Schauen Sie sich mal im Internet um.)
45 Jahre	Messinghochzeit
46 Jahre	Lavendelhochzeit
47 Jahre	Kaschmirhochzeit
48 Jahre	Amethysthochzeit
49 Jahre	Zedernhochzeit
50 Jahre	Goldene Hochzeit: Nach 50 Jahren ist Ihre Ehe genauso wertvoll, glänzend und sicher wie Gold, eines der edelsten Metalle. Im Mittelalter gaben Männer ihrer Frau zu diesem Anlass einen goldenen Kranz, der Harmonie symbolisierte. Viele Paare begehen diesen Ehrentag mit einer Erneuerung des Eheversprechens und einer Segnung.

51 BIS 60 JAHRE

55 Jahre	Smaragdhochzeit: Der Smaragd symbolisiert Wiedergeburt und Liebe und ist gut für ein schönes Schmuckstück geeignet. Wer aber diesen Jahrestag

HOCHZEITSTAGE UND WICHTIGE JUBILÄEN (Fortsetzung)

	mit einer Reise feiern möchte, sollte vielleicht an die Smaragdküste Sardiniens fahren oder Irland, die Smaragdinsel, in Erwägung ziehen.
60 Jahre	Diamantene Hochzeit: Der Diamant als härtester und wertvollster Edelstein symbolisiert eine Ehe, die nichts mehr angreifen kann. Lange Jahre der gegenseitigen Liebe hat sie unzerstörbar gemacht. Zu diesem wunderbaren Ereignis können Sie sich schon mal etwas leisten. Wie wäre es mit einer schönen Diamantenbrosche? In England schickt sogar die Königin Glückwunschkarten an ihre Untertanen, um zur Diamanthochzeit zu gratulieren. Auch in Deutschland gibt es Vergleichbares: Hier gratuliert der Bundespräsident aber erst zum 65., 70. und 75. Hochzeitstag. Bei der Bewältigung dieser Aufgaben ist er auch auf die Unterstützung der Städte und Gemeinden angewiesen. Die Behörden übermitteln die erforderlichen Daten der Jubilare an das Bundespräsidialamt.

61 BIS 70 JAHRE

65 Jahre	Eiserne Hochzeit: Eisen ist ein sehr hartes Metall, das man kaum verbiegen und nur unter sehr hohen Temperaturen schmelzen kann. Als Ehepaar haben Sie mittler weile Ihren eisernen Willen bewiesen, indem Sie gemeinsam alle Facetten des Lebens durchlebt haben und daran nicht zerbrochen sind.
67½ Jahre	Steinerne Hochzeit: Steine überdauern Jahrtausende und gelten als Zeichen ewiger Haltbarkeit. Und 67 ½ Jahre Ehe sind ja schon fast eine kleine Ewigkeit.
70 Jahre	Gnadenhochzeit: Wenn sich zwei Menschen, die sich lieben, 70 Jahre lang durch das Leben begleiten dürfen, dann ist das doch wahrlich eine Gnade – ein Geschenk, das sich kaum überbieten lässt. (Es sei denn, Sie erleben die Kronjuwelenhochzeit gemeinsam.)
75 Jahre	Kronjuwelenhochzeit: Als Ehepaar die Kronjuwelenhochzeit zu erreichen, ist wirklich ein Geschenk an sich. Es gibt nichts Kostbareres als eine Ehe, die so lange Bestand hatte. Das ist wirklich ein Anlass, eine große Familienfeier organisieren zu lassen und noch mal so richtig zu feiern. Falls einer Ihrer Verwandten diesen Jahrestag begehen darf, fragen Sie das Paar doch mal nach ihren Ratschlägen für eine glückliche Ehe – wenn es jemand weiß, dann das Ehrenpaar.

PINK BRIDE WILL'S WISSEN

Ich würde mich riesig freuen, von Ihnen nach Ihrem Hochzeitstag zu hören. Wie lief die Hochzeit? Hat Ihnen »Pink Bride's Handbuch für unsere perfekte Hochzeit« bei der Planung geholfen? Es wäre toll, wenn Sie sich ein paar Minuten Zeit nehmen, um mir von Ihrem großen Tag zu erzählen. Schicken Sie auch gerne ein paar Fotos mit, wenn Sie möchten. Ich freue mich immer, von Bräuten zu hören, und bin auf Ihre Kommentare gespannt! Am besten erreichen Sie mich via E-Mail unter feedback@pinkbride.com.
Im Anschluss habe ich noch einige Beispielfragen aufgeführt, die mich sehr interessieren. Damit helfen Sie mir, mein Buch immer weiter zu verbessern. Schicken Sie mir doch einfach eine E-Mail. Ich freue mich drauf.

Herzliche Grüße

Alexandra Dionisio

UNSERE HOCHZEIT

1. Hochzeitsdatum – wann haben Sie geheiratet?
2. Stadt – wo gaben Sie sich das Jawort?
3. Location der Feier
4. Anzahl der Gäste
5. Wie hoch war Ihr ungefähres Budget?
   bis 3000 €, 3000–5000 €, 5000–10000 €, 10000–15000 €, über 15000 €
6. Das Beste war ...
7. Das Lustigste war ...
8. Das Besondere an unserer Hochzeit war ...
9. Das Schlimmste war ...
10. Das hätten wir besser machen können ...
11. Wie hat Ihnen »Pink Bride's Handbuch zu unserer perfekten Hochzeit« gefallen?
12. Inwieweit hat Ihnen dieses Buch bei der Planung der Hochzeit geholfen?
13. Was hat Ihnen besonders gut gefallen?
14. Was hat Ihnen nicht so gut gefallen?
15. Haben Sie bestimmte Informationen vermisst?
16. Wie hilfreich waren die verschiedenen Arbeitsblätter und Listen?
17. Werden Sie »Pink Bride's Handbuch zu unserer perfekten Hochzeit« weiterempfehlen?
18. Wenn Sie möchten, können Sie uns noch mehr über sich verraten.
    Name und Alter der Braut
    Name und Alter des Bräutigams

Natürlich behandle ich alle Informationen streng vertraulich und gebe sie nicht an Dritte weiter.

Inhalt

ARBEITSBLÄTTER UND LISTEN VON A–Z

Laut Tradition hat früher die Familie der Braut die Kosten der Hochzeit fast zu 100 Prozent übernommen, wobei die Familie des Bräutigams nur einige Teile zahlen musste.

B

Band/DJ 168–176
Blumenbestellung 180
Blumendekorationen 176
Bräutigam 208
Brautjungfern 82
Budgetplaner 43–46

C

Caterer, Fragen 106–107
Catering-Info 104

D

Deko-Elemente 111
DJ/Band Info 174
Drucksachen 136

E

Einladung 124

F

Flitterwochen 221
Floristen Info 181
Fotografen Info 156
Fotografen, Fragen 153–154
Foto-Momente 155

G

Gästelistenmanager 51–59
Geschenke 184–190

H

Hochzeitsablauf
- die Feier 33
- die Trauung 32
- vor der Trauung 31

Hochzeitscountdown 14–16
Hochzeitskalender 17–29
Hochzeitskontakte 7–8
Hochzeitsoutfit 139, 150
Hochzeitsrede 205
Hochzeitsstil 12, 13
Hochzeitstage 223–228

K

Konditoren Info 122
Kosten-Spickzettel 38

L

Location-Info 100
Location-Manager 98–99

M

Musikvorschläge
- für die Feier 171–172
- für die Zeremonie 164–165

Musikwünsche 173

N

Namensänderung 211
Neue Dokumente 211
Notfallkasten 115

P

Plastron 203

R

Restaurantmanager 95–97
RSVPs 130

S

Schleife 202
Sitzordnungsplaner 64–69
- Rechteck 10 Personen 69
- Rechteck 8 Personen 68
- Rund 6 Personen 66
- Rund 8 Personen 67

Speisen & Getränke 105

T

Tischordnungsplaner 70–71

U

Unbedingt einpacken 222
Urkunden & Dokumente 79

V

Videografen-Info 159
Videografen, Fragen 157–158
Video-Momente 160

W

Wer zahlt was? 38
Windsorknoten 201

Z

Zeremonie Musik 164–165

Ablauf 30, 192
Ablauf (Feier) 33, 112
Ablauf (Trauung) 32
Ablauf (vor der Trauung) 31
Accessoires 139, 199
Altes 149
Anschneiden der Torte 121, 206
Anzug 197
Ausschnittformen 141, 142
Auto 194
Autovermietung 195
Band 166, 168–170, 174
Bisquit 120
Blaues 149
Blumen 175–180
Blumenmädchen 150
Blumensprache 177
Braut 137–146
Bräutigam 191–206
Brautjungfern 81, 82, 150
Brautkleid 137–146, 204–205
Brautladen 137, 144
Brautschuhe 146
Brautstrauß 175, 200
Budget 37–46
Büfett 101
Buttercreme 119
Carat – Gewichtseinheit 219
Caterer 102–107
Clarity – Reinheit 218
Cocktail 105, 112
Color – Farbe 217
Cut – Anzug 198
Cut – Schliff 216
Danksagungen 133–136
Dekoration 109–111
Diamanten 216–219
Diamantformen 216
DJ 166, 174
Dokumente 79, 211
Drucksachen 123–136
Eheringe 147–148
Ehevertrag 212
Einladung 123–129
Eltern 39, 124–125
Entspannen 209–210
Erste Tanz 167, 206
Farbeinteilung 217
Farbkonzept 36
Feier (im Freien) 10, 94
Feier (Restaurant) 93–100
Feier (zu Hause) 91–93
Fingerfood 102
Flecken 115–116
Fliege 199
Flitterwochen 220–222
Fondant 120
Fotos 151–156
Frack 198
Freie Theologen 75–76, 84–85
Ganache 120
Gästebuch 74
Gästeliste 47–59
Gastgeschenke 72–73
Geborgtes 149
Geburtssteine 219
Geld 11, 37–46
Geschenke 181–190, 196
Geschenktisch 181–182
Getränke 105, 112
Gold 147
Gravur 148
Gütergemeinschaft 212
Gütertrennung 212
Hemdgröße 199
Hochzeitsablauf 30–33, 112–114

Hochzeitsauto 194–195
Hochzeits-Cocktail 105, 112
Hochzeitscountdown 11, 14–16
Hochzeitsdesign 36, 108–112
Hochzeitsjubiläen 223–227
Hochzeitskleid 137–146, 204–205
Hochzeitsplaner 34–35
Hochzeitsprogramm 83, 130–131
Hochzeitsrede 205
Hochzeitstorte 117–122, 206
Jubiläen 223–227
Kirchliche Trauung 78–79, 83
Kleidersilhouetten 141
Konditor 117–122
Kontaktadressen 232–233
Krawatte 199, 201
Kummerbund 200
Laufmasche 114–115
Licht 109
Location 32–33, 91–98
Mandeln 72–73
Marzipan 120
Menü 101
Menükarten 132
Musik 161–174
Namensänderung 211
Neues 149
Notfallkasten 114–115
Ökumenische Hochzeit 80
Plastron 199, 203
Platin 147
Platzkarten 109
Pochette 200
Programm 130–131
Psychologie 193
Rede 205
Reinheitsgrade 147, 218
Reisepass 211, 220, 222
Ringe 147–148
Ringkissen 148
Ringträger 148
RSVP 129–130
Rührkuchen 120
Schleier 145–146
Schleife 199, 202
Schreibblockade 134
Silhouetten 141
Sitzordnung (Feier) 62–71
Sitzordnung (Zeremonie) 84
Smoking 197
Speisen 101–103, 105
Spenden 183
Spiele 114, 207
Spartipps 42
Standesamtliche Trauung 75–77
Standpunkte 210
Strumpfband 207
Strümpfe 200
Themenhochzeit 127
Tische 62–71, 109
Tischnummern 63
Torte 117–122, 206
Torte, Anschneiden der 121, 206
Trausprüche (Bibel) 86–87
Trausprüche (weltlich) 88–90
Trauzeugen 80–81, 150
U.A.w.g. 129
Urkunden 79
Vertrag 212
Videograf 151–152, 157–160
Weddingplanner 34–35
Weste 200
Windsorknoten 201
Zeremonie 75–90
Zitate 86–90, 213–215
Zugewinngemeinschaft 212

Die Autorin

Alexandra Dionisio studierte in Paris und New York und arbeitete in New York im Design- und Marketing-Bereich. Mit PinkBride verwirklicht sie ihren Traum, Brautpaaren bei der Hochzeitsgestaltung behilflich zu sein. Ihre Stärke liegt darin, Design, Planung und Individualität zu einem harmonischen Ganzen zu verbinden. Schauen Sie doch mal nach, was es neues bei PinkBride gibt unter www.pinkbride.com. Bei Fragen oder Anregungen wenden Sie sich direkt an feedback@pinkbride.com.

Adressen

Kuchenkunst
Christina Cooper
Braunweilerweg 32
50933 Köln
+49-(0)221-486152
kuchenkunst@aol.com

Pauline St. Denis
150 E 18th Street #8P
New York, NY 10003
+1-212-677-2197
+1-917-5414245
www.pollyroxs.com

Elle Photography
145 Berkeley Avenue
Irvine, CA 92612
ellefoto@gmail.com
+1-949-923-0634
www.ellephotography.com

Buchtipps

von Au, Franziska: Der neue Knigge. Südwest, München

Helmold, Susanne: Dekorationen zur Hochzeit. Urania Verlag, Stuttgart

Heugel, Ines: Tischkultur & Lebensart. Christian Verlag, München

Hirson, Christina: Zitate für jeden Anlass. Gräfe und Unzer, München

Kobschätzky, Andreas: Die perfekte Hochzeitsrede.
Gräfe und Unzer, München

Norden, Mary und Wreford, Polly: Kleine feine Hochzeitsideen.
Artea Verlag, München

Pedvilla, Pia und Täubner, Armin: Dekoträume Silhouetten & Ornamente.
Frech Verlag, Stuttgart

Pohlmann, Nina: Krawattenknoten.
Gräfe und Unzer, München

Proff, Verena: Hochzeit – Reden und Glückwünsche.
Gräfe und Unzer, München

Roetzel, Bernhard: Der Gentleman
Könemann Verlag, Hagen

Wagener, Klaus: 555 Deko Ideen
Ulmer Eugen Verlag, Stuttgart

Internetadressen

www.tortenfee.de
www.zuckertraum.de

Geschenke:
www.vanlisten.de
www.belgusto.de
www.mydays.de

Ihre eigene Hochzeitswebseite:
www.unsere-hochzeitsseite.de

Seiten auf Englisch:
www.theknot.com
www.brides.com
www.world-of-wedding-favours.com

Umwelthinweis

Dieses Buch wurde auf chlorfrei gebleichtem Papier gedruckt. Um Rohstoffe zu sparen, haben wir auf Folienverpackung verzichtet.

Wichtiger Hinweis

Die Beiträge in diesem Buch sind sorgfältig recherchiert und entsprechen dem aktuellen Stand.
Abweichungen, beispielsweise durch seit Drucklegung geänderte WWW-Adressen etc., sind nicht auszuschließen. Weder die Autorin noch der Verlag können für eventuelle Nachteile oder Schäden, die aus den im Buch gegebenen praktischen Hinweisen resultieren, eine Haftung übernehmen.

Bildnachweis

Kap2: Mauritius
Kap3: Ifa-Bilderteam
Kap4: vorn:Corbis /ob.li.: Mauritius, ob.re.: St.Denis, unt.li.:Corbis, unt.re.: Mauritius
Kap5: vorn: Ifa-Bilderteam/ ob.li.: Mauritius, ob.re.: Panthermedia, unt.li.: Mauritius, unt.re.: Picturemaxx
Kap6: alle Mauritius, außer: unt.re.: EllePhotography
Kap7: vorn: Corbis/ ob.li.: Mauritius, ob.re.: Mauritius, unt.li.: Engels, unt. re.: Corbis
Kap8: alle Mauritus, außer: ob.re.: PinkBride, unt.re.: StDenis
Kap9: vorn: Corbis/ ob.li.: Mauritius, ob.re.: Corbis, unt.li.: Masterfile, unt. re.: Corbis
Kap10: vorn: Panthermedia/ ob.li.: Picturepress, ob.re.: Corbis, unt.li.: Getty-Images, unt.re: Ifa-Bilderteam
Kap11: vorn: Getty-Images/ ob.li.: Getty-Images, ob.re.: Corbis, unt.li.: Mauritius, unt.re.: Corbis
Kap12: vorn: Corbis/ ob.li: PinkBride, ob.re.: FloraPress, unt.li.: St.Denis, unt. re.: Mauritius
Kap13: vorn: Picturepress/ alle anderen: Mauritius
Kap14: vorn: Mauritius/ ob.li.: Masterfile, ob.re.: Mauritius, unt.li.: St.Denis, unt.re: Panthermedia
Kap15: Getty-Images
Kap16: Corbis

Programmleitung: Christof Klocker
Leitende Redaktion: Anita Zellner
Redaktion: Esther Szolnoki
Bildredaktion: Daniela Laußer
Lektorat: Luise Heine, Asta Hemmerlein
Illustrationen: Alexandra Dionisio
Umschlaggestaltung und Layout: Alexandra Dioniso, independent Medien-Design
Herstellung: Petra Roth
Satz: Liebl Satz+Grafik, Emmering
Repro: Longo AG, Bozen

Printed in China

ISBN 978-3-8338-0984-2
1. Auflage 2008

DAS ORIGINAL MIT GARANTIE

Unsere Garantie

Alle Informationen in diesem Ratgeber sind sorgfältig und gewissenhaft geprüft. Sollte dennoch einmal ein Fehler enthalten sein, schicken Sie uns das Buch mit dem entsprechenden Hinweis an unseren Leserservice zurück. Wir tauschen Ihnen den GU-Ratgeber gegen einen anderen zum gleichen oder ähnlichen Thema um.

Liebe Leserin und lieber Leser

wir freuen uns, dass Sie sich für ein GU-Buch entschieden haben. Mit Ihrem Kauf setzen Sie auf die Qualität, Kompetenz und Aktualität unserer Ratgeber. Dafür sagen wir Danke! Wir wollen als führender Ratgeberverlag noch besser werden. Daher ist uns Ihre Meinung wichtig. Bitte senden Sie uns Ihre Anregungen, Ihre Kritik oder Ihr Lob zu unseren Büchern. Haben Sie Fragen oder benötigen Sie weiteren Rat zum Thema? Wir freuen uns auf Ihre Nachricht!

Wir sind für Sie da!

Montag – Donnerstag: 8.00 – 18.00 Uhr;
Freitag: 8.00 – 16.00 Uhr
Tel.: 0180-5 00 50 54*
Fax: 0180-5 01 20 54*
E-Mail:
leserservice@graefe-und-unzer.de

*(0,14 €/Min. aus dem dt. Festnetz/ Mobilfunkpreise können abweichen.)

P.S.: Wollen Sie noch mehr Aktuelles von GU wissen, dann abonnieren Sie doch unseren kostenlosen GU-Online-Newsletter und/oder unsere kostenlosen Kundenmagazine

GRÄFE UND UNZER VERLAG
Leserservice
Postfach 86 03 13
81630 München

GRÄFE UND UNZER

Ein Unternehmen der
GANSKE VERLAGSGRUPPE

NOTIZEN

pinkbride

NOTIZEN

pinkbride

NOTIZEN

pinkbride

NOTIZEN

pinkbride

NOTIZEN

pinkbride

NOTIZEN

pinkbride